HERMOSA A LOS OJOS DE DIOS

HERMOSA A LOS OJOS DE DIOS

Los tesoros de
la mujer de
Proverbios 31

Elizabeth George

Hermosa a los ojos de Dios

Weston, Florida 33331 EE.UU.

Originalmente publicado en inglés con el título
Beautiful in God's Eyes por Harvest House, Eugene, Oregon

Las citas bíblicas utilizadas en este libro han sido tomadas en su mayoría de la *Nueva Versión Internacional– NVI–* 1,999 de la Sociedad Bíblica Internacional.

Las citas bíblicas marcadas con la sigla RVR 60 han sido tomadas de la versión *Reina Valera Revisada, 1960,* de las Sociedades Bíblicas Unidas.

Cuando se utiliza otra versión, se le idéntica inmediatamente después del pasaje citado.

Capa: Wagner de Almeida

Traducido al español por Silvia Cudich

ISBN: 978-1-58802-545-6
Categoría: Mujeres

Dedicado con todo cariño
a la memoria de
Lois George Onesti
Madre piadosa de mi esposo Jim,
cariñosa suegra, abuela
amorosa de mis hijas,
Katherine y Courtney.

Gracias a su fiel obediencia
hemos conocido el ideal de Dios:
una mujer hermosa a sus ojos.

"Sus hijos se levantan y la felicitan;
también su esposo la alaba."
Proverbio 31.28

Índice

Una invitación a la belleza

19 de octubre de 1974. Ésa es la fecha escrita en mi Biblia, en la página donde comienza el Libro de Proverbios. Como cristiana recién convertida, sentada en un seminario, me vi alentada por el orador a comenzar a leer un capítulo de Proverbios por día, específicamente, el capítulo que correspondía a la fecha. Bueno, ¡acepté el desafío!

Eso ocurrió hace 25 años, y Dios utilizó ese simple ejercicio diario para cambiar mi vida. A consecuencia de leer Proverbios durante cinco minutos por día, casi todos los días durante un cuarto de siglo, desarrollé un verdadero amor por ese libro. Una de las cosas que más me intrigan es la mujer de Proverbios 31, la mujer que nos modela todo lo que es hermoso para los ojos de Dios.

Desde que conocí a la mujer de Proverbios 31, he tratado de modelar mi vida de acuerdo con ella. He buscado vivir según las normas que Dios nos impone a través de ella. He estudiado los lineamientos que sugieren sus acciones y actitudes y he tratado de obedecerlos fomentando mi matrimonio, construyendo mi casa (Proverbio 14.1), criando a mis hijos, y desarrollando fortaleza de carácter. En ella he encontrado enseñanza, estímulo, un modelo, ¡y la motivación para estar ocupada por el resto de mi vida! Ahora, al celebrar mi vigésimo quinto aniversario como creyente, me parece que es el momento apropiado para compartir algunas de las cosas que la mujer de Proverbios 31 me ha enseñado sobre la clase de belleza que complace a Dios.

Estoy contenta de que se unan a mí para escalar las alturas de esta belleza piadosa. Avanzaremos *versículo por versículo* por el Proverbios 31.10-31, recogiendo todos los detalles que nos sea posible sobre la hermosa mujer de Dios. Al final, se incluye una *guía de estudio* para la reflexión y aplicación personal (o para utilizarla en un grupo), pero en cada capítulo encontrarán una sección llamada "Una invitación a la belleza," la cual les ofrece sugerencias prácticas sobre cómo expresar a diario las verdades de Proverbios 31.

A medida que ustedes y yo pensemos sobre cómo vivir estas verdades, necesito recordarles que no podemos ser lo que Dios desea sin su ayuda. No podremos convertirnos en la mujer de Proverbios 31 con sólo leer o desearlo. Anteriormente, les he dicho que yo he tratado de modelar mi vida conforme a la mujer de Proverbios 31. He estudiado todo lo que he podido encontrar sobre su vida, y me he esforzado por desarrollar su fortaleza de carácter. Pero todo progreso que haya hecho hacia las normas que ella establece, se debe a nuestro Dios misericordioso. Ah, claro que he hecho mi parte—y las invito a que hagan la suya—y eso involucra hacer lo que saben que está bien y evitar lo que saben que no les será de ayuda. Es por eso que en cada capítulo encontrarán una sección llamada: «Una invitación a la belleza». Es una oportunidad para que ustedes busquen la mirada de Dios, examinen sus corazones, y busquen la bellísima voluntad de Dios para sus vidas.

Ahora, al comenzar, mis queridas amigas, deseo que conozcan mis oraciones por ustedes. Oro que puedan:

- Permitir que Dios utilice esta enseñanza sobre la clase de belleza que le complace para transformar su corazón y su vida.
- Compartir la imagen de belleza de Proverbios 31 con sus hijas e hijos—y con toda otra persona que esté interesada.
- Verdaderamente desear ser como la mujer de Proverbios 31: ¡una mujer que es hermosa a los ojos de Dios!

¡Que se pueda decir de ustedes: «Muchas mujeres han realizado proezas,pero tú las superas a todas» (Proverbio 31.29)!

En el precioso amor de Dios,

Elizabeth George

-1-

Un raro tesoro

SU CARÁCTER

"Mujer virtuosa, ¿quién la hallará?"
Proverbio 31.10 (rvr60)

¿Se han sentido alguna vez agobiadas por un desafío más grande que la vida misma que deben de pronto afrontar? Bueno, yo tuve esa experiencia cuando nuestro ómnibus de turismo entró al estacionamiento situado en la base de una enorme fortaleza natural llamada Masada. Estas fortalezas construidas por Herodes el Grande sobresalen de las costas del Mar Muerto y tienen una altura de alrededor de 1.300 pies. Cuando el guía nos dijo que tratáramos de descansar bien durante la noche para estar listos para comenzar a escalar esta maravilla antigua a las 7 de la mañana del día siguiente, Masada ya estaba arrojando su sombra oscura y ominosa sobre nuestro grupo.

¡A mí me parecía estar a los pies del Monte Everest! "¿Qué estoy haciendo aquí?", me preguntaba. "¿Cómo ocurrió esto?" Soy simplemente una esposa sumisa que vino a la Tierra Santa con su marido a estudiar la *Biblia*. ¡Nunca me imaginé *esto*! Pero ahora se suponía que yo debía escalar esta empinada montaña con el resto del grupo (que era mucho más joven que yo).

Y, mis nuevas amigas, debo rápidamente admitir que poseo esos mismos sentimientos una vez más al encontrarnos al principio de este libro sobre cómo ser hermosas a los ojos de Dios, mirándola a *ella*—la hermosa (y exitosa y maravillosa y perfecta) mujer de Proverbios 31. No hay duda de que ella parece desbordar la realidad. Se encuentra "allí arriba", tan lejos, tan distanciada, tan hermosa, tan superior, tan imposible. O, a lo menos, así lo parece...

¡Pero aguarden un momento! Permítanme terminar el relato sobre Masada. Comí obedientemente una abundante cena y me fui temprano a la cama, así como lo había ordenado el guía. Pero me pasé toda la noche preocupada pensando: ¿Tendría que comer algo o no antes de un ascenso tan extenuante? ¿Qué sería mejor: pantalones cortos o vaqueros? ¿Cuánta agua debería llevar?... Mi mente no cesaba y tenía un nudo en el estómago. Definitivamente no pude descansar como me lo habían recetado.

Y llegó por fin la mañana. Eran las 6:30: el momento de actuar. Me vestí rápidamente (me puse pantalones cortos porque el calor era brutal), agarré la botella de agua más grande que encontré (no tomé desayuno), abrí la puerta de nuestra habitación, me encaminé al sendero, ¡y escalé Masada! No deseaba hacerlo, pero lo hice. No fue fácil, y tuve que detenerme muchas veces para descansar: ¡muchas, *muchas* veces! Me dolían los pulmones y las piernas. La gente me pasaba, mientras que yo luchaba por avanzar. ¡Pero lo logré! Utilizando los recursos más profundos de mi fuerza tanto mental como física, y poniendo un pie delante del otro—paso tras paso tras paso—finalmente llegué a la cima del mundo. (Más tarde me enteré de que la "cima del mundo" estaba a nivel del mar.) Había hecho lo que parecía increíble lograr, y esa conquista me sabía a gloria.

Ahora, mis queridas compañeras de ascenso, ustedes y yo nos vemos enfrentadas a la mujer un poco intimidante de Proverbios 31. Quizás, así como yo luché en contra de la falta de deseo de escalar una montaña, ustedes hayan luchado para siquiera *desear* ser como ella. Quizás hayan dado vueltas en la cama mientras evaluaban el costo de semejante empresa, presintiendo que les exigiría un gran

sacrificio. Y posiblemente hayan sufrido al ver q
pasaban mediante sus esfuerzos por ser más com
Sientan lo que sientan, y no importa cuáles
experiencias pasadas con el desafío de la mujer de
las invito a que me acompañen ahora. Si es necesa
nuestras manos para escalar juntas, mientras que aceptan la invitación de Dios a ser más hermosas a sus ojos. Durante el trayecto, recurriremos a la gracia del poder de Dios y, alentadas por el Espíritu Santo, tomaremos la decisión de llegar a ser todo lo que Dios desea: y lo haremos un paso a la vez. Después de todo, la mujer de Proverbios 31 *es* la "mujer virtuosa" (Proverbio 31.10), y dominando una virtud a la vez, un versículo a la vez, ustedes y yo comprenderemos plenamente su rara belleza y, mediante la gracia de Dios, la convertiremos en nuestra realidad. Oren ahora conmigo y pidamos a Dios que nos guarde de despreciar la altura de sus patrones, de menospreciar la belleza superior de esta mujer, de restarles importancia a sus virtudes, o de descartarla como pasada de moda o imposible. ¡Pido que el deseo de Dios por ustedes coincida con el deseo por ustedes mismas!

Un alfabeto de carácter

Es posible que se pregunten de dónde proviene esta mujer y cómo se convirtió en el modelo de la belleza piadosa. Créanlo o no, la mujer de Proverbios 31 era, al principio, una mujer de carne y hueso.

Había una vez un joven príncipe que sería algún día rey, pero que tenía aún muchas lecciones por aprender antes de serlo. De modo que su madre se sentó con él junto al hogar en su casa, y le enseñó no sólo cómo ser un rey piadoso, sino también cómo hallar una esposa excelente.

La mayoría de los eruditos están de acuerdo en que Proverbios 31 refleja la enseñanza de esa madre sabia a su joven hijo. El versículo 1 dice: "Los dichos del rey Lemuel. Oráculo mediante el cual su madre lo instruyó". En los versículos 1-9, ella cubre lo básico del liderazgo, y luego, en los versículos 10-31, ella describe la clase de esposa que él debería buscar, una mujer que es sin

. un raro tesoro. Es posible que a causa de la tierna edad de su hijo, esta madre tan sabia haya organizado la lista de cualidades que su hijo debería buscar en una esposa de acuerdo con las letras del alfabeto hebreo. Al enseñar de esta manera, sería más sencillo aprender este alfabeto de carácter, y más fácil memorizarlo, recitarlo con regularidad, y grabarlo para siempre en la memoria de su joven corazón (Proverbio 3.3). Cuando esta madre alcanzó la última letra del alfabeto y terminó de alabar las cualidades de una mujer virtuosa, esta oda de alabanza se convirtió para este joven príncipe—y para nosotras—en el alfabeto de Dios del carácter de una mujer.

Al comenzar a aprender el alfabeto, deseo que recordemos dos palabras de esperanza. Primero de todo, Proverbios 31 fue pronunciado por una mujer. Éstas no son ni las palabras ni las instrucciones de un hombre que expresa alguna fantasía personal e irreal. Es verdad, un hombre (el rey Lemuel) es quien nos escribe, pero está repitiendo la opinión de una *mujer* sobre lo que una mujer debería ser. Este hecho nos inspira y alienta. Mientras aprendo qué es lo que Dios considera hermoso, aprecio esta clase de enseñanza de mujer a mujer. Deseo comprender la conformación de una belleza verdaderamente piadosa, y ¿quién me lo podría enseñar mejor que una mujer que es hermosa a los ojos de Dios?

Segundo, aun a pesar de que esta madre comienza este alfabeto con una pregunta: "Mujer virtuosa, ¿quién la hallará?" (Proverbio 31.10), ella espera que su hijo la encuentre. En realidad, en la Jerusalén de antaño, cuando un hombre se casaba, los demás preguntaban: "¿Ha encontrado una mujer virtuosa?"[1] Sabiendo que dicha mujer se encuentra allí (versículo 29), la madre alienta a su hijo para que la busque. La fe de la madre de que semejante mujer existe, me da ánimo. Se dan cuenta, ¡la mujer de Proverbios 31 es real! Y nosotras podemos ser esa mujer—no sólo admirarla, sino *ser* como ella. Nos puede parecer que es intocable, un ideal imposible de alcanzar, pero no es así. En realidad, Dios se ocupa de mostrárnosla en otros sitios de la Biblia: la señala en Rut, que era "una mujer ejemplar" (Rut 3.11). Nos dice que "La mujer virtuosa es [noten el tiempo verbal presente] corona de su marido" (Proverbio

12.4 RVR60); y afirma que "*muchas* mujeres han realizado proezas" (Proverbio 31.29, énfasis añadido). ¡Muchas lo han hecho!

Sí, la mujer virtuosa es un raro tesoro—un tesoro particular, excepcional, extraordinario, fuera de serie—pero de acuerdo con Dios, el Autor de toda belleza, ustedes y yo podemos convertirnos en lo que ella es. Podemos llegar a ser hermosas a sus ojos.

Una imagen de belleza

Dado que el título de este libro es *Hermosa a los ojos de Dios*, permítanme aclarar antes de ir más lejos que la idea de belleza de Dios es probablemente muy diferente de la nuestra. (No hay duda de que su idea de belleza es muy diferente del concepto que tiene el mundo de ella.) De manera que, a medida que avancen en la lectura, recuerden que el Proverbio 31.10-31 presenta una imagen de la idea de belleza de *Dios*, y como dice Dios de sí mismo: "Mis pensamientos no son los de ustedes, ni sus caminos son los míos... Mis caminos y mis pensamientos son más altos que los de ustedes; ¡más altos que los cielos sobre la tierra! (Isaías 55.8-9). Así como Dios está en una categoría aparte, así también lo está su idea de belleza.

El primer paso que tuvo que tomar el joven príncipe fue comprender cuál es la clase de belleza que le agrada a Dios. Ese paso será también el nuestro. (¿Recuerdan Masada? Logré escalarla un paso a la vez.) De modo que lo primero que tenemos que entender es el significado de la palabra *virtuosa*: "Mujer virtuosa, ¿quién la hallará?" (Proverbio 31.10). Su significado puede compararse a los dos lados de una moneda. La *fortaleza mental* (los principios y actitudes morales) sería la imagen de un lado, y la *fortaleza física* (potencia y efectividad) sería el otro. Ninguno de estos rasgos parecería ser demasiado hermoso, pero consideremos cómo alude Dios a ellos en su imagen de belleza en Proverbios 31.

Una mente poderosa: En la imagen de Dios de su mujer hermosa, Él muestra su fortaleza mental como un compuesto de las cualidades interiores que le ayudan (y que nos ayudarán a nosotras) a no perder las esperanzas, a no acceder fácilmente a las cosas, a no abandonar la lucha, o a llegar a la meta para ser y hacer lo que Dios desea. En este mismo momento, miremos a la imagen del Proverbio 31.10-31 de lejos. A medida que avancemos por el libro y escalemos la montaña, observaremos cada característica más de cerca. La mujer hermosa de Dios es

- Pura: Ella es una mujer virtuosa (Proverbio 31.10).
- Honesta: Su esposo confía en ella (versículos 11-12).
- Trabajadora: Está ocupada desde el amanecer hasta el atardecer, manejando sus intereses y expandiendo su empresa (versículos 13-19, 21-22, 24, 27, 31).
- Ahorrativa: Su talento con las finanzas le permite cuidar a sus seres queridos y aumentar sus bienes (versículos 14 y 16).
- De carácter fuerte: Ella enfrenta a diario los desafíos de la vida (¡y de la muerte!) con valentía y sin desanimarse (versículos 25 y 29).
- Amable: La compasión por los menos afortunados gobierna su vida y de sus labios fluyen palabras llenas de dulzura (versículos 20 y 26).
- Sabia: Su estilo de vida es caminar con sabiduría (versículo 26).
- Santa: Ama a Dios con todo su corazón (versículo 30).

Estas cualidades interiores le permiten a la hermosa mujer de Dios manejar bien su vida, su tiempo, su dinero, su boca, su hogar, sus relaciones y su propia persona.

Un cuerpo poderoso: Nuestra pregunta es ¿cómo puede esta mujer *hacer* todo lo que Dios desea de ella? Cuando damos vuelta la "moneda de la definición", vemos claramente que su vida exige energía y vigor físico. Observemos cómo trabaja la hermosa—y fuerte—mujer de Proverbios 31.

- Ella trabaja con voluntad con sus manos (Proverbio 31.13).

- Esas manos hacendosas plantan un viñedo (versículo 16).
- También sostienen el huso y tuercen el hilo (versículo 19).
- Trabaja desde la mañana temprano (versículo 15) hasta tarde en la noche (versículo 18).
- Sostiene al necesitado (versículo 20).
- Teje las telas para la ropa de su familia (versículo 21), para las necesidades de su hogar (versículo 22), para su propia ropa (versículo 22), y para vender como profesional (versículo 24).
- Nunca ociosa, está atenta a la marcha de su hogar y contribuye a su fortalecimiento (versículo 27).

Esta mujer virtuosa y tan trabajadora necesita fortaleza física y talento para hacer el trabajo de su vida, la obra de amor.

Un ejército de virtudes

Y ahora, mis queridas lectoras, habiendo considerado la fortaleza moral y física de esta mujer tan especial, debemos echar una mirada a uno de los elementos finales, el cual es crucial para poder comprender lo que una mujer virtuosa es. Sé que no suena muy atractivo, ni femenino, ni hermoso, pero ella es un ejército: ¡un ejército de virtudes! Ésa es la esencia de la descripción de Dios de su carácter. Permítanme que les explique.

La palabra hebrea para *virtuosa* se utiliza más de 200 veces en la Biblia para describir a un ejército. Esta palabra del Antiguo Testamento se refiere a *una fuerza* y se utiliza con el significado de *diestro, capaz, poderoso, fuerte, valiente, vigoroso, eficiente, adinerado, y digno.*[2] La palabra se utiliza también con referencia a un hombre de guerra, hombres de guerra y hombres preparados para la guerra. Cambiemos esta definición al femenino y alcanzaremos a comprender el poder que se encuentra dentro de esta mujer. Así como la resistencia mental y la energía física son los rasgos principales de un ejército, ellos también distinguen a la mujer hermosa de Dios.

Sé que todo esto es mucho para absorberlo en tan poco tiempo, de manera que quizás tengan que releer más adelante esta sección importante. Al observar juntas a la maravillosa mujer de Proverbios 31, tenemos que tratar de entender lo mejor posible qué quiere decir Dios cuando la describe como una mujer virtuosa. Después de todo, comprender su carácter—lo cual es la meta de este capítulo—es nuestro primer paso para poder convertirnos en mujeres virtuosas como ella.

La pregunta del Proverbio 31.10 es: "Mujer virtuosa, ¿quién la hallará?" Con este interrogante, Dios señala que esta clase de mujer es extraordinaria—un raro tesoro—en lo referente a su fuerza interior y logros externos. Es también un ejército asombroso de virtudes. Y con la ayuda de Dios, ustedes y yo podremos también serlo. Aquí se encuentran algunos pasos iniciales para lograrlo.

Cómo lograr esa belleza

Nº 1. Cultiven el deseo: Basándonos en la oración de Moisés en el Salmo 90.10 ("Algunos llegamos hasta los setenta años, quizás alcancemos hasta los ochenta, si las fuerzas nos acompañan"), imaginémonos sentadas cómodamente disfrutando de nuestro octogésimo cumpleaños. En esta fiesta tan especial en nuestro honor, se ha reunido un grupo grande de gente para celebrarlo con nosotras. De repente, una fanfarria anuncia la llegada de la tarta de cumpleaños. Cuando entra, ustedes se sorprenden de su enorme tamaño. Esto se debe a que tiene 80 velitas en ella, y cada una de ellas está encendida. En realidad, el calor que emanan les hace pensar que quizás no deberían haberse abrigado tanto para el evento.

Ahora el desafío: Si el Señor nos concede vivir para disfrutar de semejante fiesta de cumpleaños, ¿qué les gustaría haber logrado hasta el momento en que soplan las velitas que representan sus 80 años de vida?

Mis amigas, en este mismo momento estoy orando que sus respuestas a esta pregunta tan importante indique que el deseo más ferviente sea el de ser una mujer de carácter, ¡una mujer hermosa a los ojos de Dios!

Nº 2. Denle tiempo: ¿Cómo llegó la hermosa mujer de Dios a ser un tesoro tan raro, excepcional y extraordinario, una mujer de un carácter piadoso tan sólido? En pocas palabras: ¡le llevó *tiempo*! Nada tan grandioso como esto ocurre de un día para otro; nada tan grandioso simplemente ocurre. ¿Qué clase de tiempo requiere el desarrollo de un carácter virtuoso?

Tiempo para leer la Palabra de Dios: Hagan que su máxima prioridad sea tener tiempo todos los días para la lectura de la Palabra de Dios. Es posible que este relato les ayude a comprender por qué la lectura de la Biblia cultiva la belleza.

Cuando me encontraba en Israel,me encontré con una importante exportadora de diamantes, aprendí que uno de los pasos en el proceso de la producción de diamantes es el pulido. Nunca se lanza un diamante al mercado hasta que la persona encargada del pulido no pueda ver la imagen de su propio rostro reflejada en la joya.

Bueno, mis queridas, nosotras somos diamantes en bruto, y si obtenemos fuerza de carácter—comenzamos a reflejar más claramente el rostro de nuestro Padre celestial—a medida que su Santa Palabra lustra y pule nuestro carácter. A medida que pasemos tiempo contemplando su Palabra, la luz de su verdad iluminará nuestros motivos para vivir nuestra vida para su gloria. Cuando leemos la Palabra del Señor, él la utiliza para fregar y limpiar nuestros miedos, nuestra pereza, nuestras dudas, y nuestros pecados. Dios utiliza su Palabra para transformarnos en mujeres dotadas de poder divino que reflejan con más esplendor su belleza.

Tiempo para memorizar la Palabra de Dios. Además de leer la Palabra de Dios todos los días, hagan un plan para memorizar las Escrituras con regularidad. Mi plan consiste en esforzarme por lograrlo mientras que hago mi caminata diaria. Seguro, el ejercicio contribuye a mi fuerza física (e incluso a mi belleza física, ya que mantiene alejados los kilos de más), pero los versículos bíblicos que memorizo *mientras* camino, me brindan la fuerza mental y espiritual que necesito para "escalar" en pos de la clase de belleza que agrada a Dios, un día más.

Tiempo en compañía de otras mujeres. Deben rodearse de mujeres que las alienten a crecer espiritualmente (Tito 2.3). Sé por experiencia que no hay nada como una relación con hermanas en Cristo. Dios me ha bendecido con mis "cinco fieles": cinco mujeres que se proponen pasar los 80 años de su vida (¡Dios mediante!) convirtiéndose en mujeres hermosas de Dios. Estamos comprometidas a amar, alentar y orar las unas por las otras durante todo el trayecto. La comunión con estas mujeres que aman y viven para el Señor estimula el deseo de mi corazón de ser una bella mujer de carácter.

Tiempo para leer las biografías de los santos. Comiencen un programa de lectura, aun cuando no sean más que cinco minutos por día. He descubierto que ese tiempo que dedico a conocer mejor a los grandes santos de la fe es muy beneficioso para mí. Cuando considero su fuerza física y resistencia mental, el impacto de la vida de estas mujeres que conforman el "ejército" de Dios me da una nueva inyección de fuerza.

- Amy Carmichael fue una misionera a la India que durante sus 55 años de servicio nunca se tomó vacaciones.
- Susanna Wesley tuvo 19 hijos (diez de ellos fallecieron antes de cumplir los dos años) a quienes enseñó y crió (incluyendo a John y Charles Wesley, los fundadores del movimiento metodista) al mismo tiempo que administraba la granja de la familia durante el encarcelamiento de su esposo y soportaba la persecución religiosa de sus vecinos.
- Elisabeth Elliot era una misionera en la jungla, quien sufrió la pérdida de su primer esposo, quien fue martirizado, y luego de su segundo esposo, que falleció de cáncer, y tuvo que criar sola a su hija.
- Edith Schaeffer tuvo que renunciar a su vida de holgura para forjar un nuevo ministerio con su esposo Francis en Europa. En L'Abri, ella sufrió persecuciones locales, terribles avalanchas de nieve, falta de atención médica para un hijo con

polio y otro con fiebre reumática, y luego la muerte de su esposo después de una lucha de cinco años contra el cáncer.

- Ruth Graham cuidó fielmente a sus cinco hijos mientras que su esposo Bill servía al Señor lejos de su casa durante muchos meses del año.

La lista de las hermosas mujeres de Dios sigue y sigue, y ustedes y yo podemos extraer una enorme fortaleza de su ejemplo.

Tiempo en el día de hoy. Dediquen el resto de su día (y el mañana) a Dios y vívanlo a su manera. Hay un antiguo dicho muy sabio que dice: "Tal como es hoy, así será mañana". Es verdad que si deseamos ser mujeres hermosas de Dios en ese octogésimo cumpleaños—o en cualquier otro—tenemos que serlo hoy mismo. Esa verdad se encuentra detrás de la súplica de Moisés, quien le pide a Dios: "Enséñanos a contar bien nuestros días, para que nuestro corazón adquiera sabiduría" (Salmo 90.12). Vean, a medida que intentemos vivir hoy como *Dios* desea, y a medida que cultivemos las cualidades que *él* considera hermosas, seremos bellas y sabias hoy—y, en las manos de Dios, el mañana se encargará de sí mismo.

Tiempo durante toda la vida. Ustedes y yo no deberíamos desalentarnos ni sentirnos abrumadas por las normas de belleza que impone Dios, porque él nos da, día a día, toda un vida para lograrlo. Escuchen lo que dice la hermosa y sabia Edith Schaeffer sobre la mujer de Proverbios 31: "Por cierto, todas las cosas admirables que han sido escritas sobre esta mujer no ocurrieron en el transcurso de un año. Me parece que es el resumen de una gran diversidad de logros y resultados de su trabajo e imaginación y talentos a través de un extenso período de tiempo".[3]

Una invitación a la belleza

¡Bueno! Me siento como si ya hubiera escalado una montaña, con tan solo intentar describir a la hermosa mujer de Dios.

Quizás ustedes se sientan también así, después de tratar de absorber toda la riqueza de su retrato.

También me siento algo vacilante (¿deseo realmente esto?), temerosa (¿y si fracaso?), y realista (¡será un ascenso difícil!). Y hay momentos en que me pregunto: "¿Valdrá la pena?" Pero esa clase de pensamiento termina cuando ustedes y yo recordamos que la descripción de esta mujer especial está en la Palabra de Dios: ella es el retrato de *Dios* y refleja la idea de *Dios* sobre la belleza y el plan de *Dios* para la excelencia. *Él* conoce el valor del trabajo que nos ha dado para hacer y lo que nos cuesta mental y físicamente lograrlo. ¡Quizás recién ahora nos comencemos a percatar de la razón por la cual esta valiente mujer es "un raro tesoro"!

¿Por qué no nos unimos para susurrar una plegaria a Dios para que nos dé fuerza: *su* fuerza? ¿Por qué no declaramos nuestro deseo de convertirnos en mujeres que, como un ejército, nos movilizamos a través de los desafíos y deberes de la vida con valor, coraje, valentía, energía, resistencia y poder: *su* poder? Sé que ustedes desean lo mismo que yo: ser verdaderamente mujeres que son hermosas a los ojos de Dios para disfrutar de su aprobación. "¡Hiciste bien, siervo bueno y fiel!" (Mateo 25.21), su reconocimiento de que "*eres* mujer virtuosa" (Rut 3.11 RVR60, énfasis añadido).

-2-

Una joya resplandeciente

SU VALOR

"¡Es más valiosa que las piedras preciosas!"[4]
Proverbio 31.10

Era un sueño hecho realidad. ¡Por fin la conocería! Estoy hablando de la mujer de Proverbios 31; la mujer que es hermosa a los ojos de Dios; la mujer que aprenderemos a conocer a lo largo de este libro. Mi esposo Jim estaba llevando alumnos de The Master's Seminary a Israel para un estudio intensivo, ¡y me había invitado a acompañarlos!

Se dan cuenta, él sabía. Él sabía que durante 25 años yo había hecho lo imposible por aprender sobre esta bella mujer. Sabía que había memorizado muchas versiones diferentes del Proverbio 31.10-31. Sabía también (de nuestra chequera) que yo había convertido a su vida ejemplar, durante ese mismo cuarto de siglo, en un proyecto especial de estudio, invirtiendo en muchísimos libros sobre los Proverbios y sobre ella. Y él sabía que la búsqueda de su estilo de vida ejemplar era mi meta personal. Sí, Jim sabía definitivamente lo que significaba para mí conocerla. Como les dije antes, un viaje a su tierra natal para conocer a la mujer de Proverbios 31 era un sueño hecho realidad.

De modo que hice lo que la mayoría de las mujeres hacen antes de un viaje: ¡listas! Por supuesto que eran las listas de las cosas que debían hacerse antes de que me fuera de mi casa y de mi oficina durante todo un mes. La lista de las cosas que debía llevar conmigo era también extensa, como también la lista de cosas que debía comprar antes de irme. Pero, antes de irnos, cuidadosamente y con oración, confeccioné otra lista: una lista tan personal y tan importante que la llevé en mi Biblia durante todo el viaje. Le puse como título: "Cosas que deseo ver" y anoté todos los aspectos culturales del Proverbio 31.10-31 que deseaba ver con mis propios ojos en Israel. Estaba embarcada en una misión. "Mujer virtuosa, ¿quién la hallará?", pregunta el Proverbio 31.10. Bueno, ¡yo la iba a encontrar!

El primer artículo en mi lista de cosas que "tenía que ver" era *joyas*. Anoté eso porque el Proverbio 31.10 (el versículo sobre el cual trata este capítulo) comienza con una afirmación sobre el valor de su carácter: "¡Es más valiosa que las piedras preciosas!" Deseaba ver con mis propios ojos las alhajas en la tierra de Israel que reflejan el valor de la mujer hermosa de Dios, y así poder avanzar un paso más hacia una mejor comprensión y apreciación de la misma.

En búsqueda de un tesoro

En el capítulo 1 comenzamos nuestra búsqueda de la mujer hermosa de Dios, escuchando la enseñanza de una madre a su hijo sobre la verdadera belleza femenina. Su lección enfatizaba qué tesoro extraordinario y excepcional es la mujer piadosa. Y ahora continuamos leyendo, y vemos que la madre reitera el valor de la mujer, haciendo referencia a las piedras preciosas: "¡Es más valiosa que las piedras preciosas!"

- "Su valor supera al de los rubíes", nos dice un traductor.[5] El rubí rojo es verdaderamente una joya única, y debido a su rareza, los rubíes grandes superan incluso el precio de los diamantes de igual peso.[6]
- Otro traductor afirma: "Su valor es mucho mayor al de las perlas".[7] Consideren que sólo se encuentran veinte perlas en cada 35.000 ostras—y solamente tres de ellas tienen calidad de joyas.[8]

- Y otra lectura más de la Biblia declara: "Su valor supera en mucho al de los corales".[9] Los corales son delicados "flores animales", y sólo unos pocos tienen la calidad necesaria como para ser pulidos y contemplados como piedras preciosas.[10]

Rubíes. Perlas. Corales. Elijan. Todas estas joyas resplandecientes son bastante raras *y* valiosas. Es difícil recogerlas y se encuentran muy pocas. Y ésa es la imagen que utiliza la madre del joven príncipe para inculcarle lo extraordinaria que sería una mujer hermosa a los ojos de Dios. Una vez que la encontramos, ¡su valor es incalculable!

Ahora, permítanme que les diga, mis hermosas amigas, lo que he encontrado en mi caza personal del tesoro en Israel. Como les dije, las piedras preciosas figuraban primeras en mi lista de "Cosas que deseo ver". Por consiguiente, cuando nuestro grupo de estudio pasó un día entero en el Museo de Israel, corrí dentro y comencé a buscar las alhajas. Las exhibiciones se sucedían una a la otra, y yo buscaba y buscaba. Cubrí todos los salones, ¡pero no encontré ni una sola piedra preciosa! Las joyas—junto con otros artículos de valor—se las habían llevado los ejércitos conquistadores en la antigüedad.

Sin embargo, lo que encontré en el museo fue tan revelador como lo que no encontré. Porque vean, el Museo de Israel está repleto de artefactos que han sido desenterrados en ese país, y esos artefactos representan la rica y extensa historia de esa nación. ¿Cuáles eran algunas de las reliquias que nos daban claves sobre la vida que llevaba la mujer hermosa de Dios? Me deleité contemplando... ¡huesos y ataúdes! Las paredes estaban cubiertas con escudos y espadas, armaduras e instrumentos bélicos. Las vitrinas exhibían platos y cacharros de arcilla. Las prensas de piedra para el aceite de oliva y las piedras para moler los granos se hallaban allí también en exhibición. Esto no era lo que yo me había imaginado que iba a encontrar.

¿Qué lecciones me ofrecieron esos artículos primitivos? Eran una voz que me hablaba sobre las dificultades de la época: la lucha por sobrevivir, el ganarse la vida a duras penas, la dificultad para existir. Estos artículos hablaban de trabajo y guerra, esfuerzo y pérdidas. Había muy poco—casi nada—que expresara belleza, color, o evidencia de placer. Todo lo que vi era austero, triste, y básico, dando testimonio de una vida que también era austera, sombría y básica.

Luego me di cuenta. ¡De repente me percaté de que la mujer hermosa de Dios de Proverbios 31 era la piedra preciosa resplandeciente en la vida de su esposo! Ella era la que aportaba el amor, el color, la alegría, la vida, y la energía al hogar. Sí, la vida era sombría en Israel, y la vida diaria se concentraba en simplemente sobrevivir en esa tierra seca y árida. Los alimentos, la ropa y la vivienda eran las cosas que consumían todo su tiempo. Pero, con una esposa que era una piedra preciosa resplandeciente a su lado, ¡él poseía el mejor tesoro!

Cómo lograr esa belleza

Les dije que me golpeó la verdad de Dios — ¡y me golpeó duro! Cuando tome conciencia de la magnitud del plan de Dios para mi vida (y para la de ustedes también) me sentí tambalear. Ahora sabía que mientras luchábamos juntos, mi deber era proporcionar belleza a la vida de mi esposo y mis hijos. Pase lo que pase, debo ser una luz que ilumina nuestro hogar.

Espero que estén captando la visión de sus vidas como joyas resplandecientes para los que se enfrentan con dificultades, dolor, cansancio, trabajo penoso, o pesar. No es sencillo ser una piedra preciosa en la vida de aquellos con los que nos han bendecido Dios, pero él sabe que ustedes y yo, mediante su gracia infinita, podremos lograrlo.

Así como las piedras preciosas aumentan con el tiempo de valor, nosotras, las mujeres hermosas de Dios—sus joyas—también. De modo que aquí hay algunos ejercicios para ayudarnos a mejorar nuestro resplandor y para iluminar nuestra vida y la de los que nos rodean.

Nº 1. Mejoren sus conocimientos prácticos: Ya seamos casadas o solteras, nosotras, las mujeres de Dios, necesitamos perfeccionar el talento necesario para manejar un hogar (o apartamento o dormitorio estudiantil).

La economía doméstica: Recuerdo muy bien las lágrimas de una graduada universitario que estaba por casarse, cuya madre le había financiado lecciones de natación, alentado sus esfuerzos atléticos, y la había llevado fielmente a las distintas piscinas, prácticas de natación y competencias de natación durante 20 años. Mi amiga sabía nadar, ¡pero no tenía ni idea de cómo cocinar o limpiar!

Otra mujer tenía el mismo problema. En realidad tendría que decir que su *esposo* tenía el problema. Un día se presentó en la oficina de Jim en The Master's Seminary. Lo que ocurre es que él había regresado a su casa después de sus clases y su trabajo y: ¡nada! No había nada cocinado, nada se estaba cocinando, no había nada en la alacena o en el refrigerador *para* cocinar, y su esposa tampoco tenía ningún plan sobre qué preparar. ¡Ella no tenía idea de nada! Y él se sentía impotente y ¡hambriento!

La administración del dinero: Las mujeres hermosas de Dios necesitan también conocimientos de las finanzas personales. Necesitamos saber cómo pagar las cuentas, manejar la chequera, sacar un balance, ahorrar e invertir, y tener control sobre las tarjetas de crédito. Jim dice que uno de mis mejores dones ha sido hacerme cargo de las finanzas de la familia. Al encargarme de su sueldo, le he devuelto horas de tiempo cada semana durante más de 30 años, horas que puede pasar a cargo de otras responsabilidades en el hogar, en el trabajo, y en la iglesia. A medida que avancemos por el Proverbio 31.10-31, se darán cuenta una y otra vez de cuán inteligente es la mujer hermosa de Dios para los negocios.

El manejo del tiempo: El manejo diligente del tiempo es clave para administrar un hogar (¡y una vida!) sin sobresaltos. El tiempo es la mercancía de mayor valor que nos da Dios, y él espera que sea redimido (Colosenses 4.5) y utilizado para sus propósitos (Efesios 2.10). La vida misma está compuesta por minutos, y esos minutos deben ser manejados con sabiduría. Las aliento a que comiencen la costumbre diaria de planear y programar. Si no saben cómo comenzar, inviertan en algún libro sobre cómo administrar el tiempo o hablen con mujeres que sepan cómo hacerlo.

Nº 2. *Mejoren su estabilidad emocional*: No hay duda que para ser una joya resplandeciente en la vida de los demás, tenemos que mejorar nuestra estabilidad emocional. Después de todo, la señora de la casa es la que determina la atmósfera emocional general del hogar; su estado emocional establece las normas y el tono. Proverbios habla muchas veces sobre la mujer regañona que le carcome los huesos a su marido (Proverbio 12.4) y la mujer pendenciera cuyo esposo no soporta ya vivir en la misma casa con ella (21.9 y 19; 25.24). Sé que nosotras no deseamos ser esa clase de mujeres tan poco atractivas. Nuestro deseo es vivir según el epitafio que se encuentra en una lápida. El esposo de 60 años de matrimonio dice que su esposa "siempre hizo que el hogar fuera feliz". ¡Qué maravilloso tributo a su joya resplandeciente!

Ya que este libro trata sobre cómo convertirnos en mujeres virtuosas: mujeres de fortaleza mental, emocional, física y espiritual, aquí les doy tres lineamientos para poder obtener una mejor estabilidad emocional que les permita lograr que su hogar sea feliz.

Dominen su tolerancia: A lo que me refiero es a su entereza. La estabilidad emocional les da a los soldados en el ejército la capacidad invalorable de continuar aun cuando sea difícil, y a eso mismo las llamo a ustedes. Las llamo a que aprendan a aguantar, algo que he tratado de lograr yo misma durante años. Desde que he descubierto que la mujer hermosa y virtuosa de Dios es un ejército de virtudes, he tratado de aprender la capacidad de los soldados de perseverar, y busco a Dios para que me ayude.

Cuando me enfrento con circunstancias difíciles o momentos de dolor, oro algo así como: "Dios mío, tu Palabra dice que tú ya me has concedido todas las cosas que pertenecen a la vida y a la piedad (2 Pedro 1.3). Y tu Palabra dice que yo puedo hacer todas las cosas—inclusive manejar esto—en Cristo que me fortalece (Filipenses 4.13). Por medio de tu gracia y tu Espíritu, yo lo puedo hacer. ¡Gracias por darme la capacidad necesaria para enfrentar este desafío!"

Con esta oración, reconozco los maravillosos recursos que tengo en el Señor y luego avanzo, física y mentalmente, como un soldado que marcha y atraviesa lo que tiene por delante. Me esfuerzo por soportar tranquilamente... y con calma... y con determinación... los desafíos de la vida, a medida que van y vienen con la regularidad de la marea del océano. Se dan cuenta, mi meta, mi oración, es que nunca cederé, nunca me daré por vencida ni abandonaré la lucha. En vez de permitir que mis emociones me anulen, deseo ser ese soldado que es hermoso a los ojos de Dios, y sé que ustedes desean lo mismo.

Dominen su humor: Utilizo la palabra *humor* para referirme al "calor de la mente" y la pasión. Cuando se trata del humor, la Palabra de Dios nos dice algunas cosas sobre la mujer que posee fortaleza.

- Ella alimenta un corazón apacible (Proverbio 14.30
- Sabe cómo esperar (Proverbio 19.2)
- No se impacienta (Proverbio 19.11)
- Le pone riendas a su espíritu (Proverbio 25.28)

Esta descripción podría parecerles otro sueño imposible, pero permítanme asegurarles que Dios utiliza nuestra fiel devoción y nuestra cuidadosa atención a sus normas día a día, incidente por incidente, desafío por desafío a lo largo de toda nuestra vida para darle cuerpo a su divina hermosura en nosotras: el reflejo de su imagen.

La manera en que comencé a tratar de dominar mi carácter fue creando una página de "propósitos" en mi cuaderno de oración personal. Esta lista (se darán cuenta de que soy "doña listas") contenía los pecados mortales que llevaba frente a Dios a diario junto con mi plegaria de que me ayudara a eliminarlos de mi vida (Mateo 5.29-30). Una de mis costumbres nada hermosas en la lista era: Dejar de gritar a los niños. Espero que se den cuenta a lo que me refiero.

Dominen su lengua: Hablando de pecados mortales, ¿acaso no tienen casi todos que ver con la lengua? Las bendiciones y las maldiciones proceden verdaderamente de la misma boca (Santiago 3.10). Nuestras palabras pueden "herir como una espada" o "brindar alivio" (Proverbio 12.18). Para poder traer el brillo de la hermosura de Dios a nuestro hogar, tenemos que vivir de acuerdo con algunos proverbios más. Específicamente, tenemos que:

- Hablar con menos frecuencia (Proverbio 10.19).
- Hablar después de pensar lo que vamos a decir (Proverbio 15.28).
- Decir sólo lo que es dulce y placentero (Proverbio 16.21 y 24).
- Hablar sólo con sabiduría y amor (Proverbio 31.26).

A la luz de este tema, no puedo resistir pasarles una de las lecturas de devoción favoritas de mi familia, perteneciente a la serie *Our Daily Bread*. La mañana que Jim y yo la leímos durante el desayuno, mi hija Katherine dibujó cinco estrellas y escribió la palabra "Mamá" sobre ellas. Ese día era el 17 de mayo de 1982, un día especial para nuestra familia. Quizás les ayude a ustedes también.

> Una mujer contrajo una grave enfermedad de garganta. El médico le recetó medicamentos, pero le dijo que sus cuerdas vocales necesitaban un descanso total, ¡no debía hablar durante seis meses! A ella le parecía algo imposible, ya que tenía a su marido y a sus seis hijos a su cargo, pero igualmente cooperó. Cuando necesitaba a los más pequeños, soplaba un silbato. Las instrucciones las daba por escrito, y las preguntas las respondía en blocs de papel desparramados por toda la casa. Transcurrieron los seis meses, y después de recuperarse, sus primeros comentarios fueron muy reveladores. Dijo que los niños estaban más callados que antes, y luego acotó: "No creo que vuelva a chillar como lo hacía antes". Cuando le preguntaron acerca de las

> notas, ella contestó: "Se sorprenderían al saber cuántas notas escritas a las corridas terminaron en el cesto de papeles antes de que nadie las leyera. El poder leer mis propias palabras escritas antes de que alguien las escuchara, tuvo un efecto que creo que nunca olvidaré".[11]

Entendí el mensaje: Hablar menos... y sólo después de pensar en lo que voy a decir. Y decir sólo lo que es dulce y placentero... y hacerlo con sabiduría y amor. Éstas son las directrices de Dios para un hablar hermoso.

Una invitación a la belleza

Queridas hermanas, ¿acaso no desearían ustedes también la belleza práctica y fortaleza interior de Dios? ¿No desean profundamente ser hermosas a sus ojos: una joya resplandeciente que añade brillo y luminosidad a la vida de los demás?

Si queremos tener un precio incalculable, si queremos convertirnos en mujeres más valiosas que las piedras preciosas, tenemos que pagar un precio. Es muy difícil conseguir esa rara belleza, la belleza de las joyas que tanto apreciamos. Las piedras preciosas son duras, y esas gemas toscas y duras tienen que ser cortadas. Es necesario quitarles todos los defectos y todo lo desagradable. Una vez que se las corta, se las pule para agregar a su fulgor y aumentar su brillo; para permitir que resplandezca su color y para crear su "fuego": un destello que parece un arco iris. Nuestro brillo es el producto de dicho proceso. Ya seamos casadas o solteras, obtenemos una mayor estabilidad emocional y mejoramos nuestros conocimientos prácticos. Una vez que poseemos estos dos importantes elementos en nuestro interior, nosotras, que anhelamos ser las piedras preciosas de Dios, verdaderamente resplandeceremos.

Mis queridas, Dios, nuestro Maestro Artesano, sostiene su corazón y el mío en sus manos. ¿Por qué no miramos a sus ojos, percibimos su amor por nosotras, y le permitimos que haga su obra de purificación? ¿Por qué no le entregamos los defectos que inhiben nuestro "fuego", nuestro resplandor? ¿Por qué no le pedimos que nos ayude a no caer en emociones dañinas? ¿Estamos dispuestas a hacer nuestra parte para aumentar nuestra estabilidad emocional y pulir nuestros talentos? Esos dos rasgos: nuestro carácter y los talentos que reflejan nuestro carácter son lo que Dios desea y lo que tiene valor para los demás. ¡Permitamos que Dios haga su obra para embellecernos!

Y ahora, observaremos en detalle otro rasgo resplandeciente de la mujer que es hermosa a los ojos de Dios.

-3-

Una roca sólida

SU LEALTAD

"Su esposo confía plenamente en ella".
Proverbio 31.11

Una vez leí sobre una pareja que intercambió votos matrimoniales en la cima del peñón de Gibraltar, la famosa isla rocosa que se encuentra a la entrada del Mar Mediterráneo. El novio explicó que ellos deseaban cimentar su matrimonio sobre una roca. Bueno, mejor incluso que intercambiar votos sobre el peñón de Gibraltar es establecer un matrimonio sobre la roca de Jesucristo y la lealtad férrea de una esposa. Cuando un hombre se casa con una mujer que es mental, emocional, física y espiritualmente fuerte, él puede construir con confianza su vida, su trabajo, y su hogar, confiando en que el sólido carácter de su esposa será la piedra angular de sus esfuerzos.

Créanme, después de estudiar en Israel y vivir en Jerusalén durante tres semanas, sé mucho sobre rocas. El escalar por las colinas, día tras día, implicaba tomar las características de una gacela, ya que trepábamos por las rocas, pasábamos por encima de ellas, por alrededor, y por entremedio, para luego volver a descender. Y los montículos que visitábamos—esas capas de restos de las ciudades del Antiguo Testamento—consistían en capa tras capa de roca y piedra, todas descansando sobre una base de roca sólida.

Pero la mejor roca que vi fue una piedra angular. Tomé una fotografía de ella (de hecho, la estoy mirando mientras escribo), porque Dios habla de sus mujeres como "esquinas labradas" (Salmo 144.12 RVR60). Yo escogí la piedra angular en la base excavada de la parte sur del Monte del Templo, el sitio del Templo de Herodes (donde veneraba Jesús). Sosteniendo la base masiva del Templo, esta piedra angular antigua ha soportado el peso de muros de piedra de 75 pies de altura durante más de 2.000 años. Con veinte pies de largo, seis pies de altura y por lo menos ocho pies de ancho, aún sostiene el peso de todo el muro del Templo.

Esta sorprendente piedra angular fue cuidadosamente elegida porque Herodes deseaba un cimiento firme para la maravilla que estaba construyendo. Ese importante edificio tenía que ser estable, de modo que Herodes escogió una roca que era más que adecuada para ser la piedra angular. Sin ninguna duda era una roca sólida, ya que no se ha movido a pesar de 2.000 años de batallas, terremotos, los elementos y la erosión del tiempo, como tampoco se ha movido el muro que está sobre ella.

Como ese muro, nuestro matrimonio puede fortalecerse a medida que nos convertimos, por la gracia de Dios, en mujeres virtuosas y fuertes, erguidas firmes como una roca. Es posible que la piedra angular, cuya fotografía tengo delante de mí, no sea hermosa, y que gran parte de ella esté enterrada y fuera de la vista, pero el Templo de Herodes era espléndido. Deseo que lleven con ustedes esta imagen de una piedra angular con ustedes a lo largo de este capítulo, porque la imagen de una esposa de pie, firme y fuerte como una roca se encuentra en el corazón mismo del Proverbio 31.11.

El lenguaje de la lealtad

Pensaba que sabía todo lo referente a la confianza, pero debo admitir que, mientras estudiaba la afirmación "El corazón de su marido confía en ella" (Proverbio 31.11 VERSIÓN DE REINA VALERA 1995), me llevé tres sorpresas. Ellas me enseñaron aún más sobre la importancia de ser una roca para mi esposo Jim.

El descanso: Primero consideremos "el *corazón* de su marido". La palabra hebrea para *corazón* se refiere en realidad a la mente, donde se enconan las dudas, la ansiedad y la intranquilidad. Pero el corazón (la mente) de un marido que puede confiar en una esposa leal es un corazón tranquilo, que descansa. Nuestro llamamiento como mujeres de Dios es vivir de una manera tan sólida que nuestro esposo nunca tenga que preocuparse ni preguntarse sobre nuestro carácter o nuestro manejo del hogar, de nuestras finanzas o de nuestro tiempo. Entonces podrá verdaderamente construir su vida sobre la piedra angular de nuestra lealtad, con su corazón descansando en y sobre el apoyo firme de su esposa.

El estímulo: A continuación sigue el factor de la confianza: "Su esposo *confía* plenamente en ella". La palabra hebrea para *confiar* se traduce como "tener valentía, ánimo y sentirse confiado".[12] Por lo tanto, el hombre casado con una de las mujeres hermosas de Dios se siente confiado—alentado—gracias a que puede confiar en su esposa.[13] Su lealtad es un ministerio diario de estímulo para él. Gracias a su confianza en ella (él "confía plenamente *en ella*"), se siente alentado y fortalecido para realizar sus tareas.

La confianza en Dios: A lo largo del libro de Proverbios, confiar en cualquier persona o ir en pos de otra cosa que no sea Dios se compara a la necedad (véase el Proverbio 3.5). Sin embargo, Dios hace una excepción a este principio: A pesar de que un hombre generalmente disfruta de riquezas como el resultado de su confianza en *Dios*, aquí en el Proverbio 31.11, su ganancia es el resultado del valor de *su esposa*, en quien puede confiar plenamente. ¡Él confía en su esposa de la misma manera en que confía en Dios![14] "El corazón de su marido confía en *ella*", ¡y en el Señor! Como lo entiende un traductor: "El corazón de su marido tiene fe en ella".[15] Imagínense, un llamado a trabajar junto con Dios para alentar y apoyar a nuestro compañero. ¡Qué privilegio y ministerio increíbles!

Lista de verificación de la lealtad

Estas tres sorpresas me dan mucho que pensar. Es asombroso darse cuenta de que gracias a mí (cuando obedezco los lineamientos de Dios, por supuesto), mi Jim puede disfrutar de descanso, confianza y una mayor confianza en el Señor.

Mientras consideraba el impacto que tiene nuestra lealtad en nuestros laboriosos maridos, repasé el Proverbio 31.10-31, y confeccioné una lista de verificación de la lealtad. Aunque no estén casadas, esto es importante. Recuerden además que esta madre aconseja a su hijo a ir en pos de una *sola* mujer que *ya* posee esta hermosa cualidad que es la lealtad. Todas las mujeres hermosas de Dios deberían ser merecedoras de esta descripción: fiel, veraz y constante; en lo concerniente a su carácter, su matrimonio, su familia, sus relaciones y su ministerio: una roca sólida. De manera que, casadas o solteras, nuestra meta es que esta inestimable virtud se convierta en una piedra preciosa de nuestra corona (Proverbio 12.4).

Aquí se encuentra mi lista personal de verificación de la lealtad en diez esferas diferentes de la vida diaria. ¿Por qué no se fijan para ver si están a la altura de las normas de Dios? ¿Están construyendo su vida, su hogar y su matrimonio sobre estas rocas?

El dinero: ¿Pueden estar tranquilos sus esposos, tanto emocional como mentalmente, gracias a la administración diligente por parte de ustedes de los bienes (Proverbio 31.27)? ¿Pueden confiar en que ustedes serán ahorrativas, sabias y que se mantendrán libres de deudas?

Los niños: ¿Son madres devotas, dedicadas a educar hijos obedientes que amen al Señor, que amen a su papá y que le traigan honra a sus nombres (Proverbio 31.1-2)?

El hogar: ¿Se sienten sus maridos alentados porque saben que todo está bien—y que todo estará bien—en casa, gracias a los esfuerzos que ponen ustedes en mantener su hogar en orden (Proverbio 31.13, 27)?

La reputación: ¿Tienen sus esposos paz interior porque saben que ustedes son fuente de bien y no de mal todos los días de su vida, y que nunca harán nada para que surjan dudas acerca de su reputación (Proverbio 31.12, 23)?

La fidelidad: ¿Pueden sus esposos confiar e incluso regocijarse en la fidelidad eterna de sus votos matrimoniales (Proverbio 5.18)?

Las emociones: ¿Pueden sus esposos estar tranquilos, ya que saben que las emociones de ustedes son firmes y estables, y no volátiles (Proverbio 14.30)?

La felicidad: ¿Son ustedes una fuente de gozo, deleitándose en el Señor (Salmo 37.4) y refrescando el corazón de aquellos que comparten su hogar?

La sabiduría: ¿Pueden sus esposos confiar en que ustedes manejarán los desafíos, dificultades y crisis de la vida con la sabiduría que proviene de Dios (Proverbio 19.14)?

La conducta: ¿Pueden confiar sus esposos en que ustedes se conducirán con bondad (Proverbio 11.16), discreción (Proverbio 11.22), virtud (Proverbio 31.10), y dignidad (Proverbio 31.25)?

El amor: Cuando progresamos en las nueve áreas precedentes, progresamos en el amor. Porque, vean, el amor se da a conocer mediante sus acciones. Cuando ustedes cuidan los bienes de sus maridos y los detalles de su vida, evidencian de manera poderosa cuánto los aman (Proverbio 31.29).

¡Espero que hayan comenzado a apreciar cuánto valora Dios la lealtad en nosotras! ¿Comprenden ahora por qué la lealtad es tan hermosa a los ojos de Dios, y a los ojos de sus maridos? Aquí, en Proverbios 31, la lealtad se encuentra primera en la lista de rasgos del carácter que aprecia Dios, y ustedes y yo podemos tomar pasos concretos y específicos—a diario y por el resto de nuestra vida—para establecer una base firme de carácter leal y ganarnos un alto grado de confianza por parte de los demás.

Cómo lograr esa belleza

Nº 1. Tomemos la confianza en serio. Debemos tomar en serio todo lo que Dios dice cuando habla. Y Dios dice que se puede confiar en "una mujer virtuosa": una mujer que es fiel, una mujer que es leal. La mejor manera de comenzar a establecer esta piedra angular de la belleza que agrada a Dios es colocándola primera en la lista de oraciones diarias. Pidan a Dios que transforme su carácter.

Nº 2. Mantengan su palabra. Recuerdo haber escuchado a un grupo de mujeres universitarias compartiendo pedidos de oración en el estudio bíblico semanal en nuestra casa. Deseaban con ansias que las demás le pidieran a Dios que ellas pudieran convertirse en "mujeres de palabra", mujeres fieles a su palabra. Éste es un excelente objetivo para nosotras también. De modo que aceptemos el desafío de hacer lo que hemos dicho que haremos, de estar donde hemos dicho que estaremos, y de mantener nuestras citas.

Nº 3. Sigamos las instrucciones hasta el final. El grado al cual seguimos instrucciones hasta el final es la medida de nuestra fidelidad y lealtad. En Génesis 3.1-6, por ejemplo, vemos cómo Eva le falló a su esposo—y a Dios—cuando no siguió los lineamientos del Señor con respecto al árbol del conocimiento del bien y del mal y comió del fruto prohibido (Génesis 2.17). Su desobediencia hizo tambalear el mundo. Su pecado—el deseo de hacer las cosas a su manera y no como Dios manda—derribó toda una creación perfecta y exigió el sacrificio del Hijo unigénito de Dios para que podamos tener nuevamente comunión con él (2 Corintios 11.3; 1 Timoteo 2.14).

De manera que una de las formas de desarrollar la confianza de los demás es haciendo lo que nos dicen. No tratemos de imaginarnos cuáles son las razones detrás de las instrucciones, y no tratemos de ser creativas con las direcciones que nos dan. Hagamos preguntas cuando sea necesario, pero siempre sigamos las instrucciones hasta el final. Si nuestro esposo desea que cancelemos la suscripción al periódico hoy, hagámoslo. Si necesita que busquemos su ropa a la tintorería, hagámoslo. Si nos pide que le cambiemos el aceite al automóvil, hagámoslo. Si él está siguiendo una dieta especial, preparémosla. *Su* corazón puede descansar tranquilo porque sabe que estamos obedeciendo sus deseos para el hogar, la familia y las finanzas. Además, nuestra obediencia evidencia el profundo carácter de Dios inmerso en nuestro corazón.

Nº 4. Cuando tengamos dudas, ¡verifiquémoslas! Cierto día, una esposa que estaba haciendo un verdadero esfuerzo por mejorar la confianza de su esposo en ella, llevó su automóvil al taller. Cuando el mecánico lo revisó, le dijo que era necesario reemplazar tal y cual cosa. Cuando le preguntó a ella si deseaba hacerlo ("Estoy tan contento que encontré esta falla. Usted no desearía que se le rompiera mientras estuviera manejando. Llevará apenas unos minutos hacerlo, y unos pocos dólares más, por supuesto, si lo hacemos ahora mismo"), ella estuvo a punto de decir que sí, pero recordó su objetivo. Cuando llamó por teléfono a su esposo para escuchar su opinión, él le dijo que era algo que él podría fácilmente—y económicamente—reemplazar. ¡Y luego le agradeció por llamarlo! Ella pudo darse cuenta de que él estaba agradecido y que estaba en paz porque lo había consultado a él primero. Sus sabias acciones aumentaron la confianza de su marido en ella, fueron de beneficio para él, y les ahorró dinero, ¡todo al mismo tiempo!

De modo que cuando tengan dudas, verifíquenlas. Llamen a su marido y escuchen su opinión. El objetivo es manejar las cosas—sea lo que sea—a *su* manera. (P.D. El buscar consejos de esta manera indica sabiduría. El Proverbio 28.26 dice: "Necio es el que confía en sí mismo".)

Nº 5. Sean responsables. Cuando Jim y yo estábamos enseñando a nuestras hijas adolescentes Katherine y Courtney a ser responsables y confiables, les permitimos salir, siempre y cuando nos tuvieran al tanto del lugar a dónde se dirigían y estuvieran de acuerdo en avisarnos si había algún cambio de planes.

Yo, como esposa, hago lo mismo. Deseo que Jim sepa en todo momento adónde me encuentro. Esta meta es un verdadero desafío cuando estoy viajando para dar conferencias. Jim está generalmente conmigo, pero cuando no lo está, lo llamo por teléfono, le envío un fax o email, y le dejo un itinerario de viaje completo con todos los nombres, lugares, números de teléfono, números de fax, números de vuelos, y horario de vuelos. Lo llamo desde cada aeropuerto—en cada cambio de avión—y desde cada sitio de conferencias. Incluso tenemos un número gratis a dónde llamar, de modo que todo lo que tengo que hacer es levantar el teléfono, marcar el número desde cualquier parte de los Estados Unidos, y llamar sin problemas. Y si él se encuentra fuera de la oficina o está en una reunión, le digo a su dulce secretaria Janice: "Sólo dile dónde estoy. Dile que llamé". Me es muy importante que Jim sepa exactamente dónde estoy. Incluso cuando hago los mandados en casa, le pido a Janice que le diga que "estoy en casa", cuando regreso.

Sus esposos deberían saber siempre dónde están ustedes. Cuando los mantenemos informados, expresamos claramente que deseamos ser responsable frente a ellos y alimentamos su confianza en nosotras y en nuestra relación. Además—regresando a la historia de Eva— ¿acaso no la engañó Satanás (Génesis 3.1) cuando ella estaba alejada de la protección de su marido y cuando no lo consultó? ¡Ya hemos dicho suficiente!

Una invitación a la belleza

Y ahora, mis leales amigas y bellas hermanas, llegó el momento de volver nuestro corazón al Padre y mirar de lleno en su rostro. Como hemos dicho, cada vez que Dios habla, debemos tomar su Palabra en serio. Y aquí, en el Proverbio 31.11, Dios afirma su deseo de que exhibamos uno de sus atributos personales: su fidelidad. Ustedes y yo confiamos en el Señor porque podemos contar con su fidelidad. David, que confiaba en Dios, proclamó: "Tú eres mi roca" (Salmo 31.3 RVR60). Dios nos pide que demostremos esta clase de fidelidad a nuestros esposos; nos pide que seamos una roca sólida para ellos que confían y se apoyan en nosotras.

¿Desean ser hermosas a los ojos de Dios? ¿Desean reflejar su lealtad y fidelidad? Entonces necesitan *su* maravillosa gracia, fidelidad y fortaleza, de modo que puedan ser dignas de toda confianza en todas las áreas de su vida. Necesitan elegir ser mujeres de palabra y mujeres que siguen instrucciones en todos los detalles de la vida diaria.

Este capítulo lleva por título: "Una roca sólida" y, mis queridas, eso es exactamente lo que ustedes serán para sus cónyuges (y para otras personas) a medida que expresen en su vida lealtad hacia ellos. La vida es difícil y se encuentra repleta de dificultades, y sus esposos llevan una pesada carga de responsabilidad. Ellos necesitan una roca sólida donde descansar el alma, ¡y ustedes poseen el privilegio de ser esa clase de roca! ¿Le extenderán a sus maridos el don de un corazón en paz? ¿Le brindarán una roca donde descansar cuando lo necesiten? ¿Comenzarán hoy mismo a convertir esta virtud de la lealtad en su objetivo para toda la vida, a medida que Dios las transforme en una de sus atesoradas columnas esculpidas (Salmo 144.12)?

-4-

Un premio infalible

SU CONTRIBUCIÓN

"No necesita de ganancias mal habidas".
Proverbio 31.11

"Creo que te gustaría leer esto", me dijo Jim mientras me alcanzaba la sección de negocios del periódico. (Y pienso que a ustedes también les va a gustar leer este capítulo.) El artículo ofrecía el siguiente consejo para, como decía el título: "Construir el nido".

- Llevar cuenta de los gastos.
- Reducir los gastos.
- Comprar con sabiduría.
- Mantenerse libre de deudas (en especial, las deudas de las tarjetas de crédito).
- Ahorrar, como medida de emergencia, el dinero necesario para vivir durante seis meses.
- Separar dinero todos los meses para ahorrar e invertir.
- Inviertan con ganas.[16]

¡Me quedé pasmada! El periódico estaba describiendo la sabiduría que posee la mujer hermosa de Dios... ¡y la que ella practica! Como maestra de microgestión, ella ya está siguiendo estos consejos y realizando una contribución invalorable al bienestar financiero de su familia.

El botín de guerra

Además de las maravillosas virtudes que posee la mujer hermosa de Dios, su contribución financiera al hogar hace que ella sea invalorable para su esposo y su familia. Debido al hecho de que ella es un premio indefectible, su esposo "no necesita de ganancias mal habidas" (Proverbio 31.11). Permítanme que les explique.

Un premio militar: La palabra "ganancia" deriva su significado del entorno cultural de Proverbios. En aquellos días, cuando un ejército derrotaba a otro, el soberano victorioso y sus soldados ganaban un botín de guerra. Ese botín era el premio de la guerra y constaba de riquezas en una época donde no existía un sistema monetario.

Teniendo en cuenta este versículo de Proverbios 31, estuve durante mucho tiempo en el Museo de Israel estudiando un relieve de 15 por 50 pies que había sido encontrado sobre un muro de Babilonia. Describía el sitio histórico de la gran ciudad palestina de Laquis en el año 701 a.C. (2 Crónicas 32.9). El lado izquierdo de la imagen detallaba la ardiente batalla a las puertas de la ciudad y alrededor de sus muros. El lado derecho mostraba a los vencedores acarreando los premios de la guerra: gente como esclavos, animales como alimento, y tesoros de plata, oro, piedras preciosas y vestiduras.

Un premio apacible: Pero se podían adquirir riquezas sin tener que enfrentar la amenaza de la muerte en batalla. Existían otras maneras, más apacibles, de obtener riquezas. Por ejemplo, un hombre podía mentir, engañar o robar; podía pedir dinero prestado; o podía convertirse en siervo por contrato, empleándose durante largos períodos de tiempo en lugares lejanos.

Un premio personal: Sin embargo, la mujer que es hermosa a los ojos de Dios determina que mediante su contribución personal a las finanzas de su marido, él "no necesita de ganancias mal habidas" (versículo 11). Ella no desea que él carezca de nada, pero tampoco desea que él se vea forzado a dejarla a ella, a los niños, al hogar, para irse a la guerra—arriesgando su vida—para traer a casa el botín que le permitirá cancelar sus deudas y aumentar su fortuna personal. Y por cierto, ella tampoco desea que él se vea tentado a obtener dinero por medio de ganancias mal habidas. De modo que ella escoge ofrecerse—y ofrecer su mente y su fuerza—para realizar el trabajo y hacer la contribución necesaria para que su esposo "no carezca de ganancias" (RVR60). Podemos ver con toda facilidad que ella misma es la ganancia, la riqueza, el premio seguro.

La "guerrera"

Ella es también una guerrera. En el capítulo 1, definimos la palabra *virtuosa* como ejército, y esa idea se repite aquí. El hebreo y el griego nos dan una imagen metafórica de esta mujer, de este premio indefectible, como una poderosa guerrera que utiliza sus talentos para el beneficio de los dominios de su marido.[17]

Esta asombrosa imagen nos comunica con dramatismo el compromiso de la mujer hermosa de Dios con su esposo y con sus riquezas y su bienestar. Ella es una guerrera con una alianza indestructible, que dedica su vida y sus energías para el bienestar de su esposo y de su casa. Pelea a diario al frente de su casa para que *él* no tenga que ir a la guerra o experimentar la falta de ganancias.

La belleza del plan de Dios

Sé que esto puede sonar un poco grosero, no espiritual, y bastante feo, pero gran parte del Proverbio 31.10-31 trata sobre el dinero. El retrato de Dios de su mujer hermosa, el cual consta de 22 versículos, muestra claramente su ocupación diaria en el manejo del dinero, y en la ganancia y multiplicación del mismo. Cuando leía esto, me preguntaba por qué el manejo del dinero le importa tanto a Dios. Aprender el por qué fue un buen ejercicio para mí. Aquí se encuentran algunas de las razones por las cuales Dios se preocupa por el dinero.

Dios recibe honra: Esta enseñanza de Proverbios 31 sobre las finanzas de la familia: sobre cómo hacer dinero, cómo manejarlo y cómo multiplicarlo—es lo que Dios desea para sus hermosas mujeres. Cuando seguimos su plan, él se siente honrado por ello.

Los esposos se ven bendecidos: La administración del dinero es un ministerio a los esposos que les brinda alivio *y* tiempo disponible. Aun cuando nuestros maridos controlen las finanzas de manera general, nosotras somos las que manejamos la casa y las que, por lo tanto, administramos el dinero día a día. Podemos, por ejemplo, manejar el presupuesto para la compra de alimentos, ahorrar dinero mediante el uso de cupones, comprar con sabiduría, y cocinar en vez de comprar alimentos ya preparados o comer afuera.

Se benefician nuestros hijos: Cuando nuestros hijos ven cómo nosotras, las mujeres hermosas de Dios, manejamos el dinero, se verán bendecidos por ello. A medida que vean cómo manejamos el dinero, cómo lo ganamos, cómo lo ahorramos, y cómo lo ofrendamos (los niños perciben nuestra ofrenda fiel en la iglesia), ellos aprenderán muchas lecciones. Ellos desarrollarán un sano respeto por el dinero, la apreciación por la mayordomía, la capacidad de ser disciplinados con las finanzas, y tendrán metas personales de cómo ahorrar y conocimientos prácticos de cómo manejar el dinero. Mediante nuestro ejemplo, los adiestramos para la vida.

Se construye nuestro hogar: El libro de los Proverbios enseña que: "La mujer sabia edifica su casa" (Proverbio 14.1) y que "con sabiduría se construye la casa" (Proverbio 24.3). ¿Qué caracteriza a la casa que construye la sabiduría? "Con buen juicio se llenan sus cuartos de bellos y extraordinarios tesoros" (Proverbio 24.4). ¿Cómo podemos construir semejante hogar? Mediante la supervisión cuidadosa de las finanzas. Nuestro hogar será así un hogar de abundancia—un verdadero hogar, dulce hogar.

Nuestro carácter crece: Proverbios 31 muestra claramente que, a los ojos de Dios, el manejo sabio del dinero es una virtud. Y Dios nos llama a alimentar la virtud paralela, el autocontrol, en el área del dinero. Por lo general, la persona que tenemos que controlar, especialmente si hemos de ahorrar dinero, es a *nosotras mismas*. Después de todo, cada decisión que tomemos de no gastar dinero es dinero que ahorraremos. Cuando aprendemos a prescindir de cosas, cuando aprendemos a decir que no, cosechamos una gran recompensa: Los ahorros se acrecientan, disminuyen los gastos, y la cuenta bancaria aumenta—todo lo cual nos motiva a continuar administrando nuestro dinero con sabiduría.

Un relato personal

Cuando éramos recién casados, Jim manejaba nuestras finanzas. Él pagaba las cuentas, calculaba el saldo en nuestra chequera, y mantenía nuestros registros y archivos. Sin embargo, a medida que su vida se fue complicando, la administración del dinero se le hizo cada vez más pesada. A mí no me gustaba verlo despierto hasta tarde, agachado sobre la chequera, y aborrecía esas mañanas cuando tenía que garabatear a las corridas los cheques antes de salir a trabajar. Odiaba los días enteros de papeleo que enfrentaba antes y después de sus largos viajes de misiones, y ni siquiera me atrevía a mirar lo que se encontraba en esas pilas de papeles, mientras que quitaba el polvo del escritorio. Nuestras vidas estaban marcadas por una frenética carrera al correo, esperando en fila durante el día que teníamos libre, para hacer los pagos a tiempo, además de la frustración por los cargos financieros, las tarifas por pagos atrasados, y las multas por girar en descubierto.

Memorizar el Proverbio 31.10-31 y estudiar la vida de la mujer hermosa de Dios me ayudó a darme cuenta de que si yo asumía parte de la responsabilidad de Jim, podría aliviar su vida. Bajo su tutela, aprendí los conocimientos básicos de contabilidad, cómo pagar las cuentas, y cómo realizar trámites bancarios, y así pude comenzar a contribuir a nuestro bienestar financiero. No tenía en esa época empleo ni aportaba mi sueldo, pero permítanme contarles algunas de las maneras en que contribuí financieramente, y aún lo hago hoy día.

- Pagaba todas las cuentas a tiempo, ahorrando el dinero de los cargos financieros y de las tarifas por pagos atrasados. Eso significaba dinero que quedaba en el banco.
- Abrimos una cuenta de ahorros y nos inscribimos para que se dedujera automáticamente el dinero de los cheques del sueldo de Jim y se lo depositara en esa cuenta. Eso equivalía a una menor cantidad de viajes al banco, menor papeleo y mayores ahorros.
- El día que recibimos el extracto de nuestra cuenta bancaria, conciliamos el saldo. Eso significa que sabemos nuestro estado financiero actual. Significa también que no hay devolución de cheques y que, por lo tanto, hay más dinero en el banco.
- La chequera nos muestra el saldo al minuto, señalándonos exactamente dónde nos hallamos cada día del mes. Eso significa que, al no gastar de más, podemos ahorrar dinero.

Pienso que no necesito decirles lo enormemente aliviado que se sintió Jim cuando comencé a contribuir de esa manera a la salud y fortaleza de nuestras finanzas. El tiempo que le ahorré lo gastamos en otras formas productivas en la casa y en el ministerio. Nuestras noches obtuvieron un tono más ligero, y nuestras mañanas fueron más descansadas. Al obtener el control de nuestras finanzas, experimentamos una maravillosa sensación de libertad.

Pero mi contribución no finalizó con los cuatro pasos bosquejados anteriormente. ¡Eso fue sólo el principio! Cobré ánimo y comencé a leer para adquirir conocimientos prácticos, y para aprender principios y métodos sobre cómo administrar mejor el dinero. Esto llevó a un estudio avanzado de finanzas y a la instauración de una mayor cantidad de métodos para ahorrar, aumentar y administrar el sueldo de Jim. Tomé muy en serio mi rol de administración del dinero y he logrado destacarme en él— ¡y ustedes pueden lograrlo también!

Cómo lograr esa belleza

Mi oración por ustedes es que no sean como era yo: mujeres despreocupadas y poco informadas que alzan las manos y dicen: "¡Yo no sé nada sobre el dinero! Mi esposo es el que se ocupa de todo eso". Estas palabras les podrán sonar a algunas como señal de respeto y sumisión, pero son en realidad palabras que demuestran ignorancia, insensatez, inmadurez y debilidad.

Mi oración es que, ya sean casadas o solteras, ustedes aprendan cómo aumentar los ingresos y cómo contribuir al presupuesto familiar. Aquí se encuentran algunos pasos que pueden tomar para convertirse en hermosas administradoras del dinero: ¡un premio que es infalible!

Nº 1. Háganse cargo de la tarea. Obviamente ustedes desean seguir los deseos de su marido en lo que respecta a esta área tan vital del dinero. Sin embargo, aun cuando sea su esposo el que se ocupe de todo el papeleo, ustedes pueden entender los asuntos financieros, saber cómo manejarlos, y realizar su contribución (¡y no se olviden de los cupones para la tienda de comestibles!). Si se hacen cargo primero de la tarea asignada por Dios de tener una mente emprendedora y de asistir en el área de las finanzas, podrán encontrar innumerables maneras de contribuir.

Nº 2. Pónganse al día con la administración de las finanzas. Lean y recojan información sobre las finanzas personales. Aprendan lo que dicen y hacen los demás para administrar, ganar y ahorrar dinero. Para comenzar, pongan en acción las ideas de "Construir el nido" que han leído al principio de este capítulo.

Nº 3. Conviérsenlo con su marido. Si están casadas, necesitan seguir el liderazgo de sus maridos (Génesis 3.16; Efesios 5.22-24). Ellos son la cabeza del hogar y ustedes son las que se ocupan de este último y lo administran (1 Timoteo 5.14; Tito 2.5). De modo que, antes de intentar "tomar el control" o instituir toda reforma financiera de importancia, asegúrense de que ellos aprueban el plan.

Yo uní estos tres puntos sobre cómo lograrlo y comencé a leer libros y artículos sobre presupuestos familiares durante los años que Jim asistía al seminario—años en los que apenas teníamos dinero. Un artículo que encontré sugería: "Quince maneras de colocar más dinero en el banco".[18] Implementé las que pude (como guardar los recibos de compras para las deducciones de impuestos el 15 de abril), pero le llevé a Jim otras ideas para su consideración y opinión al respecto. Esas propuestas más complejas involucraban nuestra propiedad conjunta. Yo no iba a decidir por cuenta propia si deberíamos aumentar el deducible del seguro de nuestro automóvil y dar de baja al seguro contra todo riesgo y al seguro contra daño por choque de nuestros automóviles más viejos. Estoy segura de que ustedes entienden lo que les explico sobre cómo y cuando involucrar a sus maridos.

Nº 4. Establézcanse para una mejor administración del dinero. Comiencen algún sistema para llevar un registro de los gastos. Vean lo que tiene la tienda de artículos de papelería o el centro de artículos para oficina de su zona. Busquen libros sobre cómo llevar un control de los gastos. Consideren invertir dinero en un programa de contabilidad para su computadora o busquen cómo realizar trámites bancarios en línea (por Internet). Pregunten a su banco cómo se pueden pagar las cuentas mediante la computadora. Realicen los arreglos necesarios para que les deduzcan automáticamente los pagos de las cuentas de su cuenta de cheques (cuenta corriente). (Me alegré muchísimo cuando pude inscribirme ayer en esta clase de servicio a través de nuestra compañía local de gasolina. Eso equivale a una cuenta menos por correo, un cheque menos que escribir, una estampilla menos que comprar, una fecha de vencimiento menos de la que preocuparme, y un ahorro de por lo menos 15 minutos de mi tiempo.)

Además de adquirir conocimientos y provisiones, quizás tengan que establecer un área de trabajo: un lugar específico donde sentarse y administrar sus finanzas. Hagan que este sitio sea el lugar donde colocan todo aquello que esté relacionado con la administración del dinero; donde lleven a cabo todo lo relacionado con la administración de las finanzas; y donde puedan archivar y encontrar información importante.

Una vez que se hayan hecho cargo de la asignación de Dios, aprendan más sobre la administración del dinero, concuerden con su esposo sobre cuál es el rol de ustedes (¡sea lo que sea que ellos determinen!) y establézcanse. Les aseguro que, sin ninguna duda, ustedes estarán realizando una importante contribución a su hogar.

Una invitación a la belleza

Bueno, sé que todo esto no es demasiado atractivo y que no parece demasiado bonito, pero Dios considera que su contribución en el campo financiero de su hogar es preciosa.

Mis queridas, este libro trata sobre la virtud, el carácter, la piedad y la belleza espiritual. Pero a cada paso del camino, tengan presente que la belleza que agrada a Dios se expresa en la vida práctica, en los lugares prácticos (en casa) y de manera práctica (la administración del dinero).

De modo que vuelvan a observar esos versículos sagrados del Proverbio 31.10-31. Pidan al Espíritu de Dios que les abra los ojos a las diversas referencias a la administración ahorrativa y sabia de esta hermosa mujer. Sin duda, ella era un premio indefectible para su esposo y un tributo a su Dios. ¡Y eso es lo que deseo para ustedes también!

-5-

Una fuente de bondad

SU MISIÓN

"Ella le es fuente de bien, no de mal,
todos los días de su vida".
Proverbio 31.12

Al sentarme en mi escritorio para comenzar un capítulo más sobre la mujer hermosa de Dios de Proverbios 31 que "le es fuente de bien, no de mal, todos los días de su vida" a su esposo (versículo 12), he decidido bautizarlo: "Una fuente de bondad". Este título me lo sugirieron las dos fotografías enmarcadas de mi esposo Jim que se encuentran sobre mi escritorio. Las tomé en En-gadi, donde, en el Antiguo Testamento, el heroico David se escondió del rey Saúl y de sus 3.000 valientes y escogidos guerreros (1 Samuel 23.29-24.2). Jim se encuentra de pie en el mismo lugar en ambas fotografías, ¡pero cada una tiene un relato diferente!

En la primera fotografía, Jim está parado delante de un torrente de agua que cae desde una altura de 100 pies a una piscina de color azul verdoso. El mismo día que escalamos Masada, visitamos esta refrescante piscina. Fue durante el segundo ascenso polvoriento, sucio, seco y, por supuesto, empinado del día. El sendero era muy rocoso. De hecho, este lugar era el perfecto escondite para David debido a todas sus rocas y cavernas. Después de caminar penosamente hacia arriba, y más arriba, y más arriba aún, por encima y alrededor de las rocas y peñascos, llegamos finalmente a nuestro destino: estas cascadas de agua vivificante de En-gadi. En-gadi significa "fuente de la cabra salvaje" (¡la verdad que se tiene que ser una para llegar hasta ese lugar!) o "fuente del cordero".[19] Era verdaderamente una vista refrescante para los ojos doloridos— y un refrescante placer para los pies cansados.

La pequeña fuente de agua que alimenta todo el año a esta cascada crea un fresco, apaciguante y vigorizante oasis en el desierto. Los niños riéndose se salpicaban y jugaban y se entretenían. Los adultos caminaban por el agua, y con gusto se remojaban sus cansados pies. La sombra que daba la desnuda roca y la exuberante vegetación y árboles verdes servían como un abrazo fresco y acogedor después de todo un día de esfuerzo físico, calor, sed y piedras areniscas. ¡Qué fácil imaginarse lo que le significaba este refugio a David! Esa pequeña fuente de agua le brindaba todo lo que necesitaba como refugio y vida. Quizás haya estado contemplando las rocas alrededor de esa fuente cuando describió a Dios como su "roca y fortaleza" (Salmo 31.3), "la roca que es más alta que yo" (Salmo 61.2 RVR60).

Ahora permítanme contarles sobre la segunda fotografía. Jim estaba parado en el mismo sitio, pero giró su cuerpo 180 grados. El trasfondo para esta fotografía es el Mar Muerto, una masa de agua tan vasta que acaparó la expansión total de la amplitud de mi cámara de fotos. Con cuarenta y nueve millas de largo, diez millas de ancho, y 1.300 pies de profundidad, el Mar Muerto está alimentado por el río Jordán a razón de seis millones de galones de agua fresca por día. Pero el Mar Muerto es un mar de sal y por lo tanto es virtualmente inservible. Como dice el refrán: "Agua, agua por todas partes, pero ni una sola gota de agua para beber". Situado en una tierra desértica y árida, seca por falta de agua, el Mar Muerto no sirve para nada. Es tan grande, tan azul e invitador, y sin embargo, envenena a los que lo beben. Verdaderamente, ¡es un Mar Muerto... y un mar de muerte!

Un corazón bondadoso

Regresemos ahora a la imagen de la mujer hermosa a los ojos de Dios, la mujer del Proverbio 31.10-31. Una madre fiel—quien vive también la imagen de verdadera belleza de Dios—le trata de inculcar a su joven hijo qué es lo realmente importante en una esposa. Le muestra una imagen instantánea tras otra de la mujer hermosa de Dios, para así asegurarse de que él pueda reconocerla apenas la vea.

Con la siguiente imagen en el álbum de fotos, con la instantánea del versículo 12, miramos directamente al corazón de la mujer hermosa de Dios, y nos asombramos de su pureza y esplendor. ¡Es verdaderamente un corazón bondadoso! Es tan refrescante cuando en nuestra época tan llena de egoísmo, egocentrismo, autoconfianza, autoestima y preocupación con la imagen y afirmación propia nos topamos con una fuente de bondad tan generosa. ¡Con razón esta mujer es hermosa a los ojos de Dios! Pero, ¿cómo se demuestra su corazón bondadoso?

La presencia de la bondad. "Ella le es [a su esposo] fuente de bien", nos dice el Proverbio 31.12. La mujer hermosa de Dios está decidida a prodigarle a su esposo todo el bien posible. Vive para amarlo, y cada vez que puede, le brinda el bien y no el mal. Maneja su propia vida y su hogar de manera que beneficie habitualmente a su esposo.[20] Cuando se despierta a la mañana, su plegaria es que pueda ser fuente de bien para su amado esposo: darle amor, servirlo, honrarlo, ayudarlo, malcriarlo, y alivianar sus cargas. En vez de buscar una retribución o alabanza de parte de él, ella se da cuenta de que cumplir con la tarea que le ha asignado Dios es suficiente recompensa.

¿Y de dónde proviene toda su bondad? ¿Cómo puede ella mantener esta clase de generosidad durante toda la vida? Primero de todo, como la mujer hermosa de Dios, la bondad es parte de lo que Dios entreteje en su carácter. Hacer el bien es parte de su persona; hacer el bien—pase lo que pase— ¡de eso se trata! Además, ella es una mujer que teme al Señor (Proverbio 31.30), y él es el que la llama a dar el bien a su esposo. Ella se toma muy en serio su misión sagrada de ser una fuente de bien en el matrimonio. Después de todo, su *Señor celestial* le ha ordenado prodigar el bien a su *señor terrenal*, su esposo (Proverbio 31.12). Y ella encuentra la alegría suprema en hacerlo, y en hacerlo "de buena gana, como para el Señor [su Señor celestial] y no como para nadie en este mundo [su señor terrenal]" (Colosenses 3.23).

La ausencia del mal. "Ella le es [a su esposo] fuente de bien, *no de mal*" (Proverbio 31.12, énfasis añadido). Como criatura corrompida (Salmo 14.1; Romanos 3.12, 23), la mujer hermosa de Dios de Proverbios 31 experimenta la misma tentación hacia el mal que nosotras, pero—mediante la gracia de Dios—se opone a él. Cada vez que tiene la oportunidad de ceder al egoísmo, resentimiento, enojo, desaprobación o desacuerdo, ella persevera en contra del mal y escoge en cambio seguir el plan de Dios de brindar el bien, y no el mal, a su esposo. Como lo percibe un cierto caballero: "La vida es lo suficientemente difícil para un hombre que se abre camino en este mundo, sin necesidad de añadirle a esa carga una esposa que no lo comprende ni lo apoya".[21]

La influencia de toda una vida. El bien que la mujer de Proverbios 31 le da a su esposo y el mal que no le da caracterizan "todos los días de su vida" (versículo 12). Ése es el marco de tiempo que posee Dios para su misión: Ella debe inundar con bondad la vida de su esposo, "todos los días de su vida". Debe tomar muy seriamente y literalmente sus votos matrimoniales de brindar el bien a su marido "hasta que la muerte nos separe". Su llamamiento para toda la vida es ser una fuente de bien para su amado esposo. Debe ser dulce y constante hoy... mañana... dentro de veinte años... dentro de cincuenta años... hasta que la muerte los separe. Las enfermedades, pobreza, vejez y errores no han de entorpecer su compromiso a ser una influencia positiva en la vida de su marido.

Un ejemplo de bondad

Durante años he disfrutado las bendiciones diarias de la serie de devociones *Streams in the Desert* (Torrentes en el desierto), escrita por la señora de Charles E. Cowman.[22] Durante mucho tiempo, yo no tenía idea alguna del suelo de donde surgían sus palabras de consuelo. Más tarde me enteré de su historia y, junto con ella, de cómo y por qué se armaron esos volúmenes de esperanza y consuelo.

Charles Cowman fue el fundador de la Sociedad Misionera Oriental. Cuando se acercaba el fin de una cruzada evangelizadora de cinco años en Japón, él le comentó a su esposa: "Me ha estado doliendo mucho el corazón a la noche". A pesar del agonizante dolor físico, Charles completó la cruzada. Luego regresó a los Estados Unidos para descansar y recuperarse... pero sufrió un grave ataque al corazón y un derrame cerebral que lo dejó paralizado. El padecimiento de enfermedades crónicas fue para él como una noche sin estrellas, ¡durante seis años!

Para contrarrestar su desesperación, Lettie Cowman decidió utilizar las promesas de Dios como antídoto. Recolectando innumerables libros y revistas, buscó palabras de ánimo para los dos, y le leía a su esposo esas palabras, día tras día, a lo largo de su sufrimiento. En la oscuridad de su dolor, ella desenterró brillantes pepitas de esperanza de la rica mina de las promesas de Dios para compartir con su amado Charles. Estudiando las Escrituras, ella encontró el poder y el consuelo que sostienen el alma que ambos necesitaban con tanta desesperación.[23]

Mis queridas, Lettie Cowman no era solamente una roca sólida para el alma de su esposo, sino que le fue también una fuente de bien hasta el día de su muerte. Cuando él estaba sano, ella era su ayuda en Japón. Pero en sus últimos años, ella permaneció siéndole fiel a él y al Señor, pasando seis años de su vida trayendo frescura espiritual a su amado esposo moribundo. Durante esos años oscuros, mientras que manejaba su hogar, sus finanzas, y su organización ministerial, ella también alimentó el alma de su marido con verdades divinas.

Pido que el corazón de ustedes se vea conmovido por la fortaleza de esta hermosa mujer. Y confío en que estén comenzando a comprender qué aspecto tiene la mujer hermosa a los ojos de Dios. Ella es tierna, pero a la misma vez, dura. Es una roca, pero también una fuente. Impulsada por Dios y potenciada mediante un corazón lleno de su bondad, ella avanza, obedece y termina la tarea. Es parte del cometido de Dios de ser "fuente de bien" para su esposo (Proverbio 31.12), y ella se toma esa misión muy en serio, trabajando fielmente para cumplirla.

Yo no sé que aspecto tendría Lettie Cowman exteriormente, pero ustedes y yo conocemos su corazón. No sé qué estatura tendría, pero sé que tenía fuerza para soportar, para servir, y para permanecerle fiel a su esposo hasta el final. Como todas las mujeres hermosas de Dios, la Sra. Cowman pasó "todos los días de su vida" (Proverbio 31.12) expresando el plan de Dios para su vida: ser una fuente perpetua de bien para su esposo. En el caso de la Sra. Cowman, ¡su vida fue sin duda un torrente de agua en el desierto!

Cómo lograr esa belleza

¿Cómo podemos ser un ministerio de frescura durante toda la vida para nuestros esposos?

Nº 1. ¡Tengan cuidado con los enemigos del bien! "Ella le es fuente de bien, no de mal, todos los días de su vida" (Proverbio 31.12). ¡Imagínense, el "bien" y el "mal" figuran ambos en un mismo versículo! Estas conductas son tan contrastantes: la una, tan deseable; la otra, tan horrible. Obviamente la posibilidad de que una esposa sea fuente de mal para su esposo es una realidad, porque si no, Dios no la mencionaría aquí. De hecho, la Biblia misma nos ofrece muchos ejemplos. Revisen esta lista de mujeres que no fueron una fuente de bien para sus esposos.

- Eva, quien fue creada para ser una ayuda para Adán, lo invitó a unirse a ella en su pecado (Génesis 2.18 y 3.6).
- Las esposas de Salomón apartaron su corazón de Dios (1 Reyes 11.4).
- Jezabel estimuló a su esposo Acab a cometer actos de una maldad abominable (1 Reyes 21.25).
- La esposa de Job le aconsejó: "Maldice a Dios y muérete" (Job 2.9).

- Rebeca engañó deliberadamente a su esposo Isaac (Génesis 27).
- Mical despreció a su esposo David (2 Samuel 6.16).

¿Cuáles son algunos de los asuntos del corazón que pueden ocasionar semejante caos en un matrimonio? Primero de todo, la *tendencia a comparar* nos conduce por un sendero de oscuridad (2 Corintios 10.12). Yo sé cuán sencillo es comparar a mi esposo, mi vida, mi matrimonio, mi situación económica (¡y la lista sigue y sigue!) con los demás. Las comparaciones—al igual que las expectativas, sueños, y fantasías (todos los cuales vienen con garantía de decepción) —pueden cambiar rápidamente mi corazón, el cual debería estar concentrado en el plan personal de Dios para *mi* vida... con *mi* esposo... en las circunstancias que Dios a ordenado para *mí*... a medida que avanzo en la misión que Dios me ha asignado *a mí* para hacer el bien.

¿Por qué no hacemos aquí una pausa y le agradecemos a Dios por el esposo que nos ha dado y por el sendero que nos ha marcado? Mientras que oramos, hagamos la promesa de ocuparnos de nuestra tendencia a comparar. Al mismo tiempo, tomemos la decisión de alabar a nuestro marido y agradecerle por contribuir a nuestro bienestar.

El alimentar *una creciente raíz de amargura* es otra manera segura de fomentar el mal y no el bien. Cuando permitimos que la amargura empiece a echar raíces—amargura contra nuestro marido o nuestras circunstancias—causamos problemas y de última corrompemos a muchos, especialmente a aquellos que están a nuestro alrededor, en especial nuestro esposo y nuestros hijos (véase Hebreos 12.15).

De modo que, una vez más, debemos volvernos a Dios en oración y agradecerle por todos los detalles de nuestra vida. La gratitud que mantiene a nuestros ojos clavados en Dios—no en nuestro esposo o nuestras circunstancias—es el arma con la cual podemos librar batalla contra toda amargura que empiece a brotar en nosotras. Pruébenla. Se darán cuenta de que no pueden estar agradecidas y amargadas al mismo tiempo.

Por último, cuídense de toda *condición espiritual decaída.* Los problemas en un matrimonio pueden señalar la presencia de problemas en la vida espiritual. El permanecer cerca de Dios—mediante la lectura de su Palabra, la oración, y el caminar en su gracia—llena nuestro corazón y lo convierte en la fuente de bien que deseamos que sea. La siguiente oración se concentra en el vínculo vital entre la vida cerca de Dios y el brindar el bien a nuestro precioso marido. (¡Sólo he cambiado el género femenino a masculino, y viceversa!)

> Para que me pueda acercar más a mi esposo, acércame más a ti que a él.
>
> Para que pueda conocer a mi esposo, haz que te conozca más a ti que a él.
>
> Para que pueda amar a mi esposo con el amor perfecto de un corazón perfectamente íntegro, haz que te ame más a ti que a él y por encima de todas las cosas.
>
> Para que no exista nada entre mi esposo y yo, te pido que estés entre nosotros, siempre.
>
> Para que podamos estar constantemente juntos, llámanos a estar a solas contigo en forma separada.
>
> Y cuando nos encontremos pecho a pecho, oh Dios, que sea junto al tuyo.[24]

Por favor, aprópiense de esta oración. Permitan que Dios llene sus corazones con su gran amor hasta que rebalsen como una fuente de bien que fluye directamente a la vida de sus esposos. Las invito a orar esta plegaria y a hacerlo con frecuencia.

Nº 2. Sigan el plan de Dios. Nuestra misión de satisfacer el modelo de Dios para el bien en el matrimonio se ve potenciada por él cuando planeamos y practicamos el bien.

• *Planeen hacer el bien*: Un sabio proverbio dice: "Pierden el camino los que ***maquinan el mal***, pero hallan amor y verdad los que ***hacen el bien***" (Proverbio 14.22, énfasis añadido). Compartiendo sus ideas sobre este versículo, un predicador que visitaba mi iglesia señaló a Adolf Hitler, el líder nazi que planeó el asesinato de seis millones de judíos. Él acotó que Hitler "maquinó el mal", planeó el mal, tan meticulosamente como una novia planea su boda. ¿Qué están planeando ustedes? Nosotros podemos escoger planear para bien o planear para mal, pero como mujeres hermosas de Dios, somos llamadas a hacer *el bien*. De modo que hagamos que nuestro objetivo sea navegar hoy—y todos los días—rumbo a hacer el bien a nuestro esposo todos los días de nuestra vida.

• *Practiquemos nuestro plan*: No estemos satisfechas con solamente planear hacer el bien. Cumplamos nuestras buenas intenciones. Pongamos en obra nuestro plan. ¡Espero que el siguiente abecedario contribuya a que sus fuentes de bondad se derramen a borbollones!

El abecedario del bien

A Alaben a sus esposos. La angustia abate el corazón del hobre,pero una palabra *amable* lo alegra (Proverbio 12.25). ¡Permitan que su boca sea una fuente de bien!

B Bendigan su nombre. Permitan que "la ley de clemencia" (Proverbio 31.26 RVR60) gobierne sus palabras cuando hablen sobre sus esposos.

C Controlen sus gastos. Sean sensibles a la situación financiera de sus familias.

D Disciplinen, críen y eduquen a sus hijos. Proverbios 31 es la enseñanza fiel de una madre piadosa al hijo que tuvo con su esposo.

E Estimulen sus sueños. Alimenten el fuego de las aspiraciones personales de sus esposos.

F Fíjense en lo propio y no en lo que tienen los demás. Estén contentas y felices con las provisiones de sus esposos.

G Guarden su liderazgo. Eva le causó una enorme pena a su esposo—y al mundo—por no seguirlo.

H Habitualmente exhiban una naturaleza firme, predecible y equilibrada. No sean un día una cosa y otro día, otra.

I Incluyan a la oración como parte de su ministerio a sus esposos. ¡No existe nada que forme una fuente más profunda de bien en el corazón!

J Den a sus esposos el júbilo de un hogar feliz. No sean como la esposa pendenciera y alborotadora del Proverbio 19.13.

L Líguense a él en el placer sexual. Alegren su corazón y satisfáganlo "en todo tiempo" (Proverbio 5.18-19 RVR60).

M Mantengan su crecimiento espiritual. Cuando buscamos al Señor con regularidad, contribuimos al bien de nuestro esposo.

N No se detengan aquí. Traten de continuar este abecedario del bien hasta el final. Léanlo a diario y, por supuesto, ¡háganlo!

Tan sólo una nota. Sé que el Proverbio 31.12 se refiere al esposo mencionado en el versículo 11, haciendo que su aplicación sea obviamente para las mujeres casadas. Pero el Proverbio 31.10-31 es al mismo tiempo una descripción de una mujer soltera como de una casada. Recuerden que el joven que escuchaba estas instrucciones de su madre era soltero, y que por lo tanto buscaría esas virtudes en una mujer soltera. Claramente, el objetivo de Dios para todas las mujeres—casadas o solteras—es que sean una fuente eterna de bondad.

Una invitación a la belleza

Ahora, mis hermosas amigas, ¿pueden mirar a los ojos maravillosos de Dios, tan llenos de amor y sabiduría, y escoger hacer el bien (y no el mal) a sus amados esposos? Aun cuando él no les parezca tan amado en este momento, aún así deben ser una fuente refrescante de bien para él. Después de todo, sus esposos son una parte del plan soberano de Dios de convertirlas en mujeres hermosas. Ese crecimiento implica algunos estiramientos, algunos ajustes, y significa definitivamente una sólida dependencia de la gracia hermosa de Dios. Pero sepan que, a medida que sigan el plan de Dios para una mayor hermosura, las esperan innumerables bendiciones. Y ese plan de Dios incluye también dar el bien a los esposos.

De manera que, sean cuales sean los detalles de sus matrimonios, dense cuenta de que sus esposos son sus esposos. Dios desea que ustedes se dediquen "todos los días de su vida" a "dar el bien". Cuando utilizamos los recursos del Señor, la fuerza del Señor (Salmo 62.7) y la mente del Señor (1 Corintios 2.16) serán nuestro sostén, y él que es por siempre fiel llenará nuestra fuente de bondad hasta que desborde.

-6-

Una fuente de gozo

SU CORAZÓN

"Anda en busca de lana y de lino,
y gustosa trabaja con sus manos".
Proverbio 31.13

Únanse por un momento a la caminata que Jim y yo realizamos por las calles de la Antigua Jerusalén. No fue una caminata placentera (intrigante, sí; educativa, si; placentera, ¡no!), mientras que nuestros cinco sentidos se veían asaltados por diferentes imágenes, sonidos... ¡y olores!

Había multitudes de gente por todas partes: gente que hacía compras y nos atropellaba en su apuro por ir de un lado al otro, y comerciantes y vendedores ambulantes gritando y agarrándonos a medida que pasábamos frente a sus mercancías. Los animales que eran utilizados para el transporte y la entrega hacían sus diversos ruidos—y dejaban a su paso diferentes imágenes y olores también. La carne cruda con sus usuales capas de moscas se estaba poniendo vieja y rancia con el calor del sol. Lo mismo ocurría con las verduras y las frutas, las cuales se estaban marchitando y apestaban.

En medio de este mar de gente, miles de ómnibus echaban humo y depositaban turistas, camiones de volteo contribuían con sus emanaciones de diesel, y se escuchaban los ruidos de las obras de construcción de los lugares de renovaciones. Si añadimos a este escenario el calor del mediodía, el sol implacable, y nuestra sed increíble, podrán tener un poco la sensación de nuestra experiencia. ¡Y no había ningún alivio cercano!

Y luego, nuestro guía Bill nos condujo a través de una de las muchas puertas cerradas que rodean las calles de la Antigua Ciudad... ¡directamente al paraíso! De repente—en apenas un segundo—nos encontramos parados en el patio cerrado de una casa con un jardín de flores y un pequeño parche de césped verde y exuberante. Los viñedos en flor crecían por las paredes a la sombra de varios olivos y palmeras. Siete columnas le servían de apoyo al segundo piso en forma de U, la cual era una estructura con tres lados (me hacía acordar a la casa del Proverbio 9.1), cuyos gráciles arcos le daban sombra a un sendero. En el centro mismo de este precioso escenario había una fuente. Imagínense: frescura y sombra y agua y césped y plantas después del polvo y el calor de la calle. Imagínense: silencio después del clamor de las multitudes, de los vendedores ambulantes y de los animales. ¡Sí, era sin duda un paraíso!

Pero deseo decirles algo más sobre esta fuente. En la tradición arquitectónica de su época, toda la casa, la galería, el jardín y los senderos estaban construidos alrededor de la fuente.[25] Cantando con gozo, la fuente proporcionaba el único sonido que se escuchaba. Con el agua chorreando y gorgoteando, burbujeando y salpicando, la hermosa fuente decía: "¡Bienvenidos al lugar donde nos ocupamos de todo y donde satisfacemos todas las necesidades!"

Cuando pienso en esa fuente, mis queridas, pienso en nosotras. Vean, como mujeres hermosas de Dios, nosotras debemos ser la fuente de gozo en el corazón de nuestro hogar, el centro de todo lo que es hermoso, y el eje de todo lo que ocurre allí. Proverbios 31 trata sobre lo que significa ser una fuente de gozo—de vida, de amor, de alimento—para los demás. Es por eso que oro que cada una de nosotras sea una fuente de energía gozosa, un corazón feliz en el centro de nuestro hogar, una trabajadora fiel y diligente que con afán y entusiasmo y constancia cristalice su hogar.

Una trabajadora dispuesta

El ingrediente principal para tener éxito en cualquier empresa es trabajo arduo, y eso es especialmente cierto cuando se trata del manejo de un hogar. En este versículo, la sabia madre que pinta el retrato de Proverbios 31 aborda la actitud emocional ideal que la mujer ideal de Dios tendría hacia este trabajo arduo: "*Gustosa* trabaja con sus manos" (Proverbio 31.13, énfasis añadido). La mujer para su hijo tendría que ser una mujer que trabaja con gusto; una mujer que aborda su trabajo con diligencia y alegría. Ella, literalmente, "pone sus manos a la obra *con alegría*"[26] y hace que sus manos estén "activas de acuerdo con el placer de su corazón".[27]

¿Exactamente en qué clase de actividad está involucrada esta mujer tan diligente? Gran parte del trabajo que tiene que llevar a cabo la mujer de Proverbios 31 es tejer (versículos 13, 18, 19, 21 y 24). Las mujeres judías de su época eran responsables por confeccionar la ropa de la familia,[28] y la lana y el lino eran los dos elementos básicos para tejer. De modo que, con energía y entusiasmo, "anda en busca de lana y de lino" (Proverbio 31.13). Después de buscar primero estas sustancias no refinadas, la mujer hermosa de Dios lleva a cabo todo un proceso de fabricación. Ella comienza con los materiales crudos y finaliza con las prendas terminadas: elige, compra, procesa, tiñe, hila, teje la tela, y finalmente confecciona la prenda. Y el Proverbio 31.13 dice que ella hace todo esto con gusto y alegría.

A lo largo de la historia de Israel, gran parte de la ropa de la gente era confeccionada con *lana*. La gran prenda exterior común de la región pedía esta fibra pesada y abrigada. Aquellos que estaban dispuestos a realizar el trabajo—y la mujer hermosa de Dios lo estaba—teñían la lana mientras que la preparaban. Bajo la mirada atenta y en las manos talentosas de la mujer de Proverbios 31, sus hilos se convertían en un rojo carmesí brillante (versículo 21), amarillo limón, púrpura fenicio (versículo 22), y rojo como la sangre del dragón. Luego estaban listos para pasar por su corazón y sus manos creativas, primero tejidos y luego convertidos en prendas. Vestidos con estos colores, su familia era todo un espectáculo contra el telón de fondo de esa tierra empapada por el sol.[29]

La mujer de Proverbios 31 trabaja también con *lino*. Ella utiliza la fibra de esta delgada hierba para hilar, pero antes de que pueda ser tejida en un delicado lino y utilizada para confeccionar prendas interiores, túnicas y prendas para dormir (versículo 24), la hierba debe ser cosechada, separada, retorcida y blanqueada. El procesar el lino implica los laboriosos pasos de secarlo, pelarlo, golpearlo, peinarlo, y por último, hilarlo. En realidad, cuanto más se lo golpea al lino, tanto más brillo tiene.[30] ¡Pero ninguna labor era demasiado pesada para nuestro modelo de una obrera feliz y bien dispuesta!

Una forjadora de belleza

Muchas mujeres hacen las tareas del hogar porque tienen que hacerlas, se espera que las hagan, o porque les dicen que lo hagan. Pero la mujer que es hermosa a los ojos de Dios se entrega de todo corazón a su tarea. Como la fuente en el centro del jardín, en el corazón de su hogar, ella canta, tararea, y silba mientras que trabaja, feliz de hacerlo. Ella expresa en su vida la exhortación de Dios: "Y todo lo que te venga a la mano, hazlo con todo empeño" (Eclesiastés 9.10). En vez de quejarse de las exigencias de la vida, ella es un digno ejemplo y encuentra placer en la labor de sus manos. Con empeño, entusiasmo y todo gusto, ella se entrega a su tarea con todo el corazón. No se limita a hacer su tarea; lo hace con gusto y felicidad.

El corazón de nuestra mujer hermosa es una fuente de gozo. Está llena del amor por su Dios (versículo 30), amor por su familia (versículos 28, 29), y amor por su hogar (versículo 27). Agraciada por este amor en su corazón, vive una vida que desborda de energía, empeño, felicidad y creatividad. Su corazón bien dispuesto transforma hasta las tareas más mundanas en su hogar. Este poderoso gozo en el corazón le da energía a sus manos para que realicen la tarea con gusto.

Algunos eruditos han traducido al versículo 13 de manera tal que diga que la mujer de Proverbios 31 trabaja con el *placer* de sus manos, con manos *dispuestas*, con manos *alegres*, con manos *inspiradas*.[31] Me gustan todos esos conceptos y las actitudes que ellos reflejan, y espero que se estén empezando a dar cuenta de lo que les quiero decir. Su corazón gozoso y las manos laboriosas a las cuales da energía transforman todo lo que ella toca en algo hermoso.[32]

Cómo lograr esa belleza

Cuando pienso en la mujer hermosa de Dios y la abundante energía y obvia felicidad que distingue la forma en que ella hace su tarea, deseo ser así también. Cuando me aproximo a mis tareas, desearía poder tener esa misma clase de energía y alegría que tiene ella—y estoy segura de que ustedes comparten mi deseo. Bueno, durante años he estado experimentando con aquello que he denominado mis "ayudantes de actitud". Además de ayudarme a trabajar más, me han ayudado a realizar mis tareas con un corazón bien dispuesto y gozoso. Espero que estas ideas ayuden a que su fuente de gozo esté burbujeante y rebosante.

Nº 1. Oren a diario. Oren por aquellos a quienes sirven y por ustedes mismas. Oren específicamente por vuestra actitud frente al trabajo. Gracias a que Dios escucha y responde, la oración cambia las cosas. Nuestro Señor puede convertir nuestro corazón en una fuente de alegría. De hecho, la oración nos puede dar su perspectiva, la cual eleva nuestros deberes domésticos fuera del terreno físico y los transporta al terreno espiritual (véase Colosenses 3.23 y el número tres a continuación).

Nº 2. Reciten versículos bíblicos. Hagan una lista de versículos tomados directamente de la Palabra de Dios que las animen a tener alegría en el trabajo. Mi salmo favorito es el 118.24: "Éste es el día en que el Señor actuó; regocijémonos y alegrémonos en él". Cuando tenemos versículos como éste en el corazón y los recitamos mientras trabajamos, nos encontraremos "alegrándonos siempre en el Señor" (Filipenses 4.4).

Nº 3. Hagamos nuestra tarea como para el Señor. Cuando las cosas se tornan realmente insoportables y mi perspectiva anda un poco torcida, otro versículo acude a mi rescate. Colosenses 3.23 dice: "Hagan lo que hagan, trabajen de buena gana, *como para el Señor y no como para nadie en este mundo*" (énfasis añadido). ¡Debo recordar que el *qué*, el *quién* y el *por qué* de mi trabajo es Dios mismo! Este recordatorio agrega una nueva alegría a mi corazón que esta vacío.

Nº 4. Abordemos nuestras tareas. Cuando nos enfrentemos a nuestra tarea, escojamos concientemente abordarla con energía, creatividad y alegría.

Con energía. No importa qué tarea enfrentemos, aceptemos el desafío y "hagámoslo con todo empeño" (Eclesiastés 9.10). Ésa es la manera en que Nehemías abordó la tarea de reconstruir los muros de Jerusalén (Nehemías 2): "el pueblo trabajó con entusiasmo" (4.6). Tenían una misión. Y ustedes también la tienen.

Con creatividad. Thomas Kinkade, el aclamado "pintor de la luz", enfrenta cada nuevo cuadro con un corazón creativo. Él desarrolló este enfoque durante su etapa como estudiante de arte, cuando trabajaba en una gasolinera. Escuchen lo que dijo:

> El trabajo era rutinario; las horas, poco convenientes; la paga, minúscula. Mis alrededores eran mugrientos, y la clientela, rezongona. Y sin embargo, me las arreglé para divertirme en el trabajo. Observaba ese desfile ininterrumpido de personas que entraban y salían por las puertas del negocio. Me inventé historias sobre ellos en mi mente y realicé un bosquejo de ellos de memoria. Jugaba juegos conmigo mismo para ver con qué rapidez podía dar el cambio o volver los surtidores a cero. Y me empezó a gustar servir a los demás; saber que podía ayudar a que los demás pasaran bien el día.[33]

Ustedes lo conocían a Thomas Kinkade como un artista creativo. Sin embargo, él es también un trabajador creativo que tiene sin duda alguna un corazón lleno de amor.

Con alegría. Así como el corazón de la mujer hermosa de Dios es una fuente de gozo, el de ustedes puede y debería serlo también. A veces, cuando leo este versículo sobre el corazón feliz, me siento celosa. Deseo su gozo, su inclinación hacia el trabajo, el placer que obtiene de lo que ella percibe como sus obras de amor. Pienso que una de las claves de su alegría es el hecho de que ella observa su trabajo con expectativa y no con terror. Ve las tareas como desafíos y no como una pesadez. Su punto de vista positivo no sólo emerge de su amor por su familia, sino también de su costumbre de observar cada tarea exigente de la vida y decidir hacerla, hacerla bien, hacerla como para el Señor y disfrutar haciéndola.

Nº 5. Busquen los beneficios. Me encantan estos pensamientos de Edith Schaeffer, una mujer que aprendió a ver lo bueno en la tarea de otorgarle a su marido su deseo de que le sirviera todas las tardes el té en una bandeja. Ésta es la manera en que abordó la tarea y los beneficios que encontró en ella:

> Primero, le dije silenciosamente al Señor: "Gracias Señor que ésta es una manera *práctica* de servirte a *ti* el té... gracias por mostrarme tan claramente que a medida que hacemos las cosas... como servicio a los demás, las hacemos realmente para ti. Segundo, recuerdo algo así como: 'Francis realmente necesita este... refresco... un poco de azúcar... es muy buen alimento, también, para lo que venga después'. Tercero, luego subo las escaleras... pensando: 'Qué buena manera de mantenerme en forma. Aquí estoy, haciendo mis ejercicios aeróbicos, subiendo y bajando las escaleras'".[34]

Edith buscaba los beneficios que ella recibía mientras que servía a los demás. El hacerlo puede alivianar la carga de nuestras tareas, así como ocurrió con ella.

Nº 6. *Pausa y descanso.* No hay nada de malo con un descanso bien merecido. Dios nos advierte sobre el ocio (Proverbio 31.27) y el estilo de vida haragán (Proverbio 21.25), pero jamás condena nuestra necesidad física de descanso. De modo que hagamos una pausa cuando necesitemos hacerlo y renovémonos en el Señor (Isaías 40.31). Planeemos una siesta diaria si ella le da más energía a nuestro trabajo.

Nº 7. Prestemos atención a lo que comemos. Un año, cuando estaba leyendo mi Biblia de comienzo a fin, marqué todas las referencias que encontraba sobre la comida, y descubrí que los alimentos son un tema muy importante en la Biblia. Lo que comemos debería ser muy importante también. El comer para tener más energía y salud es un buen objetivo. Para saber si estamos logrando esa meta, acostumbrémonos a prestar atención al nivel de nuestra energía. ¿La comida que ingerimos nos da energía o sueño? ¿Tenemos períodos durante el día en que decae nuestra energía? ¿Cuándo y por qué? Para poder hacer la tarea de Dios con un corazón bien dispuesto, alegre, gozoso y lleno de energía tenemos que tener energía física. Asegurémonos de darle a nuestro cuerpo lo que necesita.

Nº 8. Valoremos cada día. Cuando ascendí a Masada, lo hice un paso a la vez. Así es cómo podemos alcanzar la excelencia de la mujer hermosa de Dios. La mujer de Proverbios 31 disfruta de las ricas bendiciones de la alabanza de sus hijos y de su marido (versículos 28-31), pero ella se lo ha ganado trabajando de buen grado un día a la vez y una tarea a la vez. La manera en que debemos vivir cada día es "un paso a la vez" hacia su excelencia y la clase de alabanza que ella recibía.

¿Qué podemos entonces hacer hoy? ¿Cómo habremos de vivir? ¿Cuán cerca de Dios andaremos? Sepan que él utiliza nuestras veinticuatro horas para convertirnos en la persona que él desea que seamos. En la economía de Dios, nada se desperdicia, de modo que él ciertamente no permitirá que este día—sea cual sea la tarea asignada—sea en vano.

Una invitación a la belleza

Qué bendición saber que ustedes y yo podemos traer un obsequio a nuestros hogares que nadie más les puede ofrecer: el obsequio de un corazón pleno de gozo. Su corazón alegre puede ministrar a las personas en su hogar, al hogar mismo y a las tareas del hogar.

Dicho corazón puede incluso ayudarles a encontrar alegría en el trabajo que hacen en su casa. Después de todo, cada tarea que hagan con un corazón lleno de gozo bendecirá mucho a aquellos que ustedes aman y a quienes sirven. Cuando ustedes sirven con un corazón alegre, refrescan y reviven a las almas cansadas y a los espíritus heridos. Como una fuente de agua fresca en las calles polvorientas y áridas del desierto, un corazón que Dios llena con su amor ministra vida y salud. Además, aunque se den cuenta o no, mis queridas, la actitud de su corazón determina la medida en que ustedes disfrutarán su trabajo así como la atmósfera que reinará en sus hogares. Cuando elijan trabajar de buena gana y con alegría, *ustedes* se convertirán en una hermosa fuente de gozo para todos, una fuente del gozo que da el Señor.

-7-

Un espíritu emprendedor

SU PROVISIÓN

"Es como los barcos mercantes,
que traen de muy lejos su alimento".[35]
Proverbio 31.14

Una Navidad, Jim y yo fuimos invitados a concurrir a una fiesta navideña en la casa de una preciosa santa, miembro de la clase de escuela dominical de personas de edad avanzada que pastoreaba Jim. A medida que los invitados compartían por turno sus recuerdos de las Navidades de su infancia, nuestra anfitriona nos relató también su historia. Ella nos describió una costumbre del país donde se había criado: En la Nochebuena, la gente adinerada de la ciudad abría las cortinas de las ventanas del frente de la casa y permitían que la gente apretara su rostro contra las ventanas y mirara el interior de sus elaboradas casas. Muchas veces, cuando niña, nuestra amiga había estado mirando a través de los exquisitos paneles de cristal biselado, los muebles, las decoraciones, los arbolitos de Navidad, y la comida en aquellas residencias. En esa noche especial del año, ella podía mirar por esas ventanas y admirar las abundantes riquezas de los que vivían allí dentro.

A medida que ustedes y yo consideramos la manera en que la mujer hermosa de Dios proveía para sus seres queridos, siento como que él nos está permitiendo mirar por las ventanas de su casa. A través de la ventana de su Palabra, Dios no permite echar un vistazo para que veamos qué aspecto tenía su espíritu emprendedor y cómo éste impactaba la manera en que ella amaba a su familia. En su casa hallamos toda clase de belleza y provisiones imaginables. La mujer hermosa de Dios no escatima esfuerzos para proporcionar lo mejor a su amada familia.

Un espíritu de aventura

El proverbio 31.14 dice: "Es como los barcos mercantes". Esta imagen quizás no nos parezca demasiado atractiva al principio, pero consideren por un momento cómo la mujer que es hermosa a los ojos de Dios es verdaderamente como un buque mercante. Por ejemplo, podemos fácilmente imaginarnos que ella recorre el mercado buscando productos que mejoren la calidad de vida bajo su techo. No escatima gastos en cuanto a dinero, tiempo o esfuerzo cuando se trata de contribuir al bienestar de aquellos que ama.

El versículo 14 continúa diciendo: "trae(n) de muy lejos su alimento". La mujer de Proverbios 31 gasta con gusto su energía para recoger productos especiales de todo el mundo para su casa— y esa mercancía verdaderamente proviene de muy lejos. ¡Tan sólo observen el proceso!

Las naves: Los barcos mercantes han navegado entre Fenicia y Egipto desde el año 2.400 a.C. Deteniéndose en cada puerto sobre el mar Mediterráneo, ellos intercambiaban su carga por otras mercancías. El segundo libro de Crónicas 9.21 nos dice que estos buques mercantes completaban su ruta una vez cada tres años.

Las provisiones: Sin embargo, las largas esperas se veían retribuidas por productos inusuales y exóticos para aquellos que se encontraban en el hogar. Los barcos que iban a Tarsis (la España moderna) traían a casa oro, plata, marfil, monos y mandriles (2 Crónicas 9.21). Del Líbano se enviaba la madera de cedro. Las tinturas provenían de Tiro. Egipto exportaba especias, nueces, bálsamos y cereales. Grecia contribuía al mercado internacional con aceite, vino, miel y una exquisita cerámica. Se transportaban a los puertos de cada continente toda clase de productos de lana, piezas de arte, objetos hechos a mano y joyería fina—a veces mediante caravanas que iban por el desierto, otras veces mediante barcos que navegaban por los canales y ríos—para poder embarcarlos luego en las naves mercantes.

Las supercarreteras: Una vez que se traía la mercancía a los puertos marítimos, ésta era llevada por caravanas nuevamente a las ciudades del interior. De hecho, las incesantes caravanas de camellos pasaban por las tierras de nuestra mujer hermosa. A lo largo de toda la historia, Israel ha estado situado en el cruce de todas las rutas más importantes del Medio Oriente. Cuando yo estuve allí, viajé por la Carretera del Rey y por la Gran Carretera Nacional, las dos rutas clave que hicieron que la Tierra Prometida fuera un centro de comercio internacional.

Las tiendas: Por último, después de todas las caravanas y los barcos, las mercaderías de todo el mundo llegaban a las pequeñas tiendas de todos los tamaños, formas y estilos. Las tiendas permanentes abrían a una plaza o calle, creando un bazar o galería comercial en un lugar céntrico. Las tiendas portátiles en cambio, se armaban bajo toldos provisionales cerca de las puertas de la ciudad y en las calles abiertas. Y cada vez que llegaba una caravana de camellos de lugares tan septentrionales como la antigua Irán o tan orientales como Babilonia e India, un mercado aparecía al instante, allí mismo donde se arrodillaran los camellos. ¡Imagínense la conmoción reinante cuando llegaban en camello los productos textiles, los alimentos, los utensilios de estaño, los productos de cuero, los dulces y otras valiosas exquisiteces a las calles del pueblo!

Un espíritu de misión

Ahora pues, mis pacientes amigas, veamos más de cerca cómo nuestra hermosa mujer de Proverbios 31—que es *como* esos barcos mercantes—tiene la misión de traer sus productos desde lejos. Su *familia* es la razón principal por la que ella busca por todas partes. Ella tiene bocas que alimentar y una casa que amueblar y decorar—y, como lo entiende ella, sus seres queridos sólo se merecen lo mejor. De modo que, motivada por su amor, ella (literalmente) recorre millas extra para proporcionarle a los suyos lo mejor.

Pero, la mujer de Proverbios 31 está también motivada por *su creatividad*. ¡Es una artista! Permítanme darles un ejemplo. Como no tenía refrigeración en su casa, hacía las compras todos los días para los ingredientes que necesitaba para preparar la comida diaria. Tal responsabilidad podría haberse convertido fácilmente en una carga, pero en cambio, comprar en los mercados exóticos extranjeros alimenta su imaginación—y la de su familia—y le permite expresar su creatividad en su vida cotidiana. En esos puestos, ella descubre colores, belleza y variedad; cosas únicas y exquisitas. Esa aventura estimula la creatividad en sus recetas y comidas, en sus tejidos y tareas domésticas. La provisión mundana, rutinaria y diaria se convierte para ella en una aventura creativa.

Un espíritu de satisfacción

Este libro trata sobre la belleza percibida a través de los ojos de Dios, y aquí estamos, hablando acerca de... ¿hacer las compras? Sin embargo, dense cuenta de que el espíritu emprendedor de esta mujer que es hermosa a los ojos de Dios la aparta de las demás. Como los barcos mercantes de su época, ella despliega sus velas y navega y navega... buscando... indagando... investigando... y obteniendo lo que desea para su familia. Motivada por el afecto hacia sus seres queridos, ella emprende su misión con vigor y entusiasmo, dispuesta a explorar más allá de lo familiar y conveniente del mercado de su zona. Ella "navega" a los rincones lejanos de la ciudad y regresa cargada con exactamente aquello que su familia necesita. Al esforzarse, esta ama de casa tan especial disfruta de una sensación de satisfacción al proveer lo mejor para su familia:

- La salud reside bajo su techo porque ella pone alimentos nutritivos frente a su familia.
- Como resultado de sus búsquedas, regateos y trueques para proporcionar lo necesario y lo hermoso para su clan, ella ahorra dinero.

- Al traer a casa no sólo la mercadería de lugares lejanos y exóticos, sino también los relatos que escucha y la información que recoge mientras que hace sus compras, la cultura ingresa a su casa.
- La variedad le agrega sabor a la vida en su hogar, mientras que los alimentos y muebles de lugares lejanos le dan la bienvenida y convidan a aquellos que se encuentran en él.
- Los productos de calidad son disfrutados por todos, gracias a su agudo ingenio y normas intransigentes.
- La belleza satisface, fortalece y ministra a las almas que allí residen.

Cómo lograr esa belleza

A esta altura, ya nos empezamos a dar cuenta de que el espíritu emprendedor que nos da Dios como ejemplo en este capítulo no se consigue sin esfuerzo. Un barco a vela no surca rápidamente las aguas con su velamen desplegado de manera natural o automática. La mujer de Proverbios 31 pagó un precio por esa belleza (lo mismo ocurriría en nuestro caso). Habiendo atrapado una brisa ocasionada por su trajinar y agitándonos en la estela de su energía y sus logros, miremos ahora—por la gracia de Dios—cómo podemos alimentar semejante espíritu emprendedor y luego salir navegando solas.

Nº 1. Un corazón de amor figura primero en la lista. Sin amor no somos nada (1 Corintios 13.2) y, podría agregar que sin amor no querríamos hacer nada. De modo que...

Oremos. Pidamos a Dios que revele y sane toda área en nuestro corazón que nos impida amar nuestros roles como esposas, madres y administradoras de nuestro hogar.

Hagamos que nuestro hogar sea nuestra prioridad absoluta. Aun cuando no estemos dentro de sus cuatro paredes tanto como desearíamos, apreciemos nuestro hogar y a los que allí habitan.

Nuestra familia—no nuestro empleo o profesión, nuestros pasatiempos o trabajo voluntario—debe ser lo más importante en nuestro corazón.

Pasemos tiempo con otras mujeres. Escuchemos lo que dicen las demás mujeres con verdadero amor sobre sus esposos, hijos y hogares (Tito 2.3-5). Descubrirán que su entusiasmo es contagioso.

Nº 2. Una visión de belleza le pone alas al espíritu emprendedor. La mujer hermosa de Dios aprecia la belleza y su ministerio a quienes ella alcanza. Como personas creativas, alimentemos nuestra propia visión de belleza y ofrezcamos a nuestra familia nuestra expresión personal de la misma.

Debemos rodearnos de belleza. Cuando se vio confinado a permanecer en su lecho durante sus últimos años, el gran artista impresionista Henri Matisse, pidió que trajeran plantas exóticas y papagayos de colores brillantes a su dormitorio. Estos agregados estimularon el arte que él produjo desde su lecho de enfermo durante esos últimos años de su vida. Inspirada por Matisse, yo pinté las paredes de mi oficina en rojo, colgué allí mis cuadros y pinturas favoritas, y la decoré con objetos (un almanaque de arte de todo el mundo, un florero de cristal con una sola rosa recién cortada, una roca que encontró mi tía en las praderas del oeste de Texas sobre la cual pintó un gatito enroscado en su canasta durmiendo la siesta) que me empujaron a ser más creativa. Envuelta en tanta hermosura, yo trato de producir lo bello. Mi oficina en sí me invita a escribir.

Hagamos que nuestra visión de lo bonito sea una realidad. Pasemos tiempo con personas que estén creando belleza. Estudiemos revistas. Visitemos tiendas de obsequios y asistamos a exposiciones para el hogar. Prestemos atención a cualquier cosa bonita que nos encontremos en el camino, y aprendamos de lo que vemos. Por último, hagamos que los muebles y la decoración de nuestro hogar sea una expresión de belleza.

Me acuerdo muy bien cuando regresé a mi hogar después de haber estado en la casa de una mujer que tenía muy buen gusto. Esa visita me cambió. Cuando me detuve a la entrada de su sala de estar y percibí la exquisita belleza que me daba la bienvenida al remanso de paz que ella había creado para su familia, pensé: "¡Qué artista!" Mi primera impresión no tuvo nada que ver con el dinero que había probablemente gastado; no pensé: "¡Cuántas cosas compró!" En cambio, me sorprendió cómo había arreglado todo: pequeños toques de buen gusto, tales como colocar una preciosa carpetita hecha a mano sobre los brazos de un sillón, un caracol recogido en la playa, una lámpara de luz directa sobre una pequeña mesa con un helecho en miniatura. Había también quitado algunos cortinados, de manera que los maceteros con lirios exóticos en flor que delineaban su veranda aparentaban formar parte de la habitación. Y sus ventanas resplandecían. Esta mujer que poseía una visión para la belleza había simplemente tomado lo que ella tenía, lo había modificado un poquito, y lo había convertido en algo maravilloso.

Nº 3. El encargo de Dios de amar a nuestra familia mediante las cosas prácticas de todos los días le da dirección al espíritu emprendedor.

Comencemos por lo básico. Todas las personas necesitan lo básico: comida, ropa y un techo. Como pregunta un cierto autor: "¿Están demasiado cansadas como para cocinar y mantener la casa en orden? ¿Desean comer afuera todo el tiempo?"[36] ¿O están proveyendo con energía todas las cosas básicas que necesita su familia?

Debemos convertirnos en compradoras eficientes. Tratemos de ahorrar dinero. Busquemos las gangas. Consideremos cuidadosamente cada compra para evitar comprar por impulso (Proverbio 31.16). Es importante saber lo que necesitamos y lo que no necesitamos. Debemos aprender lo que es y lo que no es la calidad, y ¡saber decir que no! Recordemos que una de las claves del manejo del dinero es que el dinero que no gastamos se convierte en ahorros. A veces digo que no mediante mi decisión de no hacer compras. Otras veces lo hago comprando por medio de un catálogo, en vez de perder tiempo o sentir la tentación de las tiendas y los centros comerciales. Otras veces digo que no examinando cuántas cosas puedo quitar de mi canasta de compras antes de pasar por la caja y luego, mentalmente, sumo cuánto dinero me ahorré.

Busquemos lo inusual. Esperemos algún tiempo más y busquemos un poco más lejos hasta que encontremos algo básico que es al mismo tiempo especial. La mujer de Proverbios 31 hace sus compras en el bazar de la ciudad, pero ella busca lo extravagante. Como artista, ella tiene buen ojo para lo inusual. Se deleita en elegir los artículos raros, lo importado, algo que seguramente provocará las exclamaciones de parientes y amigos—y eso recompensa su espíritu emprendedor.

Consideremos hacer trueque. Hagamos una lista de nuestros talentos y luego veamos la forma de mejorarlos. Ellos serán nuestra divisa cuando comerciemos para obtener lo que necesitamos. El comerciar de esa manera me ha resultado de beneficio. Mi libro *Loving God with All Your Mind*[37] fue trascrito de mis casetes de enseñanza por una esposa del seminario de Nueva Zelanda a cambio del automóvil usado que le dio mi esposo al suyo durante tres años. Ellos necesitaban un automóvil, y no tenían dinero. Yo necesitaba ayuda, y no tenía dinero (ni tiempo). ¡De manera que hicimos un intercambio!

Convirtámonos en "la artista residente". Considerémonos a cargo de la tarea de aportar belleza al hogar. Una vez por semana, mi amiga Karen—la artista residente en su hogar—navega a las 4 de la madrugada al mercado de flores del centro de la ciudad de Los Ángeles para traer flores frescas a su casa, a su patio y a su veranda. (Utiliza también flores para hacer ramos para aquellos que necesitan un poco de belleza para alegrarse.) Cuando la llamo a las siete y media de la mañana, Karen ya está ocupada agregando toques de belleza aquí y allá por toda su casa— ¡y lo hace por unos pocos peniques! Cada semana, Karen asume el desafío de hacer arreglos florales nuevos y creativos. Como ella, pensemos cómo podríamos nosotras, las artistas residentes de nuestro hogar, crear belleza allí. Y hagamos la pregunta: "¿Qué área de creatividad podría tratar de mejorar y de desarrollar en mi vida?"

Una invitación a la belleza

Ahora, mis hermosas amigas emprendedoras, llegó el momento de mirar a los ojos llenos de amor de Dios y reconocer los deseos de su corazón para nuestra vida. Mediante su Palabra, nuestro sabio Padre nos llama a ser amas de casa y esposas emprendedoras que añadimos toques de belleza a nuestro hogar. Este llamado requiere un cierto esfuerzo, pero es de gran bendición.

¿Armoniza nuestro corazón con el corazón lleno de amor de Dios? ¿Apreciamos a los seres queridos que nos ha dado Dios y para quienes proveemos todo lo necesario? Cuando proveemos lo necesario para nuestra familia, ¿ponemos todo nuestro esfuerzo para lograrlo? El Proverbio 31.14, aunque es la imagen de un barco mercante, en realidad se refiere a un asunto del corazón, un asunto que tiene que ver con el amor. Vean, sólo el amor, el amor lleno de gracia de Dios, puede motivarnos a poner de lado nuestro egoísmo y a esforzarnos físicamente para navegar a favor de los demás. Y sólo el amor de Dios, que nos llena hasta rebasar, puede darnos la resistencia emocional necesaria para dejar de lado la comodidad personal y soportar la constante actividad de una vida emprendedora por el bien de los demás.

Pidamos a Dios que nos dé una mayor resolución y una energía renovada de modo que podamos navegar rumbo a la calidad agradable y duradera de un espíritu emprendedor. Verdaderamente, ¡dicho espíritu es hermoso a los ojos de Dios!

-8-

Un modelo para su casa

SU DISCIPLINA

"Se levanta de madrugada,
da de comer a su familia
y asigna tareas a sus criadas".[38]
Proverbio 31.15

No podía dormir, y la razón era un caso auténtico de desfase horario después de un largo vuelo en avión. Jim y yo habíamos llegado a Jerusalén el día anterior después de 15 horas de vuelo con una sola escala en Londres. Ya habíamos estado despiertos durante muchas horas en nuestra habitación de hotel dentro de la Ciudad Antigua de Jerusalén, esperando que se hiciera de día y como una excusa para vestirnos a la ligera y comenzar nuestro curso de estudio de 21 días en la Tierra Santa. El día anterior, habíamos estado demasiado cansados como para apreciar lo que habíamos podido percibir a través de nuestra vista borrosa, pero ahora estábamos listos, ¡si tan sólo el sol se dignara a salir!

Por fin, hubo suficiente luz como para ir caminando al techo de nuestro hotel. De pie, hombro con hombro en la luz del amanecer, escuchamos campanadas de las iglesias que provenían de los distantes rincones de la Ciudad Antigua pregonando el nuevo día. A medida que el cielo se iba aclarando al oriente, pudimos ver las antiguas murallas que fortificaban a la Ciudad Antigua de Jerusalén, las banderas enarboladas sobre la Ciudad de David, y un panorama del Monte del Templo donde Jesús había caminado—y volverá a caminar en el futuro. Era un panorama esplendoroso: ¡estábamos mirando lugares que no habían cambiado durante cientos de años! ¡Estábamos en Jerusalén!

Luego la vi. Sobre un techo cercano, una mujer estaba trabajando. La ropa lavada ya estaba tendida en la soga. Su puerta delantera estaba abierta, permitiendo que el aire de la mañana enfriara la casa de piedra antes de que comenzara el calor del día. Su veranda ya estaba barrida y aseada, y ahora estaba trabajando sobre el techo. Cortando algunas flores frescas que crecían en sus macetas, ella luego las llevó al interior de su casa junto con varios limones maduros que había recogido de los árboles cítricos que estaban en el techo.

Esta oportunidad de observar a una mujer judía de carne y hueso, hizo que el Proverbio 31.15 cobrara vida: "Se levanta de madrugada, da de comer a su familia y asigna tareas a sus criadas". La vista espectacular de la que estaba disfrutando me hizo alegrarme de haber madrugado (¡aunque el desfase horario se llevaba casi todo el mérito!). Ahora me sentía nuevamente desafiada por esta mujer tan trabajadora para seguir tratando de vivir la clase de vida disciplinada que es hermosa a los ojos de Dios. "Gracias, Dios mío", susurre, "porque has permitido que tu Palabra cobre vida. Gracias por lo que me haz permitido ver aquí en tu tierra: una mujer que se levanta temprano y que amorosamente se ocupa de los asuntos de su hogar".

Este capítulo trata de cómo nosotras podemos ocuparnos con amor de los asuntos de nuestra casa. La preciosa madre que le está enseñando a su hijo el abecedario de la femineidad piadosa (Proverbio 31.10-31) conoce muy bien los beneficios que una mujer disciplinada puede aportar a su hogar, y le señala a su hijo (y a nosotras) las tres disciplinas para el éxito de una mujer en la casa.

Disciplina nº 1: Un comienzo temprano

De acuerdo al Proverbio 31.15, la mujer que bendecirá a su hogar "se levanta de madrugada". En la época en que se escribió Proverbios 31, la mujer se levantaba temprano por varias razones.

Se ocupaba del fuego en la casa: Primero se ocupaba de la lámpara. Esta pequeña lámpara (con más exactitud, un plato lleno de aceite con una mecha de lino flotando en él) se mantenía encendida toda la noche de modo que, a la mañana, el fuego de la casa pudiera ser encendido con ella. La ama de casa hermosa de Dios se levantaba varias veces durante la noche para agregar aceite al plato, evitando así que la lámpara se apagara (Proverbio 31.18). Levantarse durante la noche le brindaba también la oportunidad ideal de comenzar temprano a preparar ciertas comidas para el día siguiente. Ella podía moler un poco de maíz, poner algunas cosas fuera, y encender el fuego.

Se ocupaba del fuego de su corazón: El Proverbio 31.30 dice que la mujer hermosa de Dios teme al Señor, y el comenzar a hacer sus cosas temprano a la mañana le daba tiempo para ocuparse de sus oraciones diarias y mantener la Ley de Dios. Ella sabía que la Ley decía que debía amar al Señor con todo su corazón, con toda su alma y con todas sus fuerzas (Deuteronomio 6.5). Nuestra mujer de Proverbios 31 no sólo debe ocuparse del fuego de su hogar, sino también del fuego del amor de su propio corazón por el Señor.

Se ocupaba del fuego de sus corazones: Esta mujer piadosa sabe también que la Ley de Moisés le instruye a que enseñe y capacite a sus hijos en el conocimiento de Dios y de su ley (Deuteronomio 6.7). La mujer hermosa de Dios llena primero su propio corazón con las verdades de Dios. Luego, al igual que la cuidadosa madre que le enseña Proverbios 31 a su hijo, ella les enseña esas verdades a sus pequeños y les habla todo el día sobre ellas en el aula de clases llamada "hogar".

¡Es esencial comenzar temprano a la mañana cuando todas estas cosas tan importantes están en nuestra lista!

Disciplina nº 2: Alimentos para la familia

La mujer que es una bendición para su casa "da de comer a su familia" (Proverbio 31.15). El pan diario de su familia era una de las razones más importantes por las cuales ella madrugaba. Ellos dependían de su provisión de los alimentos que necesitaban. Aun hoy día, tres de cada cuatro personas en el Medio Oriente viven enteramente de pan y otros alimentos preparados con cereales.[39] El pan era—y aún es—el pan de cada día y el pilar de cada comida. Y no puede haber pan hasta que no se hayan molido los cereales (la primera tarea del día). Luego se mezcla la masa, y finalmente se hornean los pequeños panes aplanados sobre piedras calientes y cenizas.[40]

¡Pero tras este versículo hay una bellísima imagen! La palabra hebrea utilizada aquí para "alimento" significa en realidad "presa" y se refiere a la presa de un león. La mujer hermosa de Dios se parece a un león que caza la presa que necesita para sobrevivir. Se la describe como una leona que está rondando durante la noche ("se levanta aun de *noche*" RVR60) para obtener comida para su casa.[41] Además de ser un ejército (Proverbio 31.10), una guerrera (versículo 10), una obrera (versículo 13), y un poderoso barco (versículo 14), ¡ella es ahora una leona (versículo 15)! Las imágenes de estos versículos continúan para señalar su extraordinaria fortaleza y valentía. La habilidad de esta mujer es tan increíble que ella provee para las necesidades (alimentos) de los demás (su casa) bajo su tutela.[42]

Y esa "casa" incluye a toda persona lo suficientemente afortunada como para estar bajo su techo. "Casa" es un término colectivo utilizado para denominar a un núcleo de personas, un grupo, cualquiera que se encuentre en la casa.[43] Su lista de personas afortunadas incluyen a su esposo (la persona más importante para ella), sus hijos (estas pequeñas personas importantes vienen a continuación en la lista), todo otro familiar (en aquella época, muchos miembros de la familia vivían en la misma casa), sus sirvientes y sus huéspedes.

Disciplina nº 3: Un plan para el día

"Asigna tareas a sus criadas" (Proverbio 31.15). "Tareas" o "ración" se refieren a algo que les debemos a los demás; una ración o complemento señalado.[44] Se supone que la mujer hermosa de Dios le da una ración de alimentos a sus criadas como miembros de la casa, pero les da también trabajo. Ella emite un "decreto" u "ordenanza" de trabajo que describe las tareas que les asigna a diario.[45] Ella tiene su propio trabajo que planear y organizar, pero sus criadas necesitan también sus asignaciones—su "ración"—para ese día (versículo 15). Ansiosa de no perder un solo minuto del tiempo de trabajo del día, ella tiene que estar preparada para ello, ¡temprano!

Un modelo para el éxito

La mujer hermosa de Dios vivió un modelo para el éxito que funcionaba en su época, pero nosotras, cientos de años después, podemos tener éxito hoy día si seguimos su modelo para la casa: Ella se levantaba temprano (algo simple, pero no necesariamente sencillo de lograr). Vean las muchas bendiciones que esto acarrea.

Tiempo a solas. La mayor queja que escucho de las mujeres es que nunca tienen tiempo para estar solas. Parecería que los niños están siempre allí (con sus necesidades— y su alboroto) y el teléfono está siempre sonando (con aún más necesidades—y más ruido). El televisor está generalmente a todo volumen (¡más ruido!), y parece que mamá nunca puede encontrar paz y tranquilidad. El madrugar nos proporciona ese momento de sosiego. En la quietud del temprano amanecer, podemos hallar momentos preciosos para estar a solas.

Momentos con Dios. Cuando nos levantamos temprano, podemos utilizar el tiempo para buscar al Señor y pasar algunos momentos en oración, pidiendo su bendición para nuestro día y el de nuestra familia. Una vez leí un artículo escrito para el Día de la Madre. Era una entrevista a Anne Graham Lotz, hija de Ruth Graham. Ella comentaba sobre su madre: "No importa a qué hora me levantara a la mañana, siempre veía la luz encendida en la habitación de mi madre. Cuando bajaba, ella ya estaba sentada en su escritorio leyendo alguna de sus catorce traducciones diferentes de la Biblia. Ésta es la manera en que mi madre me enseñó que es mediante la Palabra y la oración que lo podemos conocer a Dios. Ella conoce muy bien a Dios".[46] (¡Y se levantaba temprano para hacerlo!)

Tiempo para planear. Cuando estamos a solas tendremos tiempo para pensar, y así es como se puede planear de manera eficaz. Cuando disponemos de algunos minutos de tranquilidad a solas antes de comenzar las tareas del día, tendremos tiempo para planear lo que es esencial para un hogar ordenado. Escuchemos cómo alaba un experto sobre la administración del tiempo el levantarse temprano: "Yo planeo casi todo a la mañana temprano. El promedio de tiempo que me lleva hacerlo son tres horas y media por semana. Me levantó alrededor de las cinco, antes de que se levanten los demás, y dedico ese momento de tranquilidad a la actividad más importante: planear".[47]

Un momento para tomar la delantera. No hay duda de que el madrugar desata una reacción en cadena de beneficios. ¡El primer paso para redimir el tiempo es levantarse temprano! Miren lo que puede significar ese tiempo: Momentos con Dios: para obtener dirección y fortaleza. Tiempo a solas: para planear el día. Tiempo para hacer gimnasia: ¡a veces es el único tiempo del que disponemos para hacerlo! Tiempo para tomar la delantera: para utilizar con sabiduría el resto del tiempo. Tiempo para tomar el desayuno: para cargar las baterías. Tiempo para devociones familiares: para concentrarse como familia. Cuando el madrugar se convierte en una disciplina de nuestra vida, habremos tomado un paso muy importante hacia la instauración del orden y el establecimiento de un modelo predecible para nuestra casa.

Una historia personal

Gracias a mi esposo Jim, experimento normalmente los beneficios de levantarme temprano (bueno, casi todos los días). Permítanme contarles por qué.

Cuando Jim comenzó a estudiar en el seminario, volvía a casa después de las clases alabando todos los días a un hombre llamado Sr. McDougal. Me repetía una y otra vez: "¡Tendrías que conocer al Sr. McDougal! Es profesor, tiene esposa e hijos, es además alumno de un programa de doctorado en UCLA (Universidad de California en Los Ángeles), corre todos los días, *y* es pastor de una iglesia".

Por fin, un día Jim le preguntó al Sr. Don McDougal cómo lograba hacer todo lo que hacía. "¡Se levanta todos los días a las 4 de la mañana!" exclamó Jim cuando me contó la historia más tarde. Mientras que yo pensaba en mis adentros: "¡Qué magnífico para *él*!", Jim me anunció: "¡Vamos a empezar a levantarnos a las 4 de la mañana!"

Fue difícil enfrentarme a semejante madrugón (y aún lo es), pero los beneficios fueron inmediatos. Por empezar, esos momentos tan anhelados con Dios se convirtieron en una realidad. De repente, disponía de tiempo para permanecer en la Palabra de Dios y tenía tiempo para orar sin apuro. Además, por primera vez en mi vida, podía planear cómo abordar el trajín de ese día con mis pequeñas hijas y las tareas de la casa.

Pero levantarme temprano aportó otros beneficios más. Comencé a hacer gimnasia, lo cual aún hago. Podía vaciar el lavaplatos, hacer todas mis llamadas telefónicas a la zona horaria del este antes de las 8 de la mañana, llevar la contabilidad, escribir cartas, escribir a máquina, archivar, estudiar la Biblia, y crear material para estudios bíblicos—todo antes de las 7:30 de la mañana. Aun hoy día tengo un archivo rotulado "Mañana temprano", donde guardo una lista de las tareas que puedo realizar temprano cada día.

De manera que, si ustedes desean disponer de tiempo sin interrupciones, momentos tranquilos de paz y soledad, traten de levantarse temprano a la mañana. Quizás tengan que irse más temprano a la cama. Pero, después de todo, ¿qué se pierden? ¿Quizás un poco de televisión? Ustedes necesitan estar con su familia pero, cuando tengan la motivación de madrugar, se sorprenderán al ver cuánto tiempo pueden obtener de cosas que no son esenciales.

Bueno, Jim se graduó del seminario muchos años atrás, pero sigo intentando levantarme temprano. Como la mujer sobre el techo en Jerusalén, abro todas las puertas y las ventanas durante el verano para refrescar la casa. Comienzo a lavar la ropa y a regar las plantas. Aunque no muelo cereales, sí muelo los granos de café y empiezo a preparar el desayuno para Jim. Cuando

Katherine y Courtney estaban aún en casa, iba para ver cómo estaban y luego cerraba las puertas de sus habitaciones para que los ruidos no las despertaran durantes esos pocos minutos extra que disponían antes de que sonara el despertador... y ellas, ¡también se levantaban temprano!

¿Cuáles son algunos de los "ruidos" que hago en mi casa durante la mañana? Bueno, ¡el molino de café! (Después de todo, las cosas más importantes son las que se deben hacer primero, ¿no?) El abrir las ventanas y las puertas. Los rociadores en el jardín. Cuando vacío el lavaplatos. Cuando pongo la mesa del desayuno. Cuando preparo los almuerzos. Cuando saco la basura. El murmullo de la rueda de andar si es un día feo y tengo que hacer mi caminata adentro de la casa.

Y cesan los ruidos y todo se silencia. Luego, antes del ataque del trajín del nuevo día, me siento y adoro al Señor y contemplo su belleza (Salmo 27.4). Porque vean, ¡yo sé lo que me espera! Mi día tendrá un ritmo febril y estará repleto de actividades. Si yo no me integro, no podré manejar las exigencias del día en la manera hermosa que desea Dios. Acudir a él para recibir fuerza no es una opción, es una obligación. Sé que no podré ser la guerrera que necesito ser; sé que si no poseo la fuerza y la valentía que sólo él puede darme, ni siquiera podré terminar el día. Únicamente con su fortaleza puedo hacer todo bien (Filipenses 4.13), incluyendo un día más de locura. Su paz no es tampoco una opción. Sé que existe una sola manera de conquistar la ansiedad: recibiendo su paz que sobrepasa todo entendimiento (Filipenses 4.6-7). ¿Comprenden ahora por qué las horas tempranas de la mañana no tienen precio para mí?

Cómo lograr esa belleza

Estoy segura de que ustedes habrán escuchado hablar mucho de la importancia del descanso para la belleza, pero es mucho más importante obtener la belleza de Dios madrugando. Por supuesto que necesitamos descansar, pero el levantarse temprano aporta la belleza del orden y de la disciplina a la vida. Así que, en vez de vivir una vida marcada por el caos de las cosas perdidas, o puestas en el lugar equivocado, caracterizada por el atraso en todo y la falta de cumplimiento, puntualizada por los "ay" y los "oh", cultivemos la disciplina de levantarnos temprano. ¿Cómo?

1. Determinen una hora: Es probable que no comiencen el día a las 4 de la mañana (nosotros lo hicimos porque Jim se tenía que ir de casa a las 5:30). Pero piensen a qué hora desean haber completado la programación del día, las preparaciones para el mismo, y la rutina matutina ideal, y luego retrocedan desde allí. Ésa será la hora a la que se tienen que levantar. Cuando lo hagan, estoy segura de que les encantará tener un horario que funcione, ¡y a su familia le gustará también!

2. Irse a la cama: Si tratamos de mantener una vela encendida en los dos extremos de la misma, se consumirá. De modo que tratemos de irnos a dormir una hora antes de lo usual. ¡Por lo menos estemos *en* la cama una hora antes!

3. Recemos una oración: Cuando apaguemos la luz, oremos. Centremos nuestros pensamientos al final del día en el Señor y en todo lo que deseamos lograr para él y para su reino al día siguiente. Esa comunicación a oscuras con Dios dispone nuestra mente a la tarea del día siguiente y transfiere algo físico—el levantarnos un poco más temprano—al terreno espiritual.

4. ¡Levantémonos!: Pensar en cuantas horas le agregamos a nuestro día cuando nos levantamos temprano es por cierto la motivación que necesitamos para lograrlo. Una autoridad en el manejo del tiempo dice lo siguiente:

> Si pueden dormir sin problemas seis horas en vez de las ocho que están durmiendo ahora, ahorrando así dos horas por día, de lunes a viernes, eso les proporcionaría cuarenta horas extra—una semana adicional de trabajo— ¡todos los meses!... Apenas una hora menos de sueño por noche equivaldría a seis semanas extra de trabajo por año, lo cual suma, a lo largo de toda una vida de

trabajo, más de cinco años. Piensen lo que podrían lograr en esos cinco años: ¡Arriba pues![48]

Una invitación a la belleza

Mis queridas amigas lectoras, espero que estén captando una visión del papel importante que desempeñan en su hogar. Ah, posiblemente tengan un empleo, una carrera, incluso un título prestigioso fuera de casa, pero aun así *ustedes* son la clave del orden y de la eficiencia en su casa. En las palabras del título de este capítulo, *ustedes* establecen el modelo para su casa. De modo que, cuando se toman (y logran) el tiempo para planear, para organizar, para administrar en detalle todo para que la casa funcione bien y sin problemas, ustedes les dan a su familia—y a ustedes mismas—un obsequio que nadie más les puede dar. Cuando su esposo confía y descansa en vuestra administración, le están dando el obsequio de la paz interior y una sensación de orden y bienestar. Y les dan a sus hijos un modelo de cómo manejar sus propias vidas. Cuando ellos observan cómo ustedes planean y administran y luego saborean los dulces resultados, ellos aprenden cómo vivir para el Señor.

La mujer hermosa de Dios de Proverbios 31 es el modelo para ustedes (y para mí) de la disciplina de levantarse temprano. Los momentos que pasamos orando y planeando en esas primeras horas calladas del día nos dan un plan maestro que funciona para nuestro hogar y establece un modelo de orden para la vida.

De modo que, como nos aconsejó el experto en el manejo del tiempo: ¡Arriba pues!

-9-

El campo de sus sueños

SU VISIÓN

"Calcula el valor de un campo y lo compra;
con sus ganancias planta un viñedo".
Proverbio 31.16

Los artistas como mi amiga Margaret me dicen que la parte más difícil de la anatomía humana para dibujar es la cara. El dominar el talento necesario para representar con exactitud los rasgos faciales de una persona es la última valla de todo artista. Al ingresar en este capítulo sobre la mujer de Proverbios 31, comenzamos a ver que, a medida que se van esbozando algunas características reveladoras, su rostro comienza a tomar forma. Hasta ahora hemos visto que sus manos trabajan con gusto (versículo 13), nos hemos maravillado frente al corazón en el que su marido confía (versículo 11), y nos han impresionado sus ágiles pies que la llevan muy lejos para recoger provisiones para su familia (versículo 14).

Ahora se abre ante nosotras la mente de la mujer hermosa de Dios, a medida que él, el artista original, nos revela su impresionante capacidad. En el capítulo anterior la vimos utilizar su mente aguda para planear y organizar. Ahora, en el versículo 16, vemos que ella utiliza la mente como visionaria *y* como mujer de negocios.

Es posible que hayan escuchado acerca de los hallazgos del estudio sobre el lado derecho y el lado izquierdo del cerebro. Supuestamente, un lado del cerebro controla las funciones *creativas*, mientras que el otro es el lado *práctico*. Bueno, la mujer hermosa de Dios ha desarrollado completa y gloriosamente ambos lados de su cerebro. En el campo creativo, es una visionaria: una persona que sueña e imagina.[49] Desea lo mejor para su familia y sueña con lograr que ocurra lo "mejor". Pero no se detiene allí. Utiliza la parte práctica de su cerebro para conseguir que sus sueños se hagan realidad. O sea que es una mujer de negocios y visionaria a la vez.

Acción triple

A pesar de que ese capítulo trata sobre los sueños y las visiones (¡y la imaginación activa!), podemos aprender mucho de las tres acciones concretas que toma la mujer hermosa de Dios en el Proverbio 3.16 a medida que ella se esfuerza para que esos sueños se conviertan en una realidad. Esos mismos pasos nos pueden ayudar a lograr concretar nuestros sueños también.

Primer paso. La consideración. Imagínense la siguiente escena. Nuestra mujer hermosa de Proverbios 31 se levanta temprano una mañana, le da de comer a su familia, se despide de su marido que se va a trabajar, pone a trabajar a sus criados y, como ese barco mercante, navega a través de la puerta para ir a hacer sus compras de todos los días. Mientras que lleva a cabo sus negocios en el mercado de la ciudad, escucha que acaba de ponerse en venta un campo de la zona. Con el corazón latiendo rápidamente, ella hace algunas preguntas en forma discreta y recoge alguna información preliminar sobre la propiedad en cuestión.

¿Por qué le late tan rápidamente el corazón? Porque ella tiene un sueño—una visión que nació del amor—la cual beneficiará a su querida familia. Siempre estuvo atenta a la oportunidad de convertir su sueño en realidad, y ese campo parece ser sin duda una oportunidad magnífica de incrementar las riquezas y el estatus de su marido y, por tanto, de mejorar la situación de su familia. Pero, ¿cómo responde a las novedades de que el terreno está en venta? ¿Se lanza impulsivamente a hablar con el propietario para comprar el campo? ¿Coloca la mano es el interior de su túnica y saca una tarjeta de crédito de arcilla y exclama "Cárguelo en mi tarjeta"? No.

La Biblia nos dice: "*Calcula* el valor de un campo" (Proverbio 31.16, énfasis añadido). Poniéndose su atavío de mujer de negocios, ella examina cuidadosamente el campo para decidir si es o no una sabia inversión. En su corazón, desea el terreno, pero cuando elige en vez de permitir que su mente tome el control (como un buen soldado), es porque ha decidido averiguar lo más posible sobre esa porción de tierra.

- El valor de la propiedad: Ella *considera* que vale la pena recoger toda la información posible sobre dicha propiedad. Sin confiar en las habladurías ni tampoco en las opiniones de los expertos, ella misma examina las tierras.
- El estado de sus finanzas: Al evaluar las finanzas de la familia, ella *considera* si existen los fondos necesarios para comprar y mejorar la propiedad sin arriesgar el bienestar de la familia.
- El inventario del tiempo: Ella *considera* sus obligaciones de tiempo con su familia para determinar si dispone del tiempo necesario que le exigiría la posesión de ese campo.
- La revisión de sus prioridades: Su familia es el área principal de ministerio y responsabilidad, de modo que ella *considera* sabiamente si el trabajo en ese terreno amenazaría esas prioridades.

La mujer de Proverbios 31 se da cuenta de que tiene mucho que aprender, pensar y orar antes de llevar a cabo cualquier clase de inversión inmobiliaria.

Por último, después de todas las consideraciones necesarias y las consultas al Señor, creo que ella le presenta el asunto a su esposo. Armada con los datos y las estadísticas propias de una mujer de negocios, ella comparte su visión. Presenta su informe y señala las diversas razones por las cuales desea esa propiedad y la manera exacta en que ésta beneficiará a su esposo y la familia.

Ahora, ¿por qué acude esta mujer tan capaz a su marido? Puedo imaginarme varias razones, las cuales están entrelazadas con su gran pujanza. Como *mujer virtuosa*, ella no obra de manera independiente de su marido, la cabeza de familia que Dios ha ordenado (Génesis 3.16). Como *mujer pujante*, ella no actúa en forma impulsiva (Proverbio 19.2). Como *mujer sabia* no actúa sin escuchar consejos (Proverbio 12.15). Y, como *esposa*, no desea lo que su esposo no desea (Proverbio 19.14). La mujer hermosa de Dios vive para complacer a Dios, y parte de complacer a Dios incluye complacer a su marido (Génesis 2.18). Ella forma parte de un equipo, y desea lo que su esposo desea y lo ayuda a ir en la dirección que él ha escogido para su familia. Juntos forman una sólida unidad, de modo que avanzan... ¡juntos! Construyen su vida... ¡juntos! Hacen que sus sueños se conviertan en realidad, los sueños de ella de aumentar la potencia financiera de su familia (versículo 16) y los sueños de él de servir a su comunidad (versículo 23)... ¡juntos!

Bendecida por la aprobación de su marido (cómo no va a aprobarla dada su reputación, su cabeza para los negocios, su ética de trabajo), ella toma el siguiente paso que la acerca al campo de sus sueños.

Segundo paso. La adquisición. "Calcula el valor de un campo y lo *compra*" nos informa el Proverbio 31.16 (énfasis añadido). Como acota un erudito: "No existe ninguna otra manera de interpretar esto que señalando lo que es evidente. Esta mujer aparentemente compra y vende tierras..."[50] En el versículo 16, el término "compra" es propio del lenguaje del mundo de los negocios, y denota comprar y vender, el toma y daca de las transacciones comerciales.[51] De manera que vemos que la mujer de Proverbios 31 toma posesión del campo de sus sueños.[52]

Antes de viajar a Israel, siempre me había imaginado que su campo era algo así como un rancho o una granja. Pero después de ver los campos de la Tierra Santa, ahora sé que su campo era básicamente un lote de terreno, una porción de tierra que medía entre 50 y 80 pies.

Cada propietario limpiaba primero el área de rocas grandes y las utilizaba para construir alrededor del lote un muro de piedras apiladas una encima de la otra. Luego, el propietario cultivaba y sembraba la tierra. El trabajo era difícil, monótono y exigía mucho tiempo.

Además, nos preguntamos de dónde obtuvo la mujer hermosa de Dios el dinero suficiente para comprar un campo. ¿Cómo financió el campo de sus sueños? El dinero en efectivo provenía de su astuto manejo de las finanzas. Todos sus esfuerzos: su administración, su trabajo, su productividad, su trueque, sus tejidos, sus ventas, sus carencias, su saber decir que "no" suministraron el capital necesario para que sus sueños se convirtieran en una realidad. Como alguien ha dicho alguna vez: "El trabajo arduo es la levadura que hace que se levante la masa".

Tercer paso. La renovación: "Calcula el valor de un campo y lo compra", dice el Proverbio 31.16; "con sus ganancias *planta* un viñedo" (énfasis añadido). A pesar de lo que parece sugerir este versículo, aquí se refiere a dos terrenos diferentes y dos transacciones comerciales diferentes. "Campo" y "viñedo" son palabras diferentes para dos clases de propiedades netamente disímiles. Nuestra hermosa mujer no compra un campo y luego planta allí un viñedo, sino que ella compra tanto un campo como un viñedo.[53] Con el dinero que ha obtenido con su esfuerzo, su buen manejo y sus fieles ahorros, no sólo compra un campo sino que también elige y planta un viñedo con las mejores plantas que su dinero pueda comprar.

¿Por qué un viñedo? La elección de cultivos fue sabia. En su tierra natal tan seca, donde faltaba el agua, las uvas y el vino eran alimentos de primera necesidad. Todo el mundo necesita líquidos para tomar, de modo que al tener su propio viñedo, la mujer hermosa de Dios cuida a su preciosa familia. Lo que sobra se lo vende a los demás, ganando más dinero para su próximo sueño. ¡Todos se benefician! "Del fruto de sus manos" (RVR60) ella planta "fruta" de modo que su familia siempre esté bien provista con los alimentos esenciales así como con las comodidades de la vida.

Cómo lograr esa belleza

Cuando nosotras, en búsqueda de nuestros sueños, vamos en pos de la sabiduría de Dios y la obedecemos, además de añadir nuestra propia ardua labor a la tarea, todos se benefician. Aquí les presento un plan de belleza para que sus sueños se conviertan en una realidad.

1. *El deseo de la belleza de Dios*: Pidan al Señor que construya en su corazón un tesoro de hermosas virtudes. Pidan que le proporcione:

- Paciencia: para poder esperar antes de obrar cuando se presenten las oportunidades
- Prudencia: de modo que piensen cuidadosamente todo mientras que esperan
- Oración: de modo que busquen la sabiduría del Señor mientras que esperan y piensan
- Petición: de modo que consulten de buena voluntad a su esposo—o padres o pastor o jefe—después de haber esperado, pensado y orado
- Propósito: de modo que Dios guíe su corazón en la dirección correcta, en su dirección
- Perseverancia: de modo que hagan todo lo necesario para lograr que sus sueños se conviertan en una realidad

2. *Entréguense a los objetivos de Dios:* Y eso significa que la familia viene primero. Su meta es construir su casa (Proverbio 14.1), forjar un nombre honorable para su familia (Proverbio 22.1), y elevar a la siguiente generación (Proverbio 31.28). No se preocupen por lo que recibirán a cambio. No se preocupen sobre el costo personal (¡y no me refiero al costo financiero!). Olvídense del agradecimiento de los demás por su generoso servicio y no se preocupen si los demás se dan cuenta de lo que ustedes hicieron o no. Como mujeres hermosas de Dios, ustedes no hacen lo que

hacen para *obtener* algo. Lo hacen por quiénes son, por la persona en quiénes Dios las está convirtiendo: una mujer virtuosa, ¡una mujer que es hermosa a sus ojos! El servicio generoso es la mayor belleza de todas. ¡Es la hermosura del Señor!

3. Sus esposos son sumamente importantes: ¿Recuerdan cómo "su esposo confía plenamente en ella", refiriéndose a la mujer de Proverbios 31 (versículo 11)? En el versículo 16, vimos otra manera en que se acrecienta la confianza. Involucra nuestra sumisión gozosa y la subordinación de nuestros deseos personales a los de nuestro esposo. Noten una vez más que todo esto lo hacemos de buena voluntad. (¡La mujer hermosa de Dios hace todo de buena voluntad: versículo 13!) A medida que fortalecemos las virtudes piadosas y las ponemos por obra en nuestra vida diaria, y a medida que consultamos con nuestro marido sobre los asuntos del hogar, se acrecentará también nuestra confianza en él. Cuando le presentamos los problemas, nuestro esposo se sonreirá por dentro. Tratará de mantenerse serio, pensando: "¡Aquí vamos otra vez! ¡Es asombrosa! ¿Dónde obtiene sus ideas? ¿Y de dónde saca tanta energía? ¡Qué afortunado soy de tenerla por esposa!" Será como el esposo del Proverbio 31.28-29, que alaba a su esposa como "la mejor de todas".[54]

4. La creatividad abunda: A medida que continuamos poniéndonos de lado y sirviendo a los demás, nos sorprenderá la multitud de oportunidades que Dios nos otorga para que demostremos nuestro amor en forma creativa. Nuestra mente y nuestro corazón será una explosión de "talentos ocultos" (como la Sra. Edith Schaeffer denomina a los esfuerzos creativos en las actividades comunes de la vida).[55] Pensemos en la fuente de las ideas que escuché recientemente en un seminario para mujeres de negocios sobre el manejo del tiempo. ¿Saben dónde aprendió la oradora los métodos mágicos que nos estaba enseñando? En su casa: organizando su hogar, su esposo y cinco niños. He concurrido también a clases tales como "Cómo cocinar una comida en menos de veinte minutos". Es la misma historia exitosa: Alguna mujer súper ocupada y con muy poco tiempo disponible descubrió, a medida que atendía a los suyos, atajos muy creativos.

Mi gran amiga Kris, quien tiene tres pequeños y cuyo marido está aún estudiando, compra la ropa de sus hijos en una tienda en donde todo cuesta 99 centavos de dólar. Luego saca su pistola para aplicar adhesivo caliente, y con unos pocos botoncitos, flores secas y algún resto de tela crea una ropa preciosa para sus niños, y por muy poco dinero. Cuando ella captó una visión de lo que podría estar haciendo, el campo de sus sueños se convirtió en un puesto en una feria artesanal. Ahora ella vende sus esfuerzos creativos a otras mamás para sus niños, y ayuda al mismo tiempo a pagar los estudios de su esposo. En la cocina de Kris, mientras que ella estaba de pie junto a su tabla de planchar, surgió un negocio. Su sueño apareció—y luego se convirtió en una realidad—porque estaban presentes todos los ingredientes necesarios: el enfoque en su familia, la provisión amorosa, el servicio obediente ¡y una chispa de creatividad!

5. *¡Atrévanse a soñar!*: Si pudieran mejorar la situación financiera de sus familias, ¿qué les gustaría hacer? Combinando el amor por sus familias, los deseos personales de su corazón y sus propias inclinaciones creativas, ¿qué dirección tomarían? Al igual que la mujer de Proverbios 31, que es creativa (versículos 13, 18, 21-22, 24) y al mismo tiempo desea proveer para su esposo, hijos y hogar, ustedes pueden utilizar vuestra creatividad con propósitos prácticos.

De modo que, ¡no se olviden de soñar! La supervisión del hogar, el control del presupuesto, el trabajo por su familia, las carencias, los ahorros, los "no", y el tiempo que pasa la mujer hermosa de Dios obteniendo mejores ofertas—todos esos esfuerzos son retribuidos mediante dinero que ahorra y que permite que sus sueños se hagan realidad. Sin duda, uno de sus objetivos financieros es ganar y ahorrar dinero. Sin embargo, no utiliza ese dinero para sus gustos, ni para cosas banales, sino para que los sueños que tiene para su *familia* se conviertan en una realidad. Debido a sus sueños, ella sirve a su *familia*. *Ellos* se benefician.

Sus vidas mejoran. Es importante que ustedes también estén siempre concientes del dinero. Es posible que algún día deseen también seguir sus sueños, de modo que asegúrense de tener el dinero suficiente para ayudar a que sus sueños puedan concretarse.

6. ¡Hagan la tarea!: ¿Cómo se convierten los sueños en una realidad? La progresión de la mujer hermosa de Dios fue la siguiente:

Su virtud (versículo 10) llevó a
Su corazón gustoso (versículo 13), el cual llevó a
Su trabajo (versículo 13), el cual llevó a
Sus ahorros (versículo 11), los cuales llevaron a
Sus inversiones (versículo 16), las cuales llevaron a
Su prosperidad (versículo 25).

Detrás de cada historia exitosa se encuentra el simple trabajo arduo—potenciado por el amor a la familia, la visión de su bienestar, el sueño de cómo lograr que eso ocurra, y la bendición generosa de Dios.

Una invitación a la belleza

Ahora para ustedes, mis queridas amigas con cantidad de talentos ocultos, yo podría estar escribiendo esto mismo sobre *ustedes*. Deseo que sueñen ahora mismo, que consideren el campo de sus sueños. Apaguen el televisor. Apaguen la radio, la música, todo aquello que les impida pensar, soñar, imaginar y planificar de manera creativa.

Ahora describan su sueño, ¡o diez de sus sueños! Luego comiencen este proceso de lograr que sus sueños se hagan realidad. *Primero, examinen sus sueños*. Oren. Evalúen el costo. Oren. Junten información. Oren. Y hablen con su marido. *Luego, hagan la tarea*. El dinero es producto del trabajo arduo, de modo que hagan lo que tengan que hacer para ahorrar, ganar y administrar.

Una vez que tengan las finanzas necesarias, pueden comenzar la tarea de adquirir el "terreno", los materiales, las provisiones iniciales. *Y avancen*. Tengan cuidado de no descuidar su casa o familia. Después de todo, ustedes están emprendiendo este sueño para beneficio de ellos. No están aquí en la tierra para construir un negocio: ustedes están construyendo su casa (Proverbio 14.1), un nombre respetable para la familia (Proverbio 22.1), y para la siguiente generación (Proverbio 31.25, 28). De manera que, les repito, detrás de cada historia exitosa se encuentra el simple trabajo arduo—potenciado por el amor a la familia, la visión de su bienestar, el sueño de cómo lograr que eso ocurra, y la bendición generosa de Dios.

-10-

Una actitud afanosa

SU TRABAJO

"Ciñe de fuerza sus lomos,
Y esfuerza sus brazos".
Proverbio 31.17 RVR60

Cada vez que pienso en los resultados de una encuesta que tomé varios años atrás, no puedo evitar sonreírme. Durante una serie de estudios llamados "La ama de casa sabia", les pregunte a cientos de mujeres como ustedes y yo: "¿Qué es lo que les impide realizar las tareas del hogar?" Sus respuestas cayeron en el siguiente orden:

Razón nº 1: Mal uso del tiempo
Razón nº 2: Falta de motivación
Razón nº 3: Falta de planeamiento
Razón nº 4: Dilación

Me sonrío y asiento ahora porque me puedo verdaderamente identificar con eso. Los ítems en la lista son absolutamente razonables.

Mi progresión es generalmente la siguiente: mi mal uso del tiempo está siempre vinculado a la falta de motivación, lo cual me indica que no estoy segura de lo que quiero lograr. Y vean, cuando no sé *por qué* estoy tratando de obtener algo, cuando no tengo objetivos o estos son inciertos, permanezco completamente indiferente y uso mal el tiempo.

¿Y el planeamiento? Bueno, ¿acaso la falta de objetivos no indica que no existe nada que planear, o que al menos existe una cierta incertidumbre sobre la razón por la cual planeamos algo?

Y luego está la dilación. Por cierto, yo pospongo todo lo que no estoy segura que estoy intentando hacer. Como les dije antes, todo esto tiene mucho sentido.

De modo que si ustedes son como yo, mis queridas amigas, podemos estar todas agradecidas de que Dios nos haya mostrado la hermosa mujer de Proverbios 31, quien utiliza su tiempo—cada segundo del mismo—¡y lo utiliza bien! Ella conoce sus metas: Dios le ha encomendado la tarea de edificar un hogar (Proverbio 14.1) y por lo tanto está muy motivada. Planea sabiamente sus días, de manera que cada uno de ellas la acerque más y más a sus objetivos y sueños. Ella trabaja—trabaja arduamente—nunca posponiendo la tarea, siempre utilizando bien el tiempo, concentrando sus planes y su energía para lograr que sus sueños se hagan realidad. Espero que se unan conmigo para decirle gracias a Dios por esa hermosa mujer. ¿Dónde estaríamos sin su modelo y su inspiración?

A medida que hemos estado observando Proverbios 31 versículo por versículo, nos hemos maravillado de los dos aspectos de la mujer hermosa de Dios: ella es mentalmente resistente y físicamente fuerte, tal como lo revelan su actitud y su trabajo. En el versículo 17 vemos nuevamente estos dos aspectos, observando primero su fortaleza mental, su actitud. Entiendan, sin resistencia mental, nunca podremos llegar a hacer el trabajo físico.

La preparación para el trabajo

¿Cómo logra la mujer hermosa de Dios—quien ha sido descrita de manera metafórica como un ejército, una guerrera, un barco, una leona, y una granjera—hacer su trabajo? ¿Cuál es la clave de su éxito en todo lo que emprende?

Primero, el Proverbio 31.17 nos dice que ella "*ciñe* de fuerza sus lomos", (énfasis añadido). Estas palabras, cuidadosamente escogidas por la maestra, sugieren la *actitud hacia el trabajo* que debería buscar su joven hijo en una esposa. Permítanme explicar las imágenes.

Hace tres mil años, cuando fue escrito este poema, las mujeres (y los hombres) usaban ropa suelta. Cuando hacían trabajo físico, tenían que primero recoger su túnica y sujetarla con un cinturón ceñido. Sólo así podían moverse sin problemas cuando lo necesitaran. Esta forma de ceñir las vestiduras era la preparación para todo trabajo serio,[56] así como para todo esfuerzo prolongado.[57]

La acción de ceñir era también un detonante psicológico para su actitud. Como cuando nos ponemos un delantal, las ropas de trabajo, la indumentaria de gimnasia, la ropa para pintar, o la ropa para trabajar en el jardín, algo semejante al arremangarse, la acción de recoger las vestiduras era clave para prepararse a actuar. Esta acción preparatoria y la ropa apropiada generaban una actitud de "vamos" hacia la tarea que tenían delante.

Segundo, ella "*ciñe de fuerza* sus lomos" (Proverbio 31.17, énfasis añadido). El énfasis hebreo en la fuerza física y la resistencia de la mujer de Proverbios 31 sugiere su dedicación inquebrantable al trabajo y su capacidad para trabajar arduamente. Parte de su fuerza obedece al hecho de que ella ha *elegido* el trabajo pesado, y el cinturón es un símbolo de la fuerza mental y física que ella viste cuando ingresa en el campo de su trabajo. Que ella se ciña de fuerza revela que está motivada a hacer su tarea y preparada para la actividad. Esta frase se podría también traducir: "Ella se vistió de fuerza".[58] La Biblia habla de ir "de poder en poder" (Salmo 84.7 RVR60), y eso es lo que disfruta la mujer hermosa de Dios. A medida que adquiere disciplina en el trabajo, esa disciplina da como resultado una mayor fuerza y resistencia.[59]

Por último, vemos que ella "esfuerza sus *brazos*" (Proverbio 31.17, énfasis añadido). Esta alusión a su fuerza física nos dice que ella está lista para trabajar. Se ha preparado para el esfuerzo físico y para el mental también. Como una leona, es físicamente capaz y fuerte.[60] Cómo exclama una de las traducciones: "¡Qué rápido se ciñe para la tarea; qué incansables sus brazos!"[61]

Una fórmula personal para el trabajo

Si hiciéramos hoy día una paráfrasis del Proverbio 31.17, yo diría: "Cuando se trata del trabajo, la mujer que es hermosa a los ojos de Dios está lista, lo hace con gusto y es competente". Al pensar sobre esta cualidad de la mujer hermosa de Dios, he decidido que su actitud mental es la clave del volumen de trabajo que ella lleva a cabo, y esa actitud revela las siguientes cuatro cualidades del corazón.

La dedicación: El trabajo es un asunto del corazón, y allí donde no hay una dedicación de corazón, se logra muy poco. Sé que en mis primeros años como ama de casa, yo tenía que hacer un esfuerzo por ingresar en el terreno doméstico. Me encantaba leer, divagar y mirar televisión. Pero una noche escuché que una mujer cristiana que yo admiraba decía: "Yo no hago nada sedentario". Pensé en esa declaración durante días (y aún pienso en ella—y en la persona que lo dijo—todos los días), y finalmente hice la promesa de ser más activa, de ponerme en movimiento, de estar siempre haciendo algo. Después de todo, como enseña otro proverbio: "Todo esfuerzo tiene su recompensa" /14.23).

El entusiasmo: Cuando trabajamos con entusiasmo, esto determina con qué facilidad logramos nuestra tarea y cuánto logramos. Podemos tener el deseo de corazón para hacer la tarea, edificar la casa, servir a la familia y obedecer los planes de Dios, pero tenemos que tener el entusiasmo para hacerlo. Como mujeres de Dios, mujeres virtuosas, estamos en cierta manera enroladas en el ejército; nos hemos inscripto; somos voluntarias. Así que ahora tenemos que estar mentalmente preparadas y dispuestas a hacer o dar lo que sea necesario para contestar el llamado al deber.

La motivación: Para mí, la motivación es muy importante para el trabajo que hago, porque la motivación explica el "por qué" lo hago. Estoy siempre pensando y orado sobre lo que deseo para mi vida, mi matrimonio, mi familia y mi hogar *y* sobre lo que deseo contribuir a mi iglesia, al pueblo de Dios, y a los demás. Deseo lo que la mujer de Proverbios 31 cosechó en su vida: que Dios sea la fuerza impulsora detrás de todo lo que hago; mejorar la vida de Jim; dar a la iglesia, al mundo y a la siguiente generación dos hijas piadosas; brindar a mi familia el don del orden y de la belleza en el hogar; ser generosa en todo lo que mi iglesia necesita que le dé; y alcanzar la vida de otras mujeres con el amor de Cristo. Mis queridas, esto es lo que yo deseo (y pienso que es lo que Dios desea), y lo deseo lo suficiente como para que esté motivada a hacer la tarea—desde la madrugada hasta el atardecer—para lograr que ocurra (¡Dios mediante!). Esos objetivos me dan toda la motivación que necesito de aquí hasta el final de mis días, y me dan la fuerza mental para abordar el trabajo necesario.

La disciplina: ¡Ay! Para mí, ésta es la que más duele. Hasta este momento, todos son sueños, deseos, metas y tan sólo palabras. Pero, como bien lo dice la segunda mitad del Proverbio 14.23: "Quedarse sólo en palabras lleva a la pobreza". Para transformar las palabras en acción y alcanzar nuestros objetivos es necesario tener disciplina. Esto es lo que me ocurre a mí. Puedo desear una casa limpia, pero la disciplina es lo que me saca de la cama cuando suena la alarma. La disciplina es lo que me saca del sofá o del sillón. La disciplina es lo que me hace ir a la alacena y sacar la aspiradora y los productos de limpieza. La disciplina es lo que obliga a seguir en movimiento cuando deseo descansar. La disciplina es lo que me empuja a terminar algo por completo en vez de dejar algo incompleto o por la mitad. La disciplina es lo que me hace guardar todo cuando he terminado una tarea.

Y esta disciplina es una cuestión mental. La batalla para realizar una tarea la peleamos en la mente. Allí es donde elegimos; allí decidimos cómo disponer de nuestro tiempo y energía. Eso, mis compañeras en búsqueda de la belleza, es la razón por la cual la resistencia mental es básica para el trabajo. Cuando somos mentalmente resistentes, ganaremos la batalla sobre la pereza, la dilación, la falta de organización, y todos los demás enemigos de la productividad.

Cómo lograr esa belleza

Déjenme pasarles algunos métodos que me ayudan a "fomentar" una mejor actitud e incluso un entusiasmo por mi trabajo.

Nº 1. Acepten la voluntad de Dios para su vida: Si no saben cuál es la voluntad de Dios para su vida, la pueden ver expresada aquí en Proverbios 31. De modo que estudien estos versículos de la Biblia cuidadosamente. Pongan el mensaje en sus propias palabras, ámenlo, acométanlo, entréguense a él y dedíquenle su vida.

Nº 2. Permanezcan en la Palabra de Dios: Permitan que el Espíritu de Dios dé energía a su corazón, su mente—y fuerza—mediante el poder de la Palabra de Dios. Después de todo, la mujer hermosa de Dios amaba y temía al Señor (versículo 30), lo cual era algo fundamental en ella. Sus objetivos provenían de su Palabra, su fuerza recibía su poder de la Palabra, y la gracia de persistir la recibía mediante su Palabra y su Espíritu.

Nº 3. Desarrollen una visión: Si tienen una visión del panorama general, de los objetivos, de las posibilidades de ministerio de aquello que Dios les llama a hacer, sentirán un gran entusiasmo por ello. Piensen durante un momento cómo su ambiente cotidiano es el resultado directo de su visión por su hogar y familia, su visión por la belleza y el orden de un hogar bien manejado y por paz bajo su techo. Amplíen sus horizontes y alimenten la visión de un futuro para los miembros de su familia y la contribución que podrían hacer a la sociedad. Permitan que una oración como la siguiente avive su visión: "Señor, haznos las amas de nosotras mismas para que podamos ser siervas de los demás".[62]

Nº 4. Averigüen el por qué: Estoy repitiendo lo mismo que dije antes, pero es importante que sepan *por qué* están haciendo lo que hacen. Ese *por qué* motiva vuestro trabajo. Un profesor anónimo ha dicho correctamente la verdad: "El secreto de la disciplina es la motivación. Cuando un hombre [o una mujer] está lo suficientemente motivado, la disciplina se hace cargo de sí misma". Es posible que sepan todo lo que tienen que hacer y posean todo el talento necesario para hacerlo, pero si no hay motivación—y comprensión y pasión por el *por qué*—probablemente esa tarea quede sin realizarse.

Nº 5. Oren por una actitud anhelante: A la noche, cuando apaguen la luz, oren sobre el trabajo que les aguarda al día siguiente. Pidan a Dios que les ayude a darle la bienvenida al nuevo día con entusiasmo (véase el Salmo 118.24). Luego, cuando las despierte el reloj de alarma, den gracias a Dios por otro día más en el cual servirle y amar a su familia.

Nº 6. Confeccionen un calendario: Un calendario de actividades les ayudará a planear su trabajo. Sabrán lo que les espera y en la dirección en que se dirigen, y podrán anticipar el ritmo y prever la próxima tarea.

Nº 7. Desarrollen una rutina: Cuanto más trabajo puedan calzar en una rutina diaria, tanto mejor. Cuando aquellas cosas que ustedes hacen a diario (el rato que pasan reunidas con el Señor, vestirse, hacer ejercicio, preparar café, regar el jardín, descargar el lavaplatos, hacer la cama, entrar el periódico, ordenar la casa, preparar el desayuno, el almuerzo y la cena, hacer los mandados, etc.) son parte de una rutina, lleva menos tiempo hacerlas. Su objetivo es poder decir: "Ésta es la hora a la que *siempre* camino... ordeno la casa... pago las cuentas. Éste es el día en que *siempre* limpio la casa... hago las compras... lavo la ropa... arranco las malas hierbas del césped de mi jardín". Entonces se podrán deslizar sin ningún esfuerzo de una tarea a la otra. Además, como están acostumbradas a su rutina, tendrán menos decisiones que tomar, menos cosas que pensar, y menos indecisiones que combatir. Harán las tareas por rutina, mientras que tienen la mente libre para orar, soñar y planear. El saber lo que viene después puede generar también una expectativa anhelante y potente sobre la siguiente tarea.

Nº 8. Lean libros sobre el manejo del tiempo: Proverbios 31 es un retrato de la mujer excelente, la esposa excelente, la madre excelente, el ama de casa excelente, ¡*y* la administradora del tiempo excelente! Ella es la mejor de todas, y ése es el desafío que nos pone Dios por delante. De modo que estudien sistemas de organización y pónganlos en funcionamiento. Aprendan los mejores métodos, los más rápidos, efectivos y eficientes para realizar las tareas. Si leen libros sobre el manejo del tiempo, vuestra actitud se verá estimulada, y *además* les dará consejos sobre cómo mejorar sus conocimientos prácticos de manera que ustedes, también, puedan destacarse en su trabajo.

Nº 9. Comiencen por la tarea más difícil: No existe razón alguna por la que deban vivir bajo una nube de temor debido a alguna tarea difícil o poco placentera que deban acometer. ¡Háganla primero! Una vez que esa tarea monumental esté fuera del camino, el día se deslizará sin problemas. Cuando despejamos lo más difícil al comienzo del día, tendremos mayor energía para acometer luego lo placentero.

Nº 10. Escuchen música: Una tarde, alrededor de las tres, llamé a mi amiga, otra Karen. Tuve que esperar un momento, mientras ella bajaba el volumen de la música que estaba escuchando: uno de los animados brandeburgueses de Bach. Me explicó: "A la tarde, cuando comienzo a decaer, siempre toco música fuerte. Me da el ánimo para seguir". Es un buen consejo. Pruébenlo.

Nº 11. Vean con qué rapidez pueden trabajar: Traten de ganarle al reloj. Mejoren sus tiempos. Conviertan a las tareas en un juego. La recompensa es disponer de mayor tiempo para sus pasatiempos creativos y el campo de sus sueños. Una vez que hayan finalizado las tareas del hogar, podrán concentrarse en alguna fabricación casera, como el tejido de la mujer hermosa de Dios. Además, el sólo pensar en culminar el día con algo placentero les dará el aliciente para tener una buena actitud hacia el trabajo.

Nº 12. Tómense en consideración: Estudien el mensaje en este poema y pidan a Dios que ustedes no se conviertan en el estorbo de su propio camino.

Todo lo que se encuentra entre tus objetivos
Y las tareas que esperas poder hacer
Y los sueños que conmueven tu alma:
¡Eres tú!

Una invitación a la belleza

¡Gracias por permanecer conmigo! Deseo con tantas ansias que ustedes logren llegar a la cima de la gloria de esta mujer. Esta mujer que es tan hermosa a los ojos de Dios me entusiasma, y me estoy esforzando tanto por capturar un poco de su belleza que a veces pienso que ya sale humo de estas páginas.

Mientras releía en este capítulo la sección sobre la motivación (¡vuelvan, por favor, a leerla!), mi corazón se conmovió una vez más por ustedes. Sé que estaba enumerando todo lo que deseo para *mi* vida pero, mis queridas, ¡deseo apasionadamente lo mismo para *ustedes* también! ¿Por qué? Porque esos actos generosos de amor son lo que *Dios* desea para nosotras—y somos infinitamente bendecidas cuando seguimos sus caminos (Salmo 16.11).

Deseo asimismo que experimenten el increíble gozo y satisfacción de obrar según los deseos de vuestro corazón, los deseos que Dios ha colocado allí (Salmo 37.4). Deseo que experimenten el júbilo y la motivación continua de tales nobles esfuerzos. Así que les ruego que se detengan, que oren, que vuelquen su corazón a Dios—con lágrimas, si éstas fluyen—y, confiando en la gracia del Señor, ¡persistan en la divina tarea que Dios les ha encomendado!

-11-

El sabor del éxito

SU CONFIANZA

"Se complace en la prosperidad de sus negocios,
y no se apaga su lámpara en la noche".
Proverbio 31.18

Al comenzar otro capítulo sobre la verdadera belleza, deseo decirles de antemano que este versículo quizás sea mi favorito. En un instante les diré por qué. Pero primero, debo hacer algunas afirmaciones.

Primero, sé que cada uno de los versículos del exquisito retrato de Proverbios 31 de la mujer hermosa a los ojos de Dios es poderoso, puede transformar vidas, y es crucial porque proviene de Dios. También sé, del estudio que he realizado del Proverbio 31.10-31 que, a medida que aprendo a vivir según la voluntad de Dios, lo más importante es mi esposo, mis hijos y mi hogar. Como mujer casada, mi mayor satisfacción y recompensa se encuentran en el terreno del hogar. Cuando vivo acorde a las prioridades de Dios recibo las mayores bendiciones y gozo.

Pero el versículo 18—esa pequeña joya escondida en la mitad de ese gran caudal de información—me ofrece una motivación para toda la vida. Porque vean, el versículo 18 es la chispa que enciende la llama del negocio hecho y derecho de la mujer de Proverbios 31, y del nuestro quizás también. Como hemos visto, la mujer hermosa de Dios hace las cosas bien, y disfruta del éxito que proviene de sus normas de excelencia. Hemos visto también su entusiasmo por trabajar con ahínco, y por ahorrar dinero regateando y comerciando. Mediante sus ahorros, su trabajo arduo y su capacidad para decir que "no", ella acrecienta sus ahorros, los cuales le dan el capital necesario para algunas empresas de bienes raíces. Una vez que se ha ocupado de su familia y que se ha asegurado de que su hogar esté bien cuidado, ella comienza su propio negocio pequeño.

Excelencia en todo

¿Cómo comenzó su negocio? ¿Cómo se concretó? La sabia madre de la realeza que está enseñando este alfabeto de sabiduría nos muestra y también nos ofrece una fórmula para el éxito: en pocas palabras, *¡excelencia!* Cuando ustedes y yo buscamos la excelencia en todo (Proverbio 31.29), podemos experimentar la clase de éxito del que gozaba la mujer hermosa de Dios.

Un gusto excelente: El Proverbio 31.18 comienza diciendo: "Ve que van bien sus negocios" (RVR60). La palabra *ve* es la misma palabra hebrea que se traduce como *prueben* en el Salmo 34.8— "prueben y vean que el SEÑOR es bueno". De manera que vemos que la mujer hermosa de Dios prueba y ve que su mercadería es buena. Descubre mediante pruebas que su trabajo es bueno. Al tomar riesgos, probar nuevas ideas y nuevos métodos, y al refinar sus esfuerzos, ella se entera de que lo que está produciendo es bueno. Puede tener confianza en su trabajo, y así lo hace.

Una mercadería excelente: ¿Cuál es, sin embargo, la mercadería que ella percibe como buena? Primero, la mujer ha comprado un terreno y lo ha sembrado con cultivos, y ha sembrado otro campo con viñedos (versículo 16). Los productos de sus tierras: maíz, uvas, vino, superan las necesidades de su familia, de modo que ella vende el excedente.

Esta mujer excelente vende también sus tejidos. ¿Recuerdan todos sus esfuerzos para procesar la lana y el lino crudos (versículo 13), el hilado de su madeja (versículo 19) y el tejido para crear una obra exquisita para su familia, su hogar y su propia persona (versículos 21-22)? Al percibir que su ropa tejida es buena (¡debe haber recibido muchos halagos!), ella crea y vende con confianza sus artesanías a los demás (versículo 24).

Unos resultados excelentes: La mercadería que vende la mujer de Proverbios 31 es "buena" (versículo 18). Dicho de otra manera, su mercadería es lucrativa. Y es lucrativa porque es *buena*. Todo lo que ella hace, lo hace primero para su familia y sólo hace para ellos lo mejor. Nunca les ofrecería algo de mala calidad o fabricado a las corridas. Sus normas de excelencia significan que el trabajo que ella hace es de óptima calidad. De manera que, cuando sobra un poco de lo mejor, ella lo vende. Como su mercadería es buena, tiene un buen mercado y aporta un buen precio.

Una búsqueda excelente: Luego, el versículo 18 nos informa que "no se apaga su lámpara en la noche". El ama de casa hermosa de Dios termina con confianza su empresa financiera aun a costa de sus propios esfuerzos hasta muy tarde en la noche. A ella le gusta lo que "prueba", y eso la estimula a continuar trabajando hasta tarde. Sus esfuerzos creativos y las ganancias financieras resultantes la motivan para aún mayores esfuerzos y diligencia. Gracias a que las condiciones del comercio son buenas, ella mantiene encendida su lámpara hasta la medianoche para aprovechar el máximo de ellas mientras perduren.[63] Su percepción intelectual ("ella ve") se convierte en esfuerzo físico ("no se apaga su lámpara en la noche") mientras que empuja hacia delante para beneficiar a su familia y expresarse creativamente en su trabajo.

Antes de avanzar, permítanme añadir una pequeña nota sobre la lámpara que aquí se menciona. Cuando llegaba el atardecer, si es que se deseaba continuar realizando alguna actividad era necesario encender una lámpara. Como ya he mencionado antes, esas lámparas eran en realidad platos llanos con bordes con repulgos, los cuales contenían aceite de oliva y una mecha de lino. La luz de esa lámpara significaba varias cosas.

- Primero de todo, una lámpara encendida significaba que se continuaba trabajando de modo que se necesitaba iluminación. Por cierto, en la casa de la mujer hermosa de Dios se trabajaba mucho.
- La hospitalidad era otra de las razones por las cuales se utilizaba la lámpara. Su luz indicaba a los viajeros necesitados que allí había comodidades y refrescos a su disposición.
- Una luz que brillaba porque se estaba quemando un aceite muy valioso, significaba también prosperidad (Proverbio 21.20).
- Por último, la lámpara encendida significaba sabiduría: alguien allí adentro tenía la sabiduría práctica para mantener una lámpara encendida de manera que se pudiera encender el fuego de la cocina a la mañana siguiente. ¡Y recuerden quién era que se levantaba periódicamente durante la noche para asegurarse de que la lámpara no se apagara ni si quemara (versículo 18)!

Habiendo dicho todo eso, la mujer hermosa de Dios es una mujer ocupada, no sólo le da tareas a sus criadas, sino que ella misma trabaja hasta tarde en la noche así como temprano en la madrugada (versículo 15). Trabaja afuera en el campo y en su viñedo durante las horas del día (versículo 16) y dentro de la casa durante el día y la noche (versículo 18) mientras que se ocupa de los proyectos que le generan ganancias.

Bueno, mis queridas amigas, no nos debería sorprender que su negocio sea exitoso. Después de todo, nuestra mujer hermosa no evita el trabajo difícil, y además, en sus manos talentosas y con la bendición de Dios, todo el trabajo es bueno y produce ganancias (versículo 18). Ella está haciendo algo que le gusta (trabaja gustosa con su corazón y con sus manos), al mismo tiempo que ella ayuda a obtener seguridad financiera para su familia (lo beneficia a su esposo, y él no carece de ganancias). Es asimismo libre para ser creativa en los diseños de ropa, y su manejo de estos esfuerzos le da ganancias a su familia. La alegría de crear y la satisfacción de vender la motivan a continuar. Las bendiciones y los beneficios de su ajetreo y de su negocio continúan sin parar. ¡Ha nacido una industria casera!

Un estímulo para la excelencia

Al pequeño negocio de la mujer Hermosa de Dios, lo denomino "Proyecto de Proverbios 31". Y ahora deseo que oren sobre lo que ustedes hacen—o podrían hacer—para contribuir a las finanzas del hogar. Espero que esta lista de algunas de las muchas mujeres que sé que trabajan hasta tarde en la noche, las estimule e inspire. ¡Permitan que el Proyecto de Proverbios 31 estimule su imaginación y las anime a mantener su lámpara encendida durante toda la noche!

- Mi hija Courtney supervisa los impuestos y prepara la declaración de impuestos de su familia, y su Paul le entrega con todo gusto toda devolución de impuestos que reciban en pago de su trabajo. Éste fue el comienzo de su pequeño negocio propio—que ella hace en casa—preparando la declaración de rentas para otros también.
- Una enfermera diplomada que conozco recoge todas las noches fichas médicas de los hospitales de su zona, las revisa en su casa, y las entrega al día siguiente con todo el papeleo apropiado hecho. ¡Recoge también un cheque en pago de sus servicios! Simplemente, cuando nació su primer bebé, modificó su profesión y la llevó a su casa.
- La esposa de un seminarista hornea todo su propio pan— ¡y recibe pedidos de otras personas como yo para que les prepare su pan de cada día! Envía también productos horneados a la escuela con su esposo para vender en el salón de alumnos durante el recreo. *¡Voilà!* ¡Dinero para los gastos educativos!
- La ex secretaria de mi esposo, cuando vino el primer bebé, se llevó sus conocimientos prácticos a casa. Ella escribe a

máquina disertaciones de alumnos—y me transcribe casetes a mí—desde su casa.

- Luego está mi amiga que es la "persona de la piscina". Para ahorrar dinero, esta verdadera mujer de Proverbios 31 le preguntó a su esposo si ella podía limpiar y mantener su piscina y recoger el mismo sueldo que le estaban pagando a la persona que lo hacía todos los meses. De modo que ella comenzó a mantener limpia su piscina—y poniéndose el dinero en el bolsillo para las necesidades de su familia. Cuando el vecino vio su piscina tan impecable, le preguntó si ella estaría dispuesta a limpiar su piscina también. Hoy, Kathy se ocupa de las piscinas de toda la manzana, y usa el dinero para las necesidades de su familia.
- Y luego está mi amiga Lisa, una mujer muy inteligente, casada, con dos niños pequeños y un hogar. Pero posee también una maestría en Lenguas, un corazón lleno de compasión, y un gran talento para escribir. Lisa es mi editora—y una editora muy capaz para muchos otros. Maneja maravillosamente bien su tiempo y su energía y, como la mujer hermosa de Dios (versículo 15 y 18), ella se levanta temprano y trabaja hasta tarde para que su pasión se transforme en una profesión, y en ganancias.

A la luz de estas ideas, ¿por qué no se toman el tiempo para evaluar sus sueños, talentos e intereses? Oren sobre algún área que puedan desarrollar para poder ayudar a mejorar la situación financiera de su familia y añadir su nombre a mi lista. (Si ya poseen un empleo fuera de la casa, acepten el desafío de ser más creativas en el hogar. ¡No limiten sus esfuerzos a la oficina!)

Mientras piensan en el Proyecto de Proverbios 31, permítanme recordarles que ustedes, por el sólo hecho de ocuparse de la casa, ya realizan un aporte financiero significativo. Ya hemos conversado sobre el dinero que ahorran al pagar sistemáticamente las cuentas, al comprar con sabiduría, al planificar los menús con cuidado, y al preparar comidas sanas. Agreguen a todo eso tareas tales como ocuparse del jardín, limpiar la casa e incluso limpiar quizás su propia piscina, que son cosas que ustedes hacen en vez de pagar a alguien para que las haga. Por cierto, este dicho tan sabio es cierto: "Dinero ahorrado es dinero ganado".

Si su estilo de vida no da lugar a un Proyecto de Proverbios 31 formal, está bien. Sé que cada mujer es diferente, y que cada situación es diferente (¿ocho niños? ¿no tienen niños?). No obstante, si Dios les ha dado un talento creativo especial, una mente para los negocios, algún talento profesional negociable, la bendición del tiempo libre, un nido vacío, o algún capital inicial, por favor piensen y oren sobre cómo desearía él que ustedes utilizaran esos dones para su familia.

Cómo lograr esa belleza

Ahora, algunos consejos para determinar su Proyecto de Proverbios 31.

Nº 1. *Escuchen a los demás*: ¿Reciben halagos por algo que hacen? Por lo general, tomamos por sentado nuestros dones. Solemos pensar: "Cualquiera puede hacer esto. ¡Es tan fácil!" y no nos damos cuenta de que nadie más lo está haciendo, o que nadie lo hace con la misma excelencia, encanto y valentía. A veces pensamos: "¡No es para tanto! Los demás hacen un mejor trabajo que yo", en vez de dar gracias a Dios por el talento que nos ha dado y tratar de usarlo en una escala mayor.

Nº 2. *Avancemos*: ¿Se equivocaron? ¿Falló la receta, se corrió la pintura? ¿No pudieron encontrar la palabra exacta para lo que están escribiendo (¡me puedo identificar con eso!) o las notas adecuadas para la composición musical? ¿Les echaron demasiado fertilizante a los rosales? Avancen de todas maneras con la actitud del inventor Tomás Edison que falló miles de veces antes de inventar la bombilla de luz: "No lo llamen error. ¡Llámenlo aprendizaje!"[64]

Nº 3. *Desarrollen sus talentos*. Para tener éxito en el Proyecto de Proverbios 31, necesitan continuar desarrollando sus talentos y técnicas. Justo hoy, mi hija Courtney se inscribió en una escuela culinaria para desarrollar aún más su maravilloso talento para la cocina. Tiene una gran habilidad y el deseo de hacer más cosas en la cocina, y ella ha "probado" suficiente éxito como para atreverse a soñar empresas futuras que estén relacionadas a la preparación de comidas. Sea lo que sea que tengan que hacer para desarrollar sus talentos, háganlo. No sólo lograrán mejorar sus talentos, sino también su confianza.

Nº 4. *Rediman su tiempo*: Recuperen el tiempo que invertían en actividades menos importantes y utilícenlo para el Proyecto de Proverbios 31, para esfuerzos creativos personales, para su "comercialización". Cuando comencé a concentrar mi mente y energía en mis escritos y conferencias, noté que unas pocas actividades habituales desaparecían. No me pasaba horas mirando televisión, haciendo compras, yendo a almuerzos, haciendo excursiones, o hablando por teléfono. Una de las pocas actividades que hago ahora por largo rato es mi "trabajo", y con todo gusto lo extiendo hasta tarde en la noche. (Son las 10:30 de la noche en este momento.)

Nº 5. *Asuman riesgos*. Sean creativas: Prueben cosas nuevas. Exprésense. Adopten la misma actitud que mi amiga Julie con respecto a sus arreglos florales: ¡Sean valientes en todo lo que emprendan!

Nº 6. *Hagan lo mejor posible*: "Y todo lo que te venga a la mano, hazlo con todo empeño". Ésa es la sabiduría de Eclesiastés 9:10. La mujer hermosa de Dios trabaja por cierto con toda su fuerza y todo su corazón. Todo lo que hace, lo hace con excelencia. Como resultado, ¡su mercancía es buena!

Nº 7. *Realicen sus proyectos como si fueran para el Señor*: Tanto en el Antiguo Testamento como en el Nuevo, en el Proverbio 16.3 y en Colosenses 3.23 respectivamente, se nos dice que pongamos nuestro trabajo en manos del Señor y que hagamos nuestro trabajo como para el Señor. Con él como la razón de nuestro trabajo, con él como nuestro Jefe y con su gloria como nuestro objetivo, experimentaremos la bendición de su fuerza y de su guía. ¡Con él como nuestro puntal, encontraremos el apoyo necesario para quedarnos levantadas!

Nº 8. *Administremos nuestras ganancias:* Como vemos en este perfil de la mujer hermosa de Dios, podemos obtener ganancias de diversas maneras. Ahorrando dinero, o ganando dinero, o invirtiendo dinero podremos fortalecer la situación financiera de nuestra familia.

Nº 9. *Tenemos que convencernos* de que lo que hacemos es viable y vale la pena. En el Salmo 34.8, David nos dice "Prueben y vean que el Señor es bueno". El significado de ver es "convencerse" y, por lo general, la persona más difícil de convencer sobre el valor de nuestros esfuerzos somos nosotras mismas. Recuerden que este capítulo trata sobre la confianza de la mujer hermosa de Dios; su confianza en su Dios, los talentos y habilidades que Dios le ha dado, y su uso de esos dones para el bien de su familia y de los demás.

Nº 10. *Primero la familia*: Jesús enseña que si el árbol es bueno, también lo será su fruto (Mateo 7.15-20). Para la mujer hermosa de Dios, su familia viene primero. Todo lo que ella hace, lo hace para ellos. Por el bien de su familia es el deseo de su corazón y el centro de sus acciones, el fruto de sus esfuerzos es bueno. No la motiva la ambición, sino sólo la preocupación por su querida familia. Esa motivación la insta a hacer lo mejor posible, y Dios la utiliza para bendecir a su familia y a los demás (Proverbio 31.20, 24) de diversas maneras, incluyendo financieramente.

De modo que revisen sus motivos. ¿Lo que motiva sus esfuerzos es lo correcto? Como exhorta mi sabio pastor: "Ustedes háganse cargo de lo profundo y Dios se ocupará de lo ancho". En lo que atañe a ser hermosas a los ojos de Dios, cuidemos a nuestra familia y dejemos que Dios se ocupe de la manera en que escoge bendecir y expandir todo esfuerzo empresarial.

Una invitación a la belleza

Espero y ruego que leyendo este capítulo sobre la mujer hermosa de Dios, se sientan estimuladas a:

- Volcar su mayor energía y más fervientes esfuerzos en su familia y hogar.
- Orar por discernimiento sobre el área en la que se destacan; en qué área podrán expandirse en el Proyecto de Proverbios 31.
- Ir en pos de sus talentos y mejorar su pericia.
- Planear algunas noches de esfuerzo creativo.
- ¡Prepararse para saborear el éxito!

-12-

Una pequeña labor nocturna

SU ESFUERZO

"Con una mano sostiene el huso
y con la otra tuerce el hilo".
Proverbio 31.19

Ocurre todos los días. El sol que ilumina el mundo y que le da energía a nuestra vida y nuestro trabajo comienza a desaparecer, señalando a nuestras mentes y nuestros cuerpos cansados que otro día está tocando a su fin. Ustedes y yo conocemos el orden de los eventos de allí en adelante: pronto habrá que servir la cena, lavar los platos y limpiar la cocina, dar un baño a los niños, ayudarlos a lavarse los dientes, leerles un cuento, ponerlos en la cama y luego, por fin, llegará el momento en que terminaremos todas las tareas y nos iremos a la cama.

Ha sido un día largo y repleto de actividades: colmado de desafíos, creatividad, servicios y trabajo. Y... ah... qué bien que uno se siente en la posición horizontal, descansando la mente y el cuerpo agotados, tapándonos con las cobijas y cerrando los ojos, ¡hasta que nos levantemos al día siguiente cuando salga el sol! Ésta es la clase de pensamientos y sentimientos que penetran la mente a través del cuerpo cansado a medida que Dios cierra la cortina de oscuridad sobre las actividades de otro día ajetreado.

Pero, ¡aguarden un minuto! Cuando continuamos leyendo Proverbios 31, descubrimos una dimensión más de la mujer hermosa de

Dios, otro rasgo que nos hace reevaluar completamente la manera en que encaramos el final del día. Justo cuando pensábamos que se había terminado el día, la hermosa maestra de Dios presenta la lección nº 12 (¡ya vamos por la mitad!) sobre lo que significa ser hermosa a los ojos de Dios. Su joven hijo escucha mientras que ella, una vez más, le señala la diligencia de la mujer de Proverbios 31 que realiza una pequeña tarea nocturna antes de irse a dormir.

Entre bastidores

Es cierto que detrás de todo éxito se encuentra trabajo, trabajo y más trabajo. Ustedes y yo estamos examinando la maravillosa historia del éxito de la mujer de Proverbios 31. Evidentemente, ella es una mujer diligente—siempre perseverante, continuamente trabajando y constantemente ocupada. Debido al hecho de que se deleita en su familia y en su trabajo, se levanta temprano para ocuparse de su casa y continúa trabajando hasta el otro extremo del día. Aprovecha muy bien la noche.

En el capítulo anterior, vimos que la mujer hermosa de Dios se priva de su descanso de belleza para trabajar un poco a la noche: "Se complace en la prosperidad de sus negocios, y no se apaga su lámpara en la noche" (Proverbio 31.18). Pero, ¿qué hace a la noche? El Proverbio 31.19 puede darnos una respuesta obvia: "Con una mano sostiene el husoy con la otra tuerce el hilo". Cuando llega la noche, la mujer hermosa de Dios cambia sus actividades y, en vez de trabajar al aire libre en el campo, ahora realiza sus tareas en su casa junto a su lámpara (versículo 18). Sí, ella trabajó todo el día, pero sigue trabajando a la noche. En su época, lo común era retirarse a la puesta del sol, pero nuestra heroína se queda levantada trabajando... sólo un poquito más.

Y, de acuerdo al Proverbio 31.19, ella trabaja con el huso y la rueca. A pesar de que no se los menciona en ninguna otra parte en el Antiguo Testamento, estos antiguos objetos se utilizaban para hilar lana.[65] En las manos talentosas y experimentadas, el huso y la rueca convertían a la lana y el lino procesados en lana e hilo. Estos dos implementos eran sin duda las herramientas de la mujer de Proverbios 31 para la fabricación de telas.

Anteriormente, en el versículo 13, vimos que ella utiliza su energía para traer, peinar, limpiar y desenredar la lana y el lino. Ahora a la noche, cuando su cuerpo toma un ritmo más lento, ella se sienta e hila, perfeccionado la lana y el lino para sus tejidos. Sabe que debe completar la monótona tarea de hilar antes de poder ser más creativa y comenzar a tejer.

Antes de poder lograr cualquier obra importante, es necesario llevar a cabo esta clase de preparación entre bastidores. Por ejemplo, antes de poder pintar, se debe estirar y montar la tela. Antes de coser un vestido, se debe cortar el molde. Antes de cantar una ópera, se deben practicar las escalas. Antes de escribir un libro, se debe realizar la investigación. Antes de pintar una pared, se deben cubrir los zócalos. Antes de preparar una comida, se deben lavar, picar y medir los ingredientes. Esa tarea entre bastidores puede ser mundana, rutinaria, poco atractiva, aburrida, sin desafíos, y quizás sin tener que utilizar nuestro intelecto, pero la preparación es fundamental para la belleza y la utilidad resultantes.

De modo que la mujer hermosa de Dios pasa sus noches realizando gustosa, contenta, con efusividad y alegría (versículo 13) el trabajo aburrido y poco estimulante—pero muy necesario—del cual surgen sus grandes obras de arte.

Cómo lograr esa belleza

Cuando comencé a trabajar de noche, en vez de desplomarme en frente del televisor con un plato de bocadillos y una Coca-Cola, me costaba mucho hacerlo. Al decidirme a usar mis noches para ayudar a mi familia y mi ministerio y para desarrollar autodisciplina en un área nueva, aprendí gradualmente a utilizarlas de manera útil y creativa. (Mientras escribo esto, miro el reloj y son la 9:15 de la noche.) Ahora valoro mis noches, que eran, durante tanto tiempo, un tesoro oculto.

En realidad, el encontrar este tiempo para realizar un poco de trabajo nocturno me dio una nueva vida. El Ministerio de Desarrollo Cristiano (*Christian Development Ministries*) fue creado por Jim y yo, una noche hace diez años. El sabio uso de mis noches me ha dado el tiempo para sentarme con Jim al mando de nuestro ministerio y para desarrollar y utilizar mis dones espirituales para enriquecer la vida de mujeres cristianas. Tiemblo cuando pienso qué es lo que estaría haciendo (¡o no!) si hubiera continuado tirando a la basura el don de Dios de mis noches.

Como aconseja un experto en el manejo del tiempo sobre algunas de las horas que a menudo desaprovechamos: ¡hagan que las noches y los fines de semana cuenten![66] Espero que estos primeros pasos que revolucionaron mi vida—y mis noches—las estimulen a hacer lo mismo.

1. Evalúen las noches: Hace poco escuché al agente deportivo mejor pagado del mundo hablar sobre algo que él practica a diario. Hablando sobre la importancia del tiempo, afirmó que él planea su día (todos, incluso los fines de semana) en segmentos de veinte minutos. ¿Saben cómo utilizan cada segmento de veinte minutos durante la noche? ¡El responder a esta pregunta puede revelarles mucho!

2. Planeen las noches: Un domingo a la mañana en la iglesia, pasé caminando justo al lado de una amiga. Con agradecimiento, ella me agarró el brazo cuando pasaba. Me quería contar algo maravilloso que le había ocurrido: ¡había perdido 40 libras! (Ésa es la razón por la que pasé a su lado sin detenerme: ¡no la había reconocido!) Cuando le pregunté cómo lo había logrado, me dijo que había decidido hacer ejercicio todas las noches en casa, después de regresar del trabajo. Su meta para el año nuevo había sido incorporar esa nueva actividad en su vida, específicamente a la noche. En otras palabras, ella planeó sus noches: ¡y no hay duda de que está disfrutando los beneficios!

Yo trato de planear mis noches por adelantado porque cuando llegan, estoy demasiado cansada para poner la energía mental necesaria para pensar qué cosa útil puedo realizar. De modo que he creado lo que denomino mi "Fichero nocturno" (la contrapartida de mi "Fichero diurno"). En mi "Fichero nocturno" mantengo una lista de actividades que puedo realizar a la noche.

Por ejemplo, yo armo los cuadernos de ejercicios de mi estudio bíblico de a cien a la vez. Autografío mis libros para los grupos de estudio bíblico. Una vez por semana, contesto la correspondencia. (A veces dicto hasta tan tarde a la noche, que ya ni veo las palabras.) Pagar las cuentas, balancear la chequera, conciliar el extracto bancario son actividades buenas para hacer a la noche. A la noche es cuando reviso toda la propaganda que me llega por correo y los catálogos, y me aseguro de tener un cesto de papeles cerca. Cuando estoy enseñando en el Instituto Bíblico Logos, corrijo los trabajos a la noche. Doblo también la ropa, y todo lo que necesito planchar, lo hago después de la puesta del sol. Como maestra y escritora, necesito muchos ejemplos, de modo que a la noche reviso los libros de citas, las notas biográficas y los libros de arte. A la noche, me dedico a las cosas menos importantes, leyendo cosas ligeras. Los comentarios y los libros de investigación más densos los dejo para el día, ya que entonces tengo más energía. Y, no sé en cuanto a ustedes, pero tengo muchas pilas de cosas por toda la casa, de modo que algunas noches me dedico a revisar una pila o dos.

Sería bueno que crearan su propio "Fichero nocturno" y planearan sus noches para que incluyeran algunas tareas livianas. El fichero podría incluir el cortar cupones, revisar el libro de recetas y hacer los menús. Imitando a la mujer hermosa de Dios, pueden remendar, tejer, hacer crochet, bordar y hacer punto cruz. Dedíquense a preparar los regalos de Navidad—y envuélvanlos después de la puesta del sol. A la noche, lean sus revistas favoritas, el periódico, o alguna revista profesional. Utilicen la noche para perseguir sus intereses personales especiales. Si les gusta el arte, la música clásica, la cocina, la jardinería o la historia, ¿por qué no alquilan un video educativo, en vez de mirar televisión? O escuchen un casete y tomen notas.

Quizás deseen mirar televisión con su familia—o al menos estar en la misma habitación que ellos. Conozco muchas mujeres cuyos esposos desean que ellas estén sentadas a su lado en el sofá mientras miran los programas nocturnos de televisión. Bueno, la autora Anne Ortlund enumera 22 cosas diferentes que podemos hacer entonces. Aquí les muestro algunas: revisen su agenda y planeen por adelantado, arréglense las uñas de los pies, escriban una carta a una vieja amiga, arréglense las uñas de las manos, pongan al día el fichero de recetas de cocina, coloquen fotos en un álbum, lustren los objetos de plata, y por último, escriban una nota de estímulo a su pastor.[67]

El asunto es, mis hermosas hermanas, guardar las horas del día—cuando más energía tenemos—para el trabajo que más nos exige física y mentalmente. Cuando el atardecer comienza a oscurecer el día y la energía empieza a desvanecerse, en vez de irnos a dormir, o no hacer nada, o desplomarnos sobre el sofá, sigamos el ejemplo de nuestra hermosa y diligente mujer: simplemente hagamos algo diferente. Después de todo, el Proverbio 10.4 nos dice: "Las manos ociosas conducen a la pobreza; las manos hábiles atraen riquezas". En otras palabras, la persona haragana no recoge nada, pero las que son diligentes triunfan. De modo que planeemos ser diligentes.

3. Preparen sus noches: Si arman un "Fichero nocturno", tendrán más opciones específicas para la noche y sabrán exactamente cómo planearlas. De modo que, antes de que caiga el sol y estén demasiado cansadas, preparen lo que van a necesitar para su pequeño proyecto nocturno. Si voy a armar los cuadernos de ejercicios de mi estudio bíblico, armo la línea de montaje sobre la mesa de la sala. Si estoy haciendo la contaduría, armo la mesa para jugar a las cartas en la sala, para poder estar con mi familia mientras trabajo. Tengo una amiga que se creó un caddie para escribir cartas, el cual contiene papel, tarjetas, notas, estampillas, sobres, lapiceras y su agenda de direcciones. Ustedes podrían armarse algo similar junto al sillón de su esposo para escribir a gusto. Mi amiga Judy tiene el atril armado en la sala familiar. Mi rueda de andar y mi bicicleta fija de ejercicio están siempre allí, ¡y son un buen recordatorio para no abandonar la lucha!

He incluso descubierto algunas tretas para poder hacer más cosas durante la noche. Una de esas tretas es hacer ejercicio o ir a caminar para que ascienda el nivel de mi energía para las actividades de la noche. Otra artimaña es decir: "Vamos, Liz, haz una sola cosa más". Cuando termino un esfuerzo, me recuerdo que puedo todavía hacer una cosa más. Y sin darme cuenta, me paso toda la noche haciendo una cosa más. O me digo: "Cinco minutitos más y ya termino". (Una vez leí que "la diferencia entre un amateur y un profesional son cinco minutos más".[68]) Y, una vez más, me sorprendo y entusiasmo cuando esos "cinco minutos más" añaden hasta tres o cuatro horas adicionales de trabajo realizado.

4. Utilicen sus noches: Es magnífico evaluar, planear y preparar, pero lo fundamental es utilizar nuestras noches. ¡Y eso requiere esfuerzo! La mujer hermosa de Dios "con una mano sostiene el huso y con la otra tuerce el hilo" (Proverbio 31.19). ¿Qué sostienen nuestras manos a la noche? ¿Un bocadillo? ¿Otra novela romántica? ¿Un video favorito? ¿Nuestra almohada? ¿El control remoto? Este capítulo trata sobre la diligencia; es una invitación para que logremos que nuestras noches sean productivas.

Si tenemos un empleo fuera de casa, quizás sea aún más difícil usar nuestras noches en casa. Aquí hay un ejemplo de cómo lo hace una mujer, el cual está descrito en un capítulo que ella escribió titulado: "Mujeres que trabajan, lean esto primero".

> ¿La noche? Me la paso revisando la ropa necesaria y preparando el desayuno para el día siguiente... Cuando llego a mi casa del trabajo, no bien termino de saludar a todos, recojo la ropa sucia y la coloco en la máquina de lavar. Luego cocino. La cena es el rato que pasamos reunidos como familia, así que trato de que sea placentero y tranquilo. Después de la cena, pongo la ropa en la secadora y limpio la cocina. (A la noche, mientras cocinaba la cena, mezclé la masa para nuestros bizcochos y panes tradicionales de Navidad. La coloqué en la refrigeradora, y luego, una noche, tuvimos una fiesta horneando todo.) He comenzado a utilizar la noche para limpiar el refrigerador, el horno y los armarios de la cocina. A veces, si tuve un día difícil, duermo una siesta de media hora. En este momento, con tan poco tiempo para escribir, pasó más tiempo en la máquina de escribir. No importa lo que haga, mantengo el oído atento para saber cuando se termina de

> secar la ropa, de modo que pueda quitarla de inmediato de la secadora... Programo los 30 minutos antes de acostarme para realizar actividades de autosuperación. Esto incluye ejercicio, el cuidado de mi piel, dientes y uñas.[69]

Esta mujer hermosa tiene tantos sueños y tanto que hacer, que simplemente no tiene tiempo para hablar sin cesar por teléfono, tirarse a mirar televisión, o descansar después de un día difícil. No, ella sabe que su hogar debe ser el sitio donde realiza el mejor trabajo y donde encuentra su verdadera satisfacción. Ésa es una de las razones por las cuales el rato que pasa con su familia, las tareas de la casa, hornear y preparar pasteles y los proyectos escritos la motivan durante toda la noche. Una vez que comencemos a hacer pequeñas tareas nocturnas, nos veremos motivadas a continuarlas.

5. Usen su mente en la noche: Aun cuando el trabajo sea aburrido y rutinario, nuestra mente puede estar activa. Con un pequeño estímulo, las chispas de la creatividad pueden volar mientras que nuestras manos están ocupadas. Mientras que la mujer hermosa de Dios hila los materiales crudos, probablemente se imagina lo que hará con la lana y el lino, y quizás hasta se detenga para hacer un bosquejo de sus ideas. Al crear diseños en su mente mientras que su cuerpo descansa y sus manos navegan, ella crea prendas exclusivas, decidiendo qué adornos complementarían la tela, qué clase de diseño podría bordar en el canesú, etc., etc. No importa cuál sea la actividad sencilla que estén realizando, den a su mente una tarea creativa, escojan un tema divertido o serio para pensar, o capacítense para soñar.

Una invitación a la belleza

Hablando de soñar, ¡deseo desafiarlas a que sueñen! Primero, nombren algo que les encante hacer, algo personal, una pasión que lleven en su corazón. ¿Se dan cuenta de que quizás estén a punto de convertir "algo personal" en "algo profesional" con tan sólo un poco de trabajo a la noche? Conozco muchas mujeres que tienen dos profesiones: una de día y una de noche.

Por ejemplo, mi madre era una erudita y profesora que se especializaba en las obras de Shakespeare durante el día, y una modista a la noche. Durante mi infancia, ella me cosía toda la ropa, y cuando me fui a la universidad, ella me mandaba un paquete de ropa nueva todas las semanas. Mamá usaba las noches—a menudo hasta las dos de la mañana—para coser las cortinas, los almohadones sueltos, los volados de la cama y las fundas de las almohadas en casa. Sus manos parecían mágicas cuando nos confeccionaba las batas de baño, ¡e incluso la ropita para mis muñecas y un abrigo navideño para nuestro perro! Mi madre expresaba ese verso solitario de la poesía que dice: "El amor de una mujer es como una luz que relumbra con todo su esplendor en la noche".[70]

Conozco a otras mujeres que tienen dos profesiones. Una de mis amigas es maestra de escuela primaria durante el día y una talentosa pintora sobre metal durante la noche. Otra es directora de escuela durante el día y escritora durante la noche. Mi hija Courtney administra mi oficina durante el día y es una chef de cocina aficionada a la noche. Otra amiga cuida a sus hijos pequeños durante el día y es una excelente pintora de óleos durante la noche.

Una vez más les pido—y les insto—que consideren que el hacer alguna pequeña tarea durante la noche podría ayudar a vuestros sueños para su familia, para su hogar, o para que alguna expresión personal creativa se haga realidad. ¿Cómo podrían ustedes, como mujeres hermosas de Dios, convertir una pasión personal en un empleo profesional? Susurren una plegaria en el oído de Dios, el Creador de todo lo hermoso, y pidan que las guíe a realizar una pequeña tarea nocturna que les ayude a concretar sus sueños.

-13-

Una mano de ayuda

SU MISERICORDIA

"Tiende la mano al pobre,
y con ella sostiene al necesitado".
Proverbio 31.20

La mujer hermosa de Dios es impresionante, ¿no les parece? Se destaca en cuanto a su confiabilidad, apoyo, diligencia, productividad, ahorro, creatividad, organización y administración precisa. ¿No les estimula el ver que la misericordia es lo que sigue en la lista de sus extraordinarias cualidades? La mujer de Proverbios 31, verdaderamente hermosa a los ojos de Dios, trabaja arduamente para obtener ganancias, pero esas ganancias benefician a personas que se encuentran más allá de los límites de la vida familiar privada, ya que ella "tiende la mano al pobre, y con ella sostiene al necesitado" (Proverbio 31.20). Sus esfuerzos y virtudes benefician a su preciosa familia, pero ella está siempre dispuesta a otorgar la gracia de su misericordia a los poco afortunados. A pesar de que ella está ocupada con su casa, ella no está tan ocupada como para olvidarse de las necesidades de los demás. Sin su sagrada misericordia, su productividad y actividad podrían convertirla en una persona insensible y siempre apurada; estaría demasiado ocupada como para preocuparse de los demás.

Su mano

Durante doce capítulos, nos hemos maravillado de la mujer hermosa de Dios y de su cuerpo, fuerte y lleno de energía. Ahora, el Proverbio 31.20 concentra nuestra atención en sus manos.

La primera parte del versículo dice: "Tiende la *mano* al pobre" (énfasis añadido). La belleza de la mujer misericordiosa de Dios se abre (como su mano) al abrir aquí el idioma hebreo. La imagen de su mano extendida revela su naturaleza generosa y magnánima. Por ejemplo, si se necesita dinero, ella introduce la mano en su cartera y comparte su riqueza. Si falta el pan, ella ofrece un pan casero. Si faltan ropas abrigadas, la mujer misericordiosa y generosa de Dios provee uno de sus abrigos de lana tejidos a mano (versículo 21), el resultado de meses y meses de noches y noches de trabajo personal (versículo 13, 18-19). (En su época, un abrigo de lana podía costar más que el sueldo de dos meses enteros.[71]) Como escribe una mujer: "Cuando mis semejantes se visten de harapos y sufren, afilo mis conocimientos prácticos y mis agujas (no mi lengua) ".[72] Cuando está en su poder hacerlo, la mujer de Proverbios 31 extiende su mano con todo lo que sea necesario (Proverbio 3.27). ¡La mujer hermosa de Dios presta una mano cuando puede!

Sus manos

El versículo continúa: "Y extiende sus *manos* al menesteroso" (RVR60; énfasis añadido). Para la mujer que es hermosa a los ojos de Dios, la generosidad no termina con el simple dar. La palabra está en plural, porque verdaderamente esas actividades requieren el uso de ambas manos. El cuidar a los enfermos, por ejemplo, requiere dos manos. Lo mismo cuando cuidamos a bebés, niños pequeños, ancianos y enfermos. La mujer de Proverbios 31 usas sus manos para el ministerio. No tiene temor de arremangarse y tocar a los que sufren. No importa cuál sea la necesidad, ella extiende sus manos—con las palmas abiertas hacia arriba—para ofrecer cualquier ganancia o actividad lucrativa a los demás.[73]

Su corazón

Es bueno ver cómo da la mujer hermosa de Dios pero, como le señala la sabia madre e instructora a su muchacho (y a nosotras), el corazón de esta mujer está involucrado. Los verbos "tiende" y "extiende" sugieren que su dar se extiende tan lejos como lo permitan sus medios.[74] Esta forma de extenderse, como ustedes bien saben, requiere un corazón—un corazón generoso de amor y compasión; una corazón que ame a Dios (versículo 30). Esta querida mujer le da al pobre y al necesitado con todo su corazón.[75]

Al "extender" su misericordia y compasión, ella extiende su corazón. En vez de plegar las manos para relajarse, o usarlas para acaparar sus ganancias, o mantenerlas trabajando con frenesí para obtener más riquezas, ¡ella las extiende a aquellos a su alrededor que tienen necesidades! Ella está conciente de esas personas, simpatiza con sus necesidades, y está presta para ayudarlas. Su corazón y sus cofres repletos se desbordan con generosidad y abundancia para bendecirlas. En vez de trazar un círculo cerrado alrededor de su familia y mantener a los demás afuera, ella sigue a su corazón, abre el círculo, y los invita a entrar. El círculo de su amor incluye a todos los que necesitan su ayuda.

Su obediencia a la Palabra de Dios

Cuando doy charlas, por lo general permito un período de tiempo para preguntas y respuestas. Durante años, he mantenido una pregunta escrita a mano de una de esas sesiones. Dice: "A partir de su estudio de Proverbios 31, por favor comente sobre el hecho de que no se haga ninguna mención sobre la participación de la mujer en las actividades de tipo 'ministerio'".

Cuando observo a la mujer hermosa de Dios, definitivamente veo que uno de sus ministerios es cuidar a los pobres y a los necesitados (versículo 20). Su ofrenda no se genera únicamente en su corazón, sino que proviene de su obediencia y su adoración a Dios. Como una mujer que teme al Señor (versículo 30), ella camina en obediencia a su Palabra. Y escuchemos ahora la Palabra del Señor sobre este tema de la misericordia—y noten la bendición que promete Dios:

- "Cuando en alguna de las ciudades de la tierra que el Señor tu Dios te da veas a un hermano hebreo pobre, no endurezcas tu corazón ni le cierres tu mano. Antes bien, tiéndele la mano y préstale generosamente lo que necesite" (Ley de Moisés, Deuteronomio 15.7-8).

- "¡Ya se te ha declarado lo que es bueno! Ya se te ha dicho lo que de ti espera el Señor: Practicar la justicia, amar la misericordia, y humillarte ante tu Dios" (Miqueas 6.8).
- "El alma generosa será prosperada; y el que saciare, él también será saciado" (Proverbio 11.25).
- "Servir al pobre es hacerle un préstamo al Señor; Dios pagará esas buenas acciones" (Proverbio 19.17).
- "El que es generoso será bendecido, pues comparte su comida con los pobres" (Proverbio 22.9).

A medida que continuamos aprendiendo qué es lo hermoso a los ojos de Dios, vemos que cuidar a los pobres y a los necesitados es una de sus preocupaciones principales. Esta hermosa mujer temerosa de Dios sabe eso porque conoce la ley de Dios y toma muy en serio sus mandamientos. De modo que les pregunto, ¿han considerado alguna vez que es probable que la mayor bendición sobre su casa sea *debido* a su generosidad con los pobres y los menesterosos? El pueblo de Dios es la forma que elige Dios de cuidar a los pobres y a los necesitados, y él bendice a aquellos que se preocupan por ellos en obediencia a su Palabra.

Sus hermanas de misericordia

¿Recuerdan cuando comenzamos nuestro ascenso a las alturas de la mujer hermosa de Dios? Todas sentimos un gran consuelo en el hecho de que esta mujer es real, que por la gracia de Dios, nosotras también podemos alcanzar su nivel de excelencia. Otras han también obtenido su grandeza de carácter. En su ministerio de misericordia y generosidad, la mujer hermosa de Dios se une a otras mujeres de la Biblia, sus hermanas de misericordia, que expresan la misericordia de Dios. Estas mujeres que son hermosas a los ojos de Dios incluyen a Abigail, quien alimentó a los 600 hombres de David (1 Samuel 25); la hambrienta viuda de

Sarepta que amparó al profeta Elías (1 Reyes 17); la mujer sunamita que con regularidad le daba comida y albergue al profeta Eliseo (2 Reyes 4); y Dorcas que vestía a las viudas en la iglesia primitiva de Jope (Hechos 9). La mujer de Proverbios 31 está añadida a esta lista de primera, ¡y ustedes pueden estarlo también!

Cómo lograr esa belleza

Una vez que avancen por este generoso camino del dar, no tendrán ningún problema en encontrar oportunidades maravillosas para extender la misericordia de Dios a los pobres y menesterosos. ¿Les ayudarían algunos pasos iniciales para comenzar a ser generosas? Prueben estos.

Nº 1. Comiencen en casa. Cada madrugada nos presenta una nueva oportunidad para mostrar misericordia a los demás, y esas oportunidades no pasarán desapercibidas. Sus hijos se beneficiarán mucho al ver directamente la vida de una madre generosa: una mujer que es hermosa a los ojos de Dios.

Edith Schaeffer es dicha madre: una mujer que extiende una mano de ayuda a los demás. Con regularidad, los vagabundos que viajaban en los trenes de carga que pasaban por su casa, golpeaban la puerta trasera y le pedían una taza de café y algo de pan. Nunca los echó, sino que vio en cada uno de ellos la oportunidad de hacer algo por "el más pequeño" (Mateo 25.40) y quizás "sin saberlo" hospedar ángeles (Hebreos 13.2). Empleando el arte oculto de la hospitalidad, ella tostaba nueces, hacía dos grandes sándwiches, y recalentaba sopa que le había quedado de la noche anterior. "¿Para mí? ¿Es esto para mí?" era siempre la reacción sorprendida cuando ella salía por la puerta de la cocina trayendo una bandeja con su porcelana fina, un ramo de flores, una vela encendida—y una copia del evangelio de Juan para que leyeran mientras que comían y que luego se llevarían con ellos. Sólo después se dio ella cuenta de que su casa estaba marcada con tiza: una señal para los otros vagabundos de que allí se daban limosnas. "No importa" dice Edith sonriéndose. "Fue parte de la educación de nuestra hija mayor, Priscilla. Jamás hubiera aprendido eso en otra parte".[76]

Nº 2. Den con regularidad a su iglesia. La mayoría de las iglesias ministran a las personas sin techo y a los necesitados. De modo que mediante su apoyo financiero a la iglesia (1 Corintios 16.2), ustedes pueden prestar indirectamente una mano de ayuda y extender su mano a los pobres (Proverbio 31.20). Mi iglesia provee de existencias a "un armario del diácono" para los pordioseros de aquí, del Valle de San Fernando. Además, una porción de todas las ofrendas a la iglesia se utiliza para apoyar a nuestros misioneros. Nuestras ofrendas a la iglesia local se extienden en muchas direcciones e incluso alrededor del mundo.

Nº 3. Mantengan el oído atento. Tómense el tiempo necesario para percibir a las personas que las rodean que tengan necesidades. Luego compren una doble porción de comestibles y compártanlos con alguna pareja que esté pasando un momento difícil. O limpien su billetera cuando se esté levantando una ofrenda para alguna causa especial. También pueden regalar la ropa de sus niños que ya les quede chica a una familia que esté en aprietos económicos. Cuando vaya a las ventas en garajes, recoja artículos de primera necesidad que podrían ayudar a otros (un bastón de aluminio para una persona anciana, una cuna para el bebé de una mamá soltera). Ustedes pueden preparar una comida especial para la mujer que esté recibiendo un tratamiento de quimioterapia. Para poder cosechar las muchas bendiciones que vienen aparejadas con este tipo de ministerio, deben mantener el oído atento. ¡Entonces no se perderán estas maravillosas oportunidades de ayudar a los demás!

Nº 4. Apoyen a una organización o persona digna. En este momento, estoy estudiando a las mujeres que lo siguieron a Jesús y que le dieron apoyo financiero (Lucas 8.2-3). Ellas establecen un noble ejemplo para nosotras, porque, así como lo hicieron ellas, nosotras podemos estimular a muchos individuos y organizaciones con nuestras ofrendas financieras. Ustedes pueden contribuir directamente a una organización misionera o apoyar a alguna familia misionera que conozcan. Pueden ayudar a capacitar a alumnos del seminario ofreciendo becas o ayudando a comprar los libros de texto. Pueden ayudar a los jóvenes que se van en un viaje misionero durante el verano. ¿Por qué no le preguntan a Dios cómo pueden extender sus manos para involucrarse en su labor?

Nº 5. Oren sobre un proyecto personal. Así como le preguntan a Dios dónde desea que se involucren en su tarea en el mundo, pídanle también que las dirija a su propio proyecto de ministerio personal que ustedes puedan apoyar financieramente. Dios responde a esas oraciones, como lo demuestra el siguiente relato.

Sentada en una conferencia sobre misiones, me sentí personalmente desafiada cuando me enteré cómo había comenzado la organización de la Misión Americana Central (CAM, por sus siglas en inglés). Una tarde en 1879, dos mujeres canadienses, cuyos maridos poseían una plantación de café en Costa Rica, se habían sentado para compartir una taza de té. Profundamente preocupadas por las necesidades espirituales de la gente en esa parte del mundo, y dándose cuenta de sus limitaciones personales, comenzaron a pedirle a Dios que les diera una solución. En febrero de 1891, llegó el primer misionero de los Estados Unidos. ¡De las oraciones de dos mujeres muy parecidas a ustedes y a mí había nacido CAM! Cuando ustedes oran, Dios podría tocar su corazón generoso y darles esa clase de visión para el ministerio. ¿No sería algo maravilloso?

Nº 6. Mejor cometer un error hacia el lado de la generosidad. El evangelizador Billy Graham se sonrió con orgullo al decir lo siguiente de su esposa Ruth: "Ella administra los asuntos fiscales de la casa... ¡con más generosidad que precisión!"[77] ¡Qué lindo tener un corazón generoso! Ya que vean, como el agua que corre, el dinero pierde su utilidad cuando se estanca. Ustedes no quieren ser como el Mar Muerto en Israel, vasto y alimentado por agua fresca, pero inútil y muerto porque el agua no tiene ninguna boca de salida.

Sólo les hago una advertencia: Si están casadas, asegúrense de ponerse primero de acuerdo con su esposo en cuanto a la forma en que habrán de proceder. Averigüen su opinión sobre el dar y sepan cómo quiere ayudar financieramente. Pónganse de acuerdo con él y respeten sus elecciones. Luego pongan su mente, cuerpo, manos y corazón a la obra.

Nº 7. Expresen amor. Cuando le preguntaron al padre de la iglesia primitiva, San Agustín, qué aspecto tenía el amor, él respondió: "El amor tiene manos para ayudar a los demás. Tiene pies para acudir al pobre y necesitado. Tiene ojos para ver la miseria y la necesidad. Tiene oídos para escuchar los gemidos y el llanto de la gente. Ése es el aspecto que tiene el amor". Al vivir esa clase de amor, qué bendición les serán a los demás. ¡Es verdaderamente hermoso a los ojos de Dios!

Una invitación a la belleza

Ahora, mis queridas, llegó el momento de evaluarnos. Es maravilloso destacarnos en el hogar, llevar la delantera en talento administrativo, perfeccionar las habilidades que nos ha dado Dios, brillar como profesionales, saber que nuestro esposo está contento, tener ceñidas las riendas de las finanzas familiares, y observar cómo se acrecientan nuestros ahorros y cobran vuelo nuestras inversiones. Pero Dios estima mucho esta marca de belleza en nuestra vida: la misericordia.

Más que cualquiera de las otras virtudes que hemos visto hasta ahora, la misericordia refleja la presencia del Señor en su corazón y en su vida. La misericordia añade la adorable fragancia del Señor a todo lo que somos y hacemos. La misericordia complace al Señor y es hermosa a sus ojos. De modo que estoy orando en este mismo instante que ustedes deseen sinceramente y pidan a Dios que las ayude a ser generosas, útiles, afectuosas, misericordiosas, mujeres verdaderamente hermosas en el Señor que se deleitan (y destacan) al dar una mano de ayuda a todo aquel que sufra necesidad. ¡Háganlo—en el nombre del Señor!

-14-

Una bendición doble

SU PREPARACIÓN

"No tiene temor de la nieve por su familia,
Porque toda su familia está vestida de ropas dobles".
Proverbio 31.21 RVR60

En su famoso Sermón del monte, Jesús proclamó que nadie estuvo jamás vestido con ropas tan espléndidas y magníficas como el rey Salomón del Antiguo Testamento (Mateo 6.29).

¡Pero la familia de la mujer de Proverbios 31 se acerca bastante!

Qué alegría le traían sus seres queridos al corazón, y qué alegría les traía ella cuando usaban las obras maestras que ella hilaba y tejía y decoraba. Salían a las calles desoladoras de Israel vestidos como la realeza. Cuando su familia camina por la calle, no pasan desapercibidos.

Ahora, antes de que comiencen a pensar que la mujer hermosa de Dios está desequilibrada aquí, que está demasiado preocupada por las apariencias, que hemos encontrado un defecto, y antes de que la descarten por derrochadora o por ser como un tendedero de ropa, recuerden algo que esta mujer piadosa sabía que era verdad: "Engañoso es el encanto y pasajera la belleza" (Proverbio 31.30). Lejos de ser vanidosa o mundana, la mujer hermosa de Dios demuestra una vez más su preocupación y cuidado por los demás, su creatividad y su gran capacidad para trabajar. Sólo que esta vez sus esfuerzos son visibles a los ojos de todos porque ahora su carácter se expresa en el vestuario de su familia.

Mirando al futuro

¡Es un hecho! ¡Nieva en Israel! Me costó mucho imaginarlo mientras que Jim y yo experimentábamos su extremado calor durante nuestros estudios, cuando trepábamos por las secas y áridas laderas, mientras que nos preocupábamos más de cargar suficiente agua potable que sobre lo que vestíamos y qué aspecto teníamos. Aun cuando tengo una fotografía recortada del periódico *Los Angeles Times* de un devoto judío venerando en el muro de los lamentos de Jerusalén sobre un pie de nieve, todavía me cuesta imaginarme que haya nieve en Israel.

De modo que le pregunté a nuestro instructor, Bill Schlegel, un americano que ha vivido en Israel durante trece años. "Sí" asintió con ganas, "créeme que es así". Luego describió los inviernos lluviosos, fríos y ventosos de Jerusalén que soporta la gente en sus helados edificios de piedra, sobre las calles empedradas, y detrás de las paredes de piedra con poco o nada de calefacción. Bill mismo estuvo un invierno sin calefacción durante dos meses, y ese invierno nevó 15 pulgadas—dos veces. A pesar del calor insoportable que experimenté, uno puede contar con la nieve casi todos los años en Palestina.

La mujer hermosa de Dios sabe que la nieve llega a su tierra natal, y sin embargo, "no tiene temor de la nieve por su familia" (Proverbio 31.21). ¿Por qué? Porque ella se ha preparado para el futuro, sea cual sea. Con la mirada siempre hacia adelante, ella provee sabiamente para su familia: "toda su familia está vestida de ropas dobles", termina diciendo el versículo 21.

Ahora esta previsión y sus esfuerzos preactivos no deberían causarnos ninguna sorpresa. Durante trece capítulos hemos visto el gran corazón afectuoso de la mujer de Proverbios 31, su sabiduría, su buena voluntad, su capacidad para planear para el futuro, y sus tácticas administrativas. Sabemos que ella siempre mira hacia el futuro y se prepara para lo que vendrá (versículo 15 y 27). Puedo fácilmente imaginar que, mucho antes de que caiga el primer copo de nieve, ésta debía de ser la escena:

Levantándose temprano una mañana (versículo 15), esta mujer tan hermosa a los ojos de Dios gira su oración a su querida familia. A medida que pone a cada uno de ellos delante de Dios en oración y considera cómo expresar su amor por ellos, toma su lista de tareas y hace varias anotaciones en ella: "Prepararnos para el invierno. Obtener lana. Conseguir tintura roja. Hilar la lana. Tejer la tela. Hacer los abrigos para el invierno". ¡Ella bendecirá a su familia con la ropa de invierno que ellos necesitan!

Una vida de "cuidados extendidos"

Noten quiénes son lo suficientemente afortunados como para ser bendecidos de esta manera. El versículo dice: "*toda* su familia está vestida de ropas dobles" (Proverbio 31.21, énfasis añadido). Todos los que viven bajo el techo de esta hermosa mujer están vestidos elegantemente y abrigados con mantos de lana color escarlata para el invierno.

Ya que vean, la mujer de Proverbios 31 se ocupa de todos. ¡Es por eso que a esta clase de cuidados los llamo "cuidados extendidos"! En el versículo 20, hemos visto que sus cuidados se extendían al pobre y afligido. Ya sea que necesiten comida o ropa, cuidados de enfermería o ayuda para limpiar la casa, ella los ofrece.

Sin embargo, la mujer hermosa de Dios también extiende sus cuidados a sus otros familiares. Piensen quiénes estarían viviendo bajo su techo. Hemos conocido al marido y escuchado que tienen niños. En su época (y para muchos de nosotros, también), los padres ancianos eran también parte de la familia. Los hijos casados—y sus niños—estaban probablemente allí. También lo estarían las sobrinas y los sobrinos huérfanos y los familiares que hubieran enviudado. Y, ah sí, los criados (versículo 15). Un grupo interesante que depende de sus provisiones, y ella proveía con generosidad. "Toda su familia está vestida de ropas dobles".

Ropas dignas de un Rey

¿Y qué significa que su familia estaba vestida con ropas dobles o de color "escarlata" como lo indican las traducciones bíblicas en inglés? El color revela mucho sobre su provisión.

- *Abrigo*. Rojo, o escarlata (que significa "brillar"), indica la retención de calor.[78]
- *Apariencia majestuosa*. El color escarlata es el color del ropaje de los reyes[79] y significa dignidad,[80] lujo y magnificencia.[81]
- *Calidad*. Sólo lo mejor sirve para la familia de esta hermosa mujer. El hecho de que estén vestidos de lana—y con lana color escarlata—habla sobre la ropa de calidad que ella provee. Luego, así como ahora, muy pocas personas tenían más de un sobretodo de lana.
- *Doble grosor*. Estoy segura de que ustedes han sentido la diferencia entre la lana barata y finita y aquella que es rica y pesada. Bueno, uno de los significados para la palabra hebrea para escarlata es "doble" y, por supuesto, la mujer hermosa de Dios confeccionaría únicamente ropa doble y de calidad, extendiendo una bendición doble a su prole.
- *Sumergida dos veces*. La lana tenía que teñirse de color escarlata, y para que fuera verdaderamente escarlata, había que sumergirla varias veces en la tintura.
- *Costosa*. Debido a la tintura y a la labor y el tiempo extra, los mantos escarlata eran lujosos y caros.[82]

¡Es asombroso que la simple mención de la ropa doble o escarlata revele tanto sobre el corazón de la costurera y comunique un mensaje tan poderoso de ese corazón al corazón de aquellos para los que cose!

Cómo lograr esa belleza

Aún más asombroso es que ustedes y yo podamos enviar el mismo poderoso mensaje de amor. Los miembros de nuestra familia se verán bendecidos cuando nos preocupemos por preparar y proveer lo que necesiten para el futuro. Así como la mujer hermosa de Dios, armada con su calendario y su lista de tareas, se toma el tiempo para anticipar las necesidades futuras de su familia y prepararse para ellas, nosotras podemos hacer lo mismo. Aquí les ofrezco algunos ítems para colocar primeros en la lista de tareas.

Nº 1. Determinen las necesidades futuras. Extiendan un almanaque de todo un año y determinen lo que necesitan hacer. Piensen en el trabajo de mantenimiento que necesita hacerse en la casa: prepararla para el invierno, prepararla para el verano, limpiar los tapizados, las cortinas y las alfombras. Guardar la ropa de lana con naftalina. Pedir leña para el hogar.

Luego, piensen en las tareas al aire libre. ¿Tienen una piscina que hay que vaciar, rosales que podar o desagües que limpiar? ¿Cuándo necesitan preparar el jardín, plantar las semillas y enterrar los bulbos?

¿Y qué acontecimientos familiares se aproximan? ¿Hay graduaciones, casamientos, o alguien va a tener un bebé? ¿Marcaron todos los cumpleaños y aniversarios en su almanaque? Ustedes ya saben que tienen que prepararse para el Día de Acción de Gracias y Navidad y Pascua, y las vacaciones. Y la lista sigue con las preparaciones antes de que comience la escuela, reuniones escolares, invitados especiales para cenar, reuniones familiares, etc., etc.

Marquen todos los eventos futuros esperados y todas las necesidades en su calendario. Su meta es, como la era de la mujer hermosa de Dios, ver a lo lejos, mirar hacia delante a través de los ojos del amor y, actuando con sabiduría, ¡prepararse!

Nº 2. Prepárense para las emergencias. Este ítem no me lo tomaba muy en serio, pero después que sufrimos en 1994 un terremoto de 6.8 en el sur de California, pasó a primer lugar. Nos agarró sin ninguna linterna, así que ahora tenemos una en cada habitación... y bolso... y cajón... y valija... y automóvil. ¡Y nunca salgo de mi casa sin una!

Pero este llamado a prepararse corresponde a todos en todas partes, no sólo a los que viven en lugares donde ocurren terremotos. Mis padres viven en una zona de tornados, y están preparados. Mi hija Courtney vive en Kauai (¿acaso les suena el "huracán Iniki"?) y ahora vive en Fort Collins, Colorado, donde justamente ayer sufrieron la devastación de una mortal inundación repentina. ¿Viven en una pintoresca región nevada, donde podrían producirse avalanchas? ¿O junto a las hermosas orillas de un río, cuyas aguas podrían desbordarse con demasiada lluvia?

Permítanme repetir lo mismo: Todos necesitan prepararse para una emergencia. Todas nosotras necesitamos practicar lo que debemos hacer en caso de un incendio, determinar planes de emergencia y reunir provisiones de primeros auxilios, alimentos de emergencia y agua. La mujer hermosa de Dios "no tiene temor" (versículo 21) porque ella está *preparada* y, con un poco de preparación, nosotras podemos experimentar la misma paz que ella.

Nº 3. Cuidado de la ropa. Cuando se trata del cuidado de la ropa de nuestra familia, arriba de todo en la lista debe figurar el mantener la ropa limpia. De modo que debemos escoger un día para hacer el lavado de la ropa ¡y no nos olvidemos que no habremos terminado hasta que no hayamos lavado, secado, doblado, planchado y *guardado* la ropa! La meta es proveer ropa que esté lista para usarse, y eso significa coser los botones que estén flojos o que se hayan caído. Vean también que la ropa esté protegida—con naftalina, guardada, y cubierta—cuando sea necesario. El valor efectivo de la ropa se suma. ¡Y si no, pregúntenle a su agente de seguros! En la época de la mujer de Proverbios 31, la ropa era realmente utilizada como dinero para depósitos y comercio (Proverbio 20.16).

Nº 4. Consideren la calidad. Así como los infantes de marina sólo necesitan "unos pocos hombres buenos", su familia sólo necesita un poco de ropa buena. Es obvio (por el color escarlata) que la mujer hermosa de Dios se preocupaba por proporcionar ropa de calidad a su familia, no cantidad.

Nº 5. Consideren la comodidad. La comodidad, protección, abrigo y salud de su familia son, sin duda, una gran preocupación para ustedes, y la mujer hermosa de Dios comparte con ustedes esa misma preocupación. De hecho, no hay duda de que su preocupación por la comodidad de su familia es el motivo detrás de las vestiduras escarlata. La ropa es roja, de doble grosor, y de alta calidad por una razón solamente: ¡Un abrigo semejante era abrigado así como hermoso: una bendición doble!

Nº 6. Consideren la belleza. La mujer que es hermosa a los ojos de Dios modela sus normas para nosotras en todo lo que hace, incluyendo la manera en que proporciona ropa para su familia. Como ella es una tejedora y artista profesional, ¿no piensan que la ropa que ella daba a su familia sería hermosa? Obviamente era colorida y fina, tejida intrincadamente con cuentas, joyas e hilos de oro (Proverbio 31.21, 22, 24). Pero conociendo las virtudes de la mujer de Proverbios 31, estoy segura de que su expresión de belleza no era nunca cargada. La ropa que ella hacía era simplemente otra expresión de su gran amor, el cual podemos también expresar a nuestra familia desde nuestro propio corazón.

Ahora, mis queridas lectoras, no puedo abandonar este tema sin antes relatarles la historia de mi amiga LaTonya, una madre de cinco niñas pequeñas. Cuando la veo con su esposo sonriente y esas cinco hijas divinas con sus preciosos vestidos los domingos a la mañana, me alegra el día. No me puedo imaginar el tiempo que le lleva a LaTonya trenzar, poner moños y hebillas en el cabello de sus hijas. Desde los lustrados zapatitos de charol hasta los vestidos almidonados y planchados, desde sus caritas lavadas hasta sacarles brillo y su cabello reluciente a sus pequeños bolsitos y Biblia, son como pequeños testimonios de los cuidados amorosos de LaTonya. Su familia está muy bendecida por la devoción de LaTonya para proveer lo que necesitan. Nuestra familia lo estará también.

Una invitación a la belleza

Al principio, un capítulo sobre la ropa y la preparación no parece demasiado importante, ¿verdad? Pero, mis queridas, este capítulo es otra virtud más que posee esta mujer que es hermosa a los ojos de Dios. Trata sobre la preparación.

Ante todo, sepan que el trabajo de preparación es importante para Dios y que él nos guiará en el planeamiento del mismo. Después de todo, él provee para nosotras. Su nombre mismo es "Jehová-jireh, el Señor proveerá". Cuando proporcionamos a nuestros seres queridos lo que ellos necesitan, reproducimos este aspecto de su carácter, y nuestra provisión se hace más llevadera—si no más abundante—cuando planeamos y preparamos. Segundo, cuando trabajamos para proporcionar ropa a nuestra familia y cuando preparamos lo necesario para sus necesidades futuras, nuestras acciones pronuncian un mensaje en voz alta de amor. Entonces, habiendo preparado para las estaciones de la vida y habiendo colocado nuestra confianza en nuestro Dios compasivo, amoroso, generoso, y todo suficiente, nunca habrá un lugar en nuestro hogar donde temer. Bendecidos por nuestras preparaciones *y* por las provisiones de Dios, nuestros seres amados están doblemente bendecidos.

-15-

Un tapiz de hermosura

SUS ARTESANÍAS

"Las colchas las cose ella misma,
y se viste de púrpura y lino fino".
Proverbio 31.22

Antes de que echemos nuestra primera—y única—mirada a la mujer que es hermosa a los ojos de Dios haciendo esta vez algo para ella misma, deseo hacer una pausa y mirar el sendero que llevamos recorrido. Desde que comenzamos nuestro ascenso en el primer capítulo (¿se acuerdan de Masada?), hemos caminado paso a paso hacia la clase de belleza que complace a Dios, guiadas por la preciosa mujer de Proverbios 31.

En la hermosura de su carácter, hemos visto que la mujer hermosa de Dios es verdaderamente una persona virtuosa y excelente. Hemos visto cómo su fortaleza mental y física le permite manejar adecuadamente los desafíos y exigencias de la vida diaria. Nos hemos maravillado ante su constante y profundo amor por su esposo e hijos, un amor que ella expresa por medio de sus acciones. ¡Para ella, ningún sacrificio en bien de ellos es demasiado costoso! Y en vez de detenerse en el umbral de su casa, su amor se extiende más allá de su familia a los necesitados dentro de su casa y en la comunidad. No dudamos de su maravillosa administración, creatividad y su asombrosa inteligencia.

Como he mencionado anteriormente, la mera supervivencia en sus tierras destituidas era algo monumental para la gente del Antiguo Testamento. Pero hemos visto a esta mujer, que es un ejército de virtudes, proveer no sólo lo esencial para la existencia, sino proveer en abundancia—tanto que ella tiene suficiente para dar a los pobres y para vender a aquellos que tienen el dinero para comprarlo. Ahora, habiéndose ocupado de los alimentos y ropas necesarias, dirige su atención a la decoración del hogar. Podemos echarle una mirada a la casa de la mujer hermosa de Dios e incluso echarle una mirada a ella misma. Pero no deseo adelantarme al texto. Primero veamos su hermoso hogar.

La casa hermosa

¿A qué mujer no le encanta poner linda su casa? ¡La mujer hermosa de Dios no es diferente! De hecho, ¡ella supera a todas (Proverbio 31.29)!

El Proverbio 31.22 dice: "Ella se hace tapices" (RVR60). Al principio nos parece que la oración está describiendo su guardarropas, pero los "tapices" son en realidad el amueblado de su casa. Algunos de los traductores de la Biblia dicen que estos tapices son alfombras, acolchados tejidos y tapizados.[83] La Nueva Versión Internacional dice: "Las colchas las cose ella misma".[84]

Como hemos visto, los tejidos tenían un rol importante en la vida de la mujer hermosa de Dios y en la cultura de Palestina. Una artista creativa con un producto final en mente, ella recogía lana y lino y luego trabajaba los materiales en crudo para transformarlos en materiales utilizables. Pasándose muchas noches con el huso y la rueca, hilaba la lana y el lino en madejas de lana e hilados. Luego, los tejía para crear telas fantásticas que sólo un artista podía imaginar, y los utilizaba para vestir a su familia—en el rojo de la realeza, ¡ropas dignas de un rey! Pero ella tenía sobras de lana, de tela, de creatividad y de energía. De modo que, ¿por qué no confeccionar tapices de belleza para la casa, tapizados dignos también de un rey?

De modo que, con las manos atareadas y con el corazón desbordando de amor, la mujer hermosa de Dios comienza a fabricar telas para almohadas, colchas, almohadones, cortinas, alfombras, tapices para colgar en la pared, manteles, carpetas, felpudos, y telas de tapicería para adornar su hogar. Nuestra hermosa tejedora confecciona y diseña también servilletas, toallas de mano, sábanas, cobertores, frazadas y cubrecamas. Una gran variedad de colores, texturas, diseños y estilos agregan belleza y calor a su casa de piedra, transformándola en una delicia para los sentidos. ¡Ella es verdaderamente una artista! ¡Cada una de sus manualidades es una obra de arte!

Este hecho está apoyado por una imagen oculta en las palabras del versículo 22 y creada por medio de la palabra *hace* ("Ella se hace tapices"). Nuestra mujer de Proverbios 31 hace los tapices en el sentido básico: usa sus manos para hacer esta ardua tarea. Pero *hacer* significa también "extender" o "adornar". El lenguaje hebreo pinta la imagen de una atractiva cama de comodidad y lujo.[85] Cuando la mujer hermosa de Dios termina, su cama está "cubierta" con almohadas, colchones, colchas y tapices tejidos de hermosos colores.[86] Sin duda alguna, ¡toda su casa está "adornada" y es una rica tapicería de belleza!

Examen de belleza

Antes de alejarnos de la casa y hogar de la mujer de Proverbios 31, echemos una mirada a nuestra propia casa y a los tapices de hermosura que estamos tejiendo para ella.

Control nº 1. Fingiendo que somos una visitante. Caminen por su casa. ¿Qué ven? ¿Qué notaría un invitado? ¿Qué humor suscita su hogar? ¿Qué les place de lo que están viendo—y qué desearían cambiar? ¿Hay algo desagradable a los ojos? ¿Desorden? Como amas de casa, ustedes están en el lugar apropiado para generar impresiones poderosas y crear una atmósfera de bienvenida y un ambiente hermoso.

Control nº 2. Planeen varias mejoras en su hogar. La mujer hermosa de Dios es sin duda una persona que se arregla muy bien para hacer las cosas ella misma. Ténganlo en cuenta mientras que pasen revista a su casa. ¿En qué proyectos están trabajando? En este momento, yo estoy buscando por todas partes unas sábanas con un estampado de cachemira rojo para hacer cortinas para las ventanas de mi oficina. ¿Acaso necesitan sus armarios una mano de pintura o barniz? ¿Hay manchas de grasa en la alfombra que podrían sacarlas con un poco de esfuerzo? ¿Necesitan las ventanas una buena limpieza? ¿Qué arreglos han estado posponiendo?

No todas las mejoras en la casa cuestan dinero. En realidad, la mejora más importante de todas es limpiar y ordenar. (¡Cuando termine este libro, pienso ordenar mi ropero! ¡Me siento mal con tan sólo escribir sobre el desorden!) Algunas de las reformas más importantes provienen del corazón y la mente. Estoy hablando de poner una flor sola en un florero; exhibir un objeto de color o algo interesante; reacomodar los muebles; agregar adornitos a la mesa del living; y utilizar algunos tesoros personales para añadir un toque personal y único al decorado.

Control nº 3. Consulten con su esposo. La mujer hermosa de Dios tiene sus prioridades en orden. El primer ítem en su lista es la ropa para su familia. Después viene la casa. Estén seguras, después de consultar con su esposo y la chequera, que éste es el momento adecuado para gastar dinero en la decoración del hogar. Después de todo, ¡la mujer hermosa de Dios sabe cómo esperar (Proverbio 19.2)!

Control nº 4. Agreguen un poco de tiempo extra. Y me refiero en casa, no en la oficina. La mujer hermosa de Dios trabaja mucho y hasta tarde (Proverbio 31.18). De modo que aparten un sábado o una noche o dos para un proyecto de mejora de la casa.

Donde sea que residan, será una expresión de *ustedes—sus* virtudes, *sus* habilidades, *su* amor. Quizás no puedan determinar la clase de hogar que tengan, pero pueden determinar su belleza. Ustedes controlan la limpieza, la organización y el orden del mismo. Escogen también los colores, los estilos y el humor reinante.

Es posible que su hogar no sea el ideal. Bueno, ¡consideren algunos de los lugares que nuestras hermanas en la Biblia llamaban hogar! Eva cuidaba un jardín. La señora de Noé administraba un arca. Sara era la reina de la tienda de campaña. Ester vivía en un palacio en un país extranjero. María pasó tiempo en un establo. La suegra de Pedro ofrecía el don de la hospitalidad en su morada de piedra. De modo que, no importa cuán a menudo cambie el sitio donde vivimos, *¡ustedes* son las mujeres hermosas con un hermoso corazón que lo convierten en un hogar! ¡*Ustedes* están a cargo de las manualidades y decoraciones que hacen que su residencia sea un "Hogar, dulce hogar"!

Cuando éramos misioneros en Singapur, me enfrenté a un gran desafío como ama de casa. Allí, ambas casas donde vivimos eran de cemento: paredes, pisos y techos. (¡De hecho, cuando limpiábamos la casa, simplemente prendíamos la manguera y lavábamos la casa de arriba abajo con ella!) Allí en el ecuador, lejos de la familia y los amigos, "construí", de todas maneras, mi hogar, dándole todos los toques de calidez y de amor que me fuera posible darle (Proverbio 14.1). Luego, cuando regresamos a los Estados Unidos, nos enfrentamos a más desafíos, mudándonos cuatro veces en apenas dos meses y durmiendo en bolsas de dormir sobre el piso en dos de esos lugares. ¡Pero cada lugar era nuestro hogar, porque yo estaba decidida a que así fuera! Hasta cuatro bolsas de dormir, alineadas sobre el piso, pueden ser algo hermoso en un lugar que convertimos en nuestro hogar.

Un toque de distinción

¡Por fin! Todos están bien cuidados. Los necesitados tienen abrigo. Los miembros de la familia están deslumbrantes en sus ropas rojas. La casa está hermosa y capaz de ministrar amor y paz a todos los que surcan el umbral. Ahora ha llegado el momento en que la mujer hermosa de Dios piensa en lo que ella vestirá. Llegó el momento de ponerse los adornos apropiados para ese momento en su vida y sus medios.

Primero vemos que "se viste de púrpura y lino fino" (Proverbio 31.22). Como la artista y la gran dama que es, ella le da a sus prendas un toque de distinción. La mujer hermosa de Dios merece lino fino y púrpura—y estos se convierten en ella. Como mujer virtuosa, sabia, fuerte y digna, ella es justamente el calibre de mujer que debería vestir tales prendas de la realeza. Su ropa es simplemente un reflejo de su carácter.

El Proverbio nos informa que su ropa estaba confeccionada con lino fino, la tela que ella hila de su lino. La elegancia ha emergido al coserla, y ahora, cuando la tocan los rayos del sol, el lino blanco y fino reluce como la seda. Lo que ella crea para usar revela su vestidura interior de "fuerza y dignidad" (versículo 25).

También nos enteramos de que sus ropas son púrpura, teñidas con una tintura poco común y valiosa extraída en minúsculas cantidades de un crustáceo que se encuentra en las costas orientales del Mar Mediterráneo.[87] La mujer hermosa de Dios probablemente cambió sus artesanías por esta tintura única y de gran valor cuando los barcos mercantes ingresaron al puerto. La púrpura es claramente otro indicio de su ardua tarea e inteligente administración.

Un toque de buen gusto

Toda esta conversación de gastos y exquisiteces les puede sonar a orgullosa o llamativa o frívola, pero necesitamos tener presente algunos hechos.

Primero de todo, la mujer hermosa de Dios no tiene un armario lleno de ropa. Tiene unos pocos artículos de buena calidad, cada uno de los cuales le llevó meses (o quizás un año) fabricarlo ella misma.

Segundo, Proverbios 31 es un poema de alabanza. Junto con sus muchas virtudes, ella es alabada por la belleza de su guardarropa. Sus ropas han sido cortadas de telas hechas a mano, tejidas de una manera fantástica. Ellas están adornadas con bordados detallados y son cálidas, ricas y suntuosas en cuanto a su color—y ella misma ha confeccionado todo, comenzando con lino crudo y lana (versículo 13) y terminando con vestiduras espléndidas.

Tampoco se olviden de que la mujer hermosa de Dios nunca se olvida de sus prioridades. Nunca jamás despreciaría a nadie para pavonearse. ¡Tal egoísmo no sería ni digno de alabanza ni tampoco hermoso! Ella se coloca justamente a lo último de todo.

Por último, recuerden que esas palabras de Proverbios 31 son las palabras de otra mujer noble. ¿Y quién conoce mejor a una mujer que otra mujer? La madre del rey Lemuel se esfuerza por decirle cómo debería vestirse la mujer de sus sueños. Esta sabia madre se concentra en:

- La *posición* social que mantiene la mujer hermosa de Dios. Ella es una mujer que posee dignidad, riquezas y alto rango, y su ropa es la adecuada para ese momento de su vida.
- Su *práctica* del trabajo difícil y la administración talentosa que rinde beneficios en una manera práctica. Ella tiene las finanzas necesarias y está dispuesta a invertir el tiempo y el esfuerzo para vestirse acorde a su posición.
- Su *estatus profesional.* mientras que ella navega por los pasajes empedrados que se entrecruzan en Jerusalén, es una publicidad ambulante de su artesanía talentosa. Por cierto, una modista nunca debería andar mal vestida.
- Su *carácter digno de alabanza.* La mujer virtuosa está vestida en lo que habla de su verdadero carácter y dignidad.

Con esta perspectiva en mente, nos unimos con todo gusto a la madre del joven príncipe que exclama: "¡Sean reconocidos sus logros, y públicamente alabadas sus obras!" (Proverbio 31.31). Esta mujer que es absolutamente hermosa a los ojos de Dios se merece verdaderamente sus mejores galas.

Cómo lograr esa belleza

Considerando lo que Dios nos está diciendo a nosotras en el Proverbio 31.22 sobre nuestro vestuario personal, creo que su mensaje se reduce a tres ideas principales.

1. Nuestro cuidado: El cuidar nuestra ropa es tan importante como las ropas en sí. El nivel de nuestros cuidados se revela en el zurcido de un agujero, la costura de un botón, la limpieza de una mancha, el lavado de la ropa sucia, y (no nos olvidemos de ese último punto que es el más importante) el planchado de las arrugas y el marcado de los pliegues. La forma en que cuidamos nuestra ropa revela algo de nuestro carácter y lo que valoramos. De modo que examinemos la condición general y la apariencia en conjunto de nuestra ropa. ¿Qué mensaje podríamos estar enviando a través de la manera en que cuidamos la ropa? La belleza comienza con la pulcritud y el orden.

2. Nuestra reflexión: No somos las únicas personas afectadas por nuestra apariencia. Cómo nos vestimos y qué aspecto tenemos envía un mensaje a nuestra familia también. Cuando mantenemos un cierto nivel de pulcritud y dignidad en público, podemos ser un reflejo positivo de nuestro esposo y su nombre, su reputación y sus hijos.

El esposo de la mujer hermosa de Dios "es respetado en la comunidad" (versículo 23), pero no como el pobre hombre que está casado con una mujer descuidada o cuya vida es un desastre. "¡El título Sra. delante de su nombre no quiere decir *sin remedio alguno!*"[88] [Adaptación libre del traductor.]) No, el marido de la mujer de Proverbios 31 es respetado en la comunidad como el hombre que está casado con una *dama*, una mujer meticulosa, graciosa, atractiva y con carácter.

Y no hay ninguna diferencia con nosotras. Cómo lucimos es un reflejo directo de nuestro esposo e hijos—e incluso de nuestros padres y de la compañía para la que trabajamos. Según la percepción que tengan los demás de nosotras, lo cual se puede basar en nuestro aspecto, ellos podrán formar sus opiniones de toda nuestra familia. Siendo ése el caso, yo trato de seguir este pequeño consejo: "Sé diferente, si ello significa ser más limpia, más ordenada y mejor arreglada que el grupo. Siempre será mejor ir a cualquier reunión luciendo un poquito mejor, que luciendo un poquito peor que los demás".[89]

3. Nuestras normas: Como mujeres en búsqueda de la hermosura que agrada a Dios, nosotras deseamos seguir sus normas. Y exactamente, ¿cuáles son esas normas? *La modestia* encabeza su lista, la cual continúa con la *sobriedad* (lo cual significa actuar o vestir de una manera apropiada y sensata), *moderación, discreción* y *pureza* (véase 1 Timoteo 2.9 y Tito 2.5). Esas palabras pueden sonarles a pasadas de moda, pero esas cualidades fluyen del corazón que anhela piedad (1 Timoteo 2.10). Y nuestro Señor amoroso está siempre más preocupado por el ropaje de nuestro corazón que con la manera en que vestimos nuestro cuerpo exterior, externo y físico: " Que la belleza de ustedes no sea la externa, que consiste en adornos tales como peinados ostentosos, joyas de oro y vestidos lujosos. Que su belleza sea más bien la incorruptible, la que procede de lo íntimo del corazón y consiste en un espíritu suave y apacible. Ésta sí que tiene mucho valor delante de Dios" (1 Pedro 3.3-4). ¡Amén!

Una invitación a la belleza

Ahora les ha llegado el turno para expresarse de manera creativa en la belleza del hogar y de sus ropas. ¡Todo a su tiempo!

La mujer de Proverbios 31 que es hermosa a los ojos de Dios es una tejedora, pero ustedes lo son también. Pueden tejer su propio tapiz de belleza allí mismo en su propio hogar—¡dónde sea que éste se encuentre! ¿Qué necesitan? En pocas palabras: amor. Con hilos de amor tejidos por manos de amor y expresando un corazón de amor, pueden creativamente transformar hasta una choza en un hogar. Esa transformación ocurre en cualquier sitio y en cualquier momento en que su corazón y los trabajos que hagan a mano se encuentren.

Sepan entonces, mis queridas tejedoras de belleza, que Dios nos ha dado oportunidad tras oportunidad de expresar no solamente nuestro amor sino de ser creativas al expresar ese amor. Las decoraciones de la casa y el guardarropa pueden bendecir a muchos mediante su belleza. Leemos en los Salmos que "los cielos cuentan la gloria de Dios, el firmamento proclama la obra de sus manos" (Salmo 19.1). En una escala menor, la obra de nuestras manos puede también darle gloria a Dios *y* proclamar algo de su belleza. ¡De modo que pongamos nuestro corazón en marcha, nuestra mente a hilar, y nuestros dedos a trabajar y veamos qué obras podemos generar para glorificar a nuestro maravilloso Dios!

-16-

Un hombre influyente

SU ESPOSO

"Su marido es conocido en las puertas,
Cuando se sienta con los ancianos de la tierra".
Proverbio 31.23 RVR60

A pesar de que nuestra cultura pueda no valorarlo, uno de los roles más importantes de la esposa es apoyar a su marido. Una mujer que sea hermosa a los ojos de Dios sabe cómo hacerlo. Permítanme darles un ejemplo de Susannah Spurgeon, la esposa de Charles Spurgeon, renombrado predicador del Tabernáculo Metropolitano de Londres. Su ministerio era floreciente, pero él se preocupaba de que quizás estuviera descuidando a sus hijos, de modo que un cierto día regresó a su casa antes de lo normal. Al abrir la puerta, se sorprendió de no encontrar a ninguno de los niños en el hall de entrada. Al subir las escaleras, escuchó la voz de su esposa y supo que estaba orando con los niños. Ella los nombró a cada uno en oración. Cuando terminó de orar y de darle las instrucciones nocturnas a sus pequeños, Spurgeon pensó: "Puedo proseguir mi tarea. Mis hijos están bien cuidados".[90] ¡Imagínense! Debido a su fidelidad y diligencia en casa, la Sra. Spurgeon le dio al mundo Charles Haddon Spurgeon, cuyas palabras siguen impactando y cambiando el corazón de muchas personas aún hoy día, y cuatro hijos que fueron también pastores.

Casada con un hombre de influencia

En este punto de Proverbios 31, finalmente aprendemos algo sobre el esposo de la mujer hermosa de Dios. En el versículo 11 nos lo presentaron como un esposo confiado que descansa su alma apaciblemente en el carácter de su esposa hermosa a los ojos de Dios. Él es el hombre afortunado a quién ella está entregada para darle bien todos los días de su vida (versículo 12). Hemos sido testigo de las comidas que ella le prepara (versículo 15) así como de la administración de su casa (versículo 15) y de las finanzas (versículo 11). Y, gracias a sus artesanías, él está espléndidamente vestido en escarlata (versículo 21). "Mujer ejemplar, ¿dónde se hallará (versículo 10) ?" Bueno, este hombre la ha encontrado. ¡Dios lo ha honrado con una de sus verdaderamente hermosas mujeres!

Aparte de ser ricamente bendecido por Dios a través de su esposa, este hombre es una bendición para muchos. Porque vean, él es un hombre de influencia. Permítanme explicarles.

"Su marido es conocido en las puertas, cuando se sienta con los ancianos de la tierra" (Proverbio 31.23). En la época de la mujer de Proverbios 31, las ciudades estaban amuralladas para gozar de protección, pero las puertas estaban permitidas para la entrada y la salida. Estas entradas con puertas contenían una o más habitaciones grandes construidas en el muro de la ciudad. De hecho, cada vez que Jim y yo visitábamos alguna ciudad de considerable tamaño, veíamos la evidencia de las gruesas murallas de piedra que solían protegerla y las muchas puertas con amplias habitaciones. Algunos de esos compartimientos eran apartados como habitaciones para los guardias, completos con un pozo de agua, un lugar para hacer fuego, y escaleras interiores que los llevaban hasta la parte de arriba del muro. Otras habitaciones servían como oficinas de los funcionarios gubernamentales.

Y, ¿qué ocurrió exactamente en las puertas cuando pasaban los habitantes del pueblo por ellas en su ir y venir diario? En la frescura y protección de esas habitaciones de piedra, se tomaban las decisiones legales y gubernamentales. Se hacían las deliberaciones. Se acordaban los asuntos políticos. Se leían las proclamaciones y edictos oficiales. Se tramitaban los asuntos del bienestar público. Se administraban los fallos. Se decidían las cuestiones legales.

Éste es el lugar donde se lo "conoce" al esposo de la mujer de Proverbios 31 (versículo 23). En realidad, sabiendo que es un hombre de buena reputación, él "se sienta con los ancianos de la tierra". Claramente, él hace una notable contribución a la vida pública. Reconocido como un líder, él está en una posición que influye la vida de la comunidad. Puede tener incluso un asiento en las puertas, lo cual significa su estatus como un hombre de importancia y un apto consejero. Puede haber sido uno de los ancianos, el cuerpo de justicia que gobernaba la tierra. Este grupo prestigioso se reunía a diario a las puertas de la ciudad para tramitar todo asunto público o decidir casos que la gente les traía.[91] Sea cual fuere la situación específica, vemos que esté hombre es muy conocido porque se sienta en las cámaras del concejo con los otros líderes cívicos respetables que están conduciendo los asuntos legales.[92] Un ciudadano honrado, los habitantes del pueblo y los funcionarios de su comunidad lo estiman mucho y es por lo tanto un hombre de influencia.

Detrás de todo hombre bueno

¿Se recuerdan el entorno para la enseñanza de Proverbios 31.10-31? Un joven príncipe—un líder en formación, un futuro rey, un gobernador en proceso, un futuro hombre de influencia—está aprendiendo el abecedario de la vida (Proverbio 31.1). Su madre, sabia y hermosa a los ojos de Dios, está casada también con un líder, un rey, un gobernante, un hombre de influencia. De modo que, como maestra apasionada que es, le ha estado describiendo a su joven hijo la clase de esposa que necesita todo hombre de influencia. Hasta este momento, hemos visto que esta mujer ha de ser digna para un rey, tan poderosa y efectiva en su campo como lo será él en el suyo y, como él, ganando el respeto y la estima de la comunidad a la que sirve. Claramente, la madre sabia y piadosa sabe que detrás de cada hombre bueno existe una mujer buena. (Como diría un "proverbio" más moderno: "Por lo general, cuando un hombre sube la escalera del éxito, la esposa le sostiene la escalera".)

Cuando pienso en el marido y la mujer descritos en Proverbios 31, pienso que son como dos sujetalibros. Ambos son pilares en la comunidad, ambos son conocidos en las puertas de la ciudad (versículo 23 y 31), y ambos están entregados a lograr el bien de los demás (versículo 20 y 23). A pesar de que sus esferas de influencia son diferentes, ambos exhiben el mismo carácter virtuoso, mientras que viven con el mismo propósito: servir a los demás. "Más valen dos que uno" (Eclesiastés 4.9). Como evidencia de ello, consideren cómo ambos trabajan juntos.

- Él contribuye a la comunidad; ella es su ayuda idónea (Génesis 2.18).
- Él tiene éxito en el campo de la administración de la ciudad; ella tiene éxito en el campo de la administración de la familia y el hogar.
- Él está feliz en su trabajo; ella está feliz trabajando en casa.
- Él es respetado y estimado; ella preserva y acrecienta su honor mediante su conducta y ejemplo.
- A él se lo respeta como un ciudadano sólido y de influencia; ella le aporta prestigio.
- Él es un consejero, un hombre con sentido común e ideas no muy comunes; ella habla con una sabiduría llena de afecto.
- Él ejercita su influencia en la vida de la comunidad en las puertas de la ciudad; ella influencia la comunidad desde su casa.
- A él se lo conoce por su carácter sólido y sus importantes contribuciones; a ella también.
- Él ha adquirido una cierta riqueza mundana y estatus social; ella mejora su situación financiera así como su prestigio social por medio de lo que ella le significa y lo que hace por él como esposa.

- Él ha alcanzado sus metas profesionales; ella lo ha ayudado a lograrlo mediante su diligencia y frugalidad.
- Él ha ganado prestigio; ella es respetada por sus artesanías creativas.
- Él es un hombre virtuoso; ella es una virtuosa mujer.
- Él está coronado de honra; ella es su corona (Proverbio 12.4).

Una mujer influyente

Ay, mis queridas amigas, es importantísimo que nosotras comprendamos la inestimable contribución que podemos brindarle a nuestro esposo mientras que él se dedica a su carrera y sirve al Señor en su trabajo. Primero consideremos cómo este hombre de influencia es el regalo de su esposa a la gente. Él está allí fuera en público. Él sale a diario de su casa, yendo tras el plan de Dios para su vida y aportando beneficios a la comunidad, ¡si no al mundo entero!

Sin embargo, detrás de él se encuentra esta hermosa y maravillosa mujer. Una de las razones por las cuales él puede lograr éxitos y prosperar en su posición de influencia es el hecho de que no tiene ninguna preocupación en casa. De hecho, su honorable y próspero hogar mejora aún más su reputación. Gracias al carácter de su *esposa* y *su* habilidad para manejar el hogar, *él* puede servir en su cargo de influencia. *Ella* le posibilita a *él* sentarse a las puertas, junto con los ancianos de la tierra. El hogar bien ordenado que *ella* administra, refleja de manera positiva en su esposo, mientras que *él* aumenta sus riquezas mundanales y su poder social. Además, la diligencia de *ella* y sus ahorros en el hogar le han permitido a *él* tener sueños y concretarlos. La influencia que ha tenido nuestra hermosa mujer en su marido lo ha ayudado sin lugar a dudas a convertirse en un hombre influyente en la comunidad.

Ahora deseo preguntarles si ven al servicio de su esposo "allí fuera" como su obsequio a las personas que él sirve. Después de todo, *ustedes* son las que le dan a él todo lo que necesita y las que lo envían para que sea una bendición a los demás. Él es *vuestra* contribución a la sociedad, a la compañía para la que trabaja, a sus compañeros de trabajo, a sus clientes, a sus alumnos, a su rebaño, o a lo que sea.

Y él es vuestra contribución aun cuando ustedes trabajen o se pasen cada minuto del día en casa. Ustedes no lo apoyan para ganarse un sueldo. Vuestro apoyo es un asunto del corazón y del hogar; el asunto es cómo se ocupan de él, de su hogar, de sus hijos. Tiene que ver con la hermosa contribución que hacen para su bienestar.

Cómo lograr esa belleza

¿Exactamente cómo hacemos esa valiosa contribución? ¿Cómo apoyamos a nuestro esposo y embellecemos su vida? Aquí les doy algunas ideas.

1. Alábenlo. Todos los seres humanos aprecian las palabras de alabanza sincera, y su esposo no es diferente a los demás. De modo que, como dice el Proverbio 3.27: "No niegues un favor a quien te lo pida, si en tu mano está el otorgarlo". El alabar a vuestro marido está sin duda en el poder de sus manos—y del corazón y de la boca. Así que háganlo a diario (Proverbio 31.12). Como alguien ha dicho humorísticamente: "Cuando esté muerto, no lo podrá leer sobre la lápida".

2. Anímenlo. Todos los seres humanos, incluyendo a su esposo, aprecian el estímulo. La corrección puede ayudar, pero el estímulo puede mucho más, como se dio cuenta un esposo anónimo. Maravillándose de su esposa, él escribió: "¡Tú ves un rasgo oculto, que lucha; estimúlalo y haz que sea magnífico!" El Proverbio 12.25 dice: "La angustia abate el corazón del hombre, pero una palabra amable lo alegra". Una palabra amable de ustedes le da a su marido la valentía necesaria para enfrentar los desafíos de la vida. De modo que abran esa boca hermosa y pronuncien palabras de sabiduría y generosidad. ¡Permitan que el amor y el estímulo fluyan (Proverbio 31.26)!

3. *Cuiden a su matrimonio.* La verdad no es muy romántica, pero en caso de que no se hayan dado cuenta, el matrimonio cuesta trabajo. Martín Lutero observó: "El matrimonio no es broma. Requiere esfuerzo y oración".[93] Como esposas, ustedes están llamadas a orar por su esposo y a respetarlo (Efesios 5.33). Una de las traducciones bíblicas lo explica de esta manera: "Que la esposa vea de respetar y reverenciar a su esposo: prestarle atención, considerarlo, honrarlo, preferirlo, venerarlo y estimarlo; y que vea de reverenciarlo, alabarlo, y amarlo y admirarlo excesivamente".[94] Esto es mucho pedir, pero es una orden para el resto de nuestra vida. Si acatamos este llamado de Dios, seremos hermosas esposas—esposas que disfrutamos un hermoso matrimonio.

4. *Cuiden a su familia.* El esposo de la mujer de Proverbios 31 es un hombre influyente en su trabajo y en su comunidad porque su esposa es una mujer influyente en el hogar. Y aquí encontramos otro llamado de Dios—y otra de sus normas de belleza: Debemos cuidar a nuestra familia. Tenemos que tomar en serio las comidas, el horario, la ropa, el consejo y adiestramiento de nuestros niños. Al manejar nuestro hogar con tranquilidad y eficacia, contribuimos a la reputación pública de nuestro esposo y también a su utilidad en la iglesia (véase 1 Timoteo 3.4-5). ¡Nada acredita más a un hombre que una esposa que sea hermosa a los ojos de Dios y una familia que se comporte de maravillas!

5. *Ocúpense del hogar.* Estén seguras de que todo funciona bien en la casa. Busquen la gracia de Dios para que las ayude a manejar los problemas diarios e incluso los desafíos inesperados de la vida. Pidan al Señor que las ayude a deleitarse mientras están atentas a la marcha del hogar (versículo 27).

6. *Cuiden las finanzas.* El manejo sabio del dinero es un obsequio a nuestro esposo. Le adquiere una cierta libertad financiera, lo cual le permite hacer un trabajo que sea acorde a sus talentos y su corazón y no tener que elegir cualquier trabajo por necesidad. Guardando a nuestra familia día a día, y no gastando de-

masiado, aumentando los ahorros e incrementando las ganancias, vamos tras los pasos de la mujer hermosa y sabia de Dios.

7. *Dejen que se vaya.* Cuando Jim comenzó a servir en el personal pastoral de la iglesia, luché por acostumbrarme a sus ausencias, sus llegadas tarde, y las llamadas los siete días de la semana. Las siguientes palabras de la oración de entrega de una esposa me demostraron una mejor manera de apoyar y servir a Jim; me ayudaron a dejarlo ir.

> Dios... declaro nuevamente que mi esposo te pertenece a ti, no a mí. He renunciado a mis derechos sobre él: todos los derechos a su tiempo, su comprensión, su atención, su amor. Tomaré lo que tú devuelvas como privilegios para disfrutar y para tu gloria en tanto consideres que es bueno darnos esos privilegios.
>
> Rechazo todo pensamiento de autocompasión, crítica, celos o resentimiento que me acechan cuando se me niegan esos preciosos privilegios: cuando otros toman todo su tiempo... cuando parece haber fracasado en cuanto a su consideración y su amor.
>
> Señor... toma la vida de mi esposo y úsala como te parezca conveniente que él la use, sin tener en cuenta las desventajas que eso signifique para mí personalmente.[95]

Estas palabras expresan una actitud mucho más hermosa que aferrarse, lloriquear, quejarse, regañar y envidiar el tiempo que tiene nuestro esposo para hacer lo que tiene que hacer.

8. *Apoyen sus sueños.* La esposa de un pastor que yo admiro me ayudó mucho cuando Jim y yo comenzamos el seminario para prepararnos para el ministerio. Cuando le pregunté cuál era el mejor consejo que tenía para mí en mi situación, me respondió con una carta de cuatro páginas. Su consejo sabio incluía lo siguiente: "Sueña con tu esposo cuáles serán los efectos de su ministerio. Compartan juntos las expectativas y el entusiasmo. Más adelante, los objetivos que establecieron emergerán de 'el sueño'. Los animará durante los momentos áridos y difíciles y les ayudará

a permanecer fieles al Señor, siempre en búsqueda de lo mejor para él. 'El sueño' mantiene nuestros ojos puestos en Dios y no en las situaciones de todos los días".

Estas palabras expresan una actitud que debe ser sin duda hermosa a los ojos de Dios. Así que, sea cual sea el trabajo de su esposo, su lugar de empleo, su esfera de influencia, vuelquen su fuerza en él apoyándolo en vez de ignorarlo, de menospreciarlo o incluso de reírse de sus sueños.

9. Dense cuenta de que su conducta se refleja en él. El esposo de la mujer de Proverbios 31 "es conocido en las puertas" (versículo 23) por tener, entre otras cosas, una esposa digna. ¿Es ésa una de las razones por las cuales se lo conoce y respeta a su esposo?

Una invitación a la belleza

¿No les parece que el Proverbio 31.23 es un versículo bello y poderoso de las Escrituras? Si están casadas, espero que se den cuenta de que ustedes y su esposo no son dos entidades separadas que van tras dos causas separadas en dos direcciones diferentes. No, son como un par de sujetalibros. Están juntos como una unidad, enfrentando juntos y administrando juntos todas las facetas y desafíos, todas las causas e inquietudes, todas las oportunidades y sueños que conjugan vuestra vida en común. Alégrense de que son iguales en cuanto a vuestra influencia y contribución, a pesar de que lo expresen en distintos campos de acción. Alégrense cuando su esposo es el centro de atención, cuando sobresale, cuando lo reconocen y honran. Alégrense en el privilegio de seguir los pasos de Jesús y dar su vida por su esposo en amor sacrificado, haciendo el supremo sacrifico de ustedes por él.

Al enfrentar este desafío, las invito a orar y pedir a Dios que las ayude a apoyar a su esposo de manera que lo fortalezcan y glorifiquen a Dios. Tomen el compromiso del Proverbio 31.12 de ser fuente de bien para su esposo todos los días de su vida mediante la alabanza, el estímulo, el fortalecimiento del matrimonio, el servicio a la familia, el cuidado de la casa, la atención a las finanzas, el apoyo a sus sueños, y la oración por su éxito—para que él pueda ser un hombre de influencia piadosa en su trabajo y en su comunidad.

-17-

Una profesional creativa

SU LABORIOSIDAD

"Confecciona ropa de lino y la vende;
provee cinturones a los comerciantes".
Proverbio 31.24

Me encanta escuchar historias del éxito de artistas y empresarios. (De hecho, tengo carpetas llenas de esos admirables relatos.) Cada vez que escucho hablar de alguna mujer que nuestra sociedad tilde de "exitosa", me pregunto: "¿Cómo ocurrió? ¿Qué pasos tomó para lograrlo? ¿De dónde provienen sus conocimientos y habilidades?" Curiosamente, a medida que escucho el relato, emergen dos elementos esenciales para el éxito: Ella desarrolló *algo personal* y lo convirtió en *algo profesional*.

Mientras que escribo este capítulo, el nombre *Martha Stewart* se ha convertido en una palabra y marca registrada muy conocida en los Estados Unidos. Como quizás sepan, Martha Stewart se dedica a enseñar a las mujeres como nosotras conocimientos prácticos del hogar, la decoración, la preparación de comidas, las artesanías, los regalos, y la jardinería. ¿Cuál es su meta? "Mi intención es devolverle a las mujeres una sensación de placer y logro en sus hogares".[96] Al día de la fecha, las empresas de Martha Stewart incluyen su compañía de venta por correo "Martha-by-Mail", más de 20 libros, una revista mensual, videos de instrucciones, programas especiales de televisión, y ahora, su propio programa diario de televisión llamado: "Martha Stewart Living".

Martha Stewart Inc. (algo profesional) comenzó en su casa, donde Martha Stewart aprendió conocimientos prácticos para su vida diaria (algo personal). El periódico *Los Angeles Times* reportó: "Siempre trabajadora, se devoraba los libros de cocina y lanzó su primer negocio como una empresa de servicios de comida y bebida. Convirtió lo que ella había aprendido en oro... con su primer libro *Entertaining*".[97] Nadie puede evaluar su contribución a las mujeres al ofrecer "una visión de gracia y creatividad en un mundo siempre de prisa y repleto de productos de muy mala calidad". De sus propósitos, ella comenta: "Sólo estoy intentando lograr que la vida de las personas les resulte un poco más placentera".[98]

Bueno, ustedes y yo probablemente nunca seremos una Martha Stewart pero, no obstante, podemos decidir en nuestro corazón que deseamos crear belleza en nuestro hogar para aquellos que traspasan nuestro umbral. Como la hermosa mujer de Proverbios 31, podemos desarrollar buen gusto. Nuestro hogar brinda el suelo perfecto para la alegre creatividad que surgirá como resultado. Nosotras podemos alimentar nuestras propias empresas creativas aquí y ahora, dedicando toda nuestra atención a las tareas diarias del hogar (algo personal). Con el gozo del Señor como nuestra fuerza (Nehemías 8.10), podemos transformar nuestro trabajo cotidiano en obras duraderas de arte.

El nacimiento de un negocio

Así como el diseño en un trozo de madera se repite en un corte tras otro, así el tejido está arraigado en el alma de la mujer de Proverbios 31. Sin duda, ¡es lo que le gusta! Y si no, fíjense la cantidad de veces que la madre del joven príncipe menciona los tejidos de nuestra hermosa mujer: ella anda a la búsqueda de lana y de lino (versículo 13); se sienta hasta tarde procesando sus materiales crudos a la luz de una vela (versículos 18-19); da la ropa abrigada que ha confeccionado a los pobres (versículos 20); y viste, con la obra de sus manos, a su familia, su hogar y a ella misma como la realeza (versículos 21-22).

Ahora, la madre del joven rey Lemuel señala una vez más la dignidad y belleza del talento de la mujer de Proverbios 31 como tejedora: "Confecciona ropa de lino y la vende; provee cinturones a los comerciantes" (versículo 24).

Avanzando sistemáticamente a través de este poema de alabanza, ustedes y yo hemos observado a esta mujer que es tan hermosa a los ojos de Dios expandir su esfera de influencia y trabajo. Ahora nos damos cuenta de que sus esfuerzos han superado las barreras del hogar y han cruzado los límites de la comunidad. Ella ha creado una verdadera industria que alcanza a los mercados del mundo conocido. Sus artesanías, creadas originalmente en el hogar a partir de su amor por sus seres queridos, están ahora en el centro mismo de un próspero negocio. La hermosa obra de sus manos es llevada por los barcos mercantes y las caravanas de camellos hasta los confines de la tierra. En caso de que se sintieran molestas porque ella no era una "mujer de carrera", ahora pueden ver que ella sí lo es. La venta de sus artículos a los mercados extranjeros habla de la calidad de su trabajo, explica su prosperidad, y prueba que ella es una profesional de gran creatividad.[99] ¡Algo personal se convirtió en algo profesional!

La expresión de la creatividad

Claramente, en el caso de la mujer hermosa de Dios, la creatividad que Dios le ha dado, además del deseo de mejorar las finanzas de su familia, culminaron en una profesión. Algo personal (su capacidad y deseos para su familia) se convirtió en algo profesional (su industria casera).

Y todo comenzó como una manera de canalizar su creatividad: "Confecciona ropa de lino" (Proverbio 31.24). Primero, ella misma hace la tela de lino, y luego confecciona ropa con ella. La excelente calidad de su lino hace que sea suave y útil para confeccionar ropa de cama, ropa interior, o batas tipo túnicas livianas que se usan en el verano directamente sobre el cuerpo. Sus ropas de lino eran delgadas y finas, ¡y por lo tanto costosas!

Los objetos artesanales de esta hermosa mujer incluyen también cinturones, y vemos que ella "provee cinturones a los comerciantes" (versículo 24). Como un cinto o faja, el cinturón se usaba para sostener las ropas sueltas (que aún se usan hoy día en

Israel), de modo que fuera más fácil moverse. Los cinturones de cuero eran muy comunes, pero una faja o cinturón de lino era más atractivo y más costoso, entretejido con hilos de oro y de plata y tachonado con joyas y oro. Ésas eran obra de arte que ella "les daba... a los mercaderes".

El enriquecimiento del patrimonio

Para la mujer de Proverbios 31, el negocio nació cuando algo que era personal se convirtió en algo profesional. Su empresa creció a partir de su creatividad personal *y* de su deseo personal de enriquecer su patrimonio. De modo que ella "confecciona ropa de lino y la *vende*" (versículo 24, énfasis añadido). La mujer hermosa de Dios comercializa sus productos, produciéndolos con el propósito específico del intercambio comercial. Con la intención de mejorar la situación económica de su familia y sabiendo que su mercancía es buena (versículo 18), ella saca sus artesanías manuales de su casa y las lleva a los mercados locales.

Los cinturones que les da a los comerciantes extranjeros le ofrecen una segunda fuente de ingresos. Los mercaderes cananitas y fenicios venían en caravanas y barcos a elegir los mejores productos, los más exquisitos, los más extraordinarios para llevarlos a lugares distantes, y sus cinturones ciertamente reunían los requisitos necesarios. Como mujer de negocios, ella comercia, intercambia, hace trueque, permuta, y vende sus cinturones y prendas de lino (versículo 24).

Un relato personal

Para mí en particular, este versículo ha sido un desafío especial. El pensamiento de "algo personal" que se convierte en "algo profesional" ha encendido mis pensamientos y alimentado mi energía durante mucho tiempo. Como la mujer hermosa de Dios, lo mío sencillamente ocurrió: surgió de algo que yo hacía todos los días sin pensarlo mucho. Lo "mío", mi cosa personal, era estudiar la Biblia. Me convertí al cristianismo cuando tenía 28 años. Ya llevaba ocho años de casada y tenía dos hijas de edad preescolar. Ya desde un principio, me enamoré de mi Biblia. A través de ella, Dios me dio respuestas a muchas preguntas y dirección para mi vida algo confusa. Cuando no estaba segura de algo (cómo educar a mis hijas, cómo ser una mejor esposa, cómo manejar el hogar, cómo administrar mi tiempo), la Palabra de Dios siempre tenía la respuesta. De modo que me aseguré de pasarme todos los días un rato estudiando mi Biblia.

Bueno, "ese rato todos los días" se convirtió en décadas de estudio. En los momentos de silencio en mi casa (por lo general, *muy* temprano a la mañana o a la noche después que Katherine y Courtney estuvieran durmiendo), estudiaba, leía, memorizaba, subrayaba, separaba en párrafos y temas y pasajes la Palabra de Dios. Un día, cuando me pidieron que enseñara un estudio bíblico, me di cuenta de que ya tenía el material de alrededor de diez cuadernos de ejercicios de estudio bíblico para elegir, y todos ellos se habían originado en mis ratos de devociones diarias. Cuando comencé a enseñar, utilizando los materiales que había hecho en casa temprano a la mañana, las mujeres de otras iglesias expresaron su deseo de utilizar esos materiales para sus estudios, y nacieron los Ministerios de Desarrollo Cristiano (*Christian Development Ministries*). Al poco tiempo, álbumes de cintas grabadas acompañaban a los cuadernos de ejercicios, y ahora, gracias a Harvest House Publishers,[100] muchos de esos estudios se han convertido en libros como éste.

Anteriormente les había dicho que trataran de encontrar un proyecto de Proverbios 31: algo que supieran hacer bien y que les gustara hacer para aportar algún pequeño beneficio financiero a la familia. La creación de estudios bíblicos y el escribir libros se han convertido en mi proyecto. Deseo invitarlas a encontrar un proyecto también. Vuelvan a mirar el capítulo 11 para encontrar ejemplos de mujeres de la vida real que hayan encontrado su "cosa propia". Y no se olviden de dos de las directrices de Dios, extraídas de Proverbios 31:

- *La familia viene primero*. Tengan cuidado de no descuidar a su familia para perseguir los intereses propios. Con la ayuda de Dios y un buen manejo del tiempo, podrán ocuparse de la familia y trabajar al mismo tiempo en el proyecto. Cuando su "cosa personal" (su actividad diligente, su trabajo deliberado, su atención a las finanzas de la familia, y el sabio manejo de la gente y de su hogar) lleve naturalmente, y con la bendición de Dios, a "lo profesional", todos estarán bien atendidos *y* todos se beneficiarán.

- *Denle tiempo*. Como he dicho antes, un rato cada día se va sumando a lo largo de toda nuestra vida. Cuando hacemos algo todos los días para avanzar nuestra "cosa personal", a la larga se convertirá en algo muy especial de lo cual puede nacer "algo profesional". Una de mis citas favoritas, promete que "quince minutos al día dedicados a un estudio definido nos puede convertir, después de doce años, en un maestro".[101]

Cómo lograr esa belleza

Una vez que hayan identificado cuál es su "cosa"—su "algo personal", el área donde sobresalen y se expresan a ustedes mismas—desearán de manera activa y conciente cultivar un nivel más elevado de creatividad. Aquí hay algunos criterios para la creatividad a los que trato de dedicarme cada día.

Nº 1. Actitud alerta. Para alimentar su creatividad y permanecer entusiasmadas con su proyecto, traten de prestar atención para notar cómo se expresan los demás. Manténganse al día con lo que ocurre dentro de su campo. Traten de mantenerse a la vanguardia de su "asunto". Permanezcan alerta y concientes de los esfuerzos creativos de los demás. Por ejemplo, mi amiga Judy es una artista que se mantiene motivada y estimulada mediante visitas al museo de arte del condado de Los Ángeles los primeros martes de cada mes (que es un día con entrada gratuita al museo). Otra amiga es una decoradora de interiores que pasa su tiempo caminando por casas modelo completamente amuebladas aquí en el sur de California. Otra amiga es una diseñadora que no se perdería el último número de la revista *Architectural Digest* por nada del mundo. Otra amiga artista tiene una cita semanal para tomar el té con ella misma y detenerse a pensar y estudiar su último número de la revista *Victoria*. Si permanecen despiertas y concientes de las expresiones de creatividad que existen a su alrededor, continuarán creciendo de manera creativa.

Nº 2. *Los planes*. Por supuesto, desearán apartar tiempo para planificar sus proyectos y desarrollar sus conocimientos prácticos y habilidades. Pero deseo también animarlas a que utilicen cada minuto libre que encuentren para planear y crear en su mente. Por ejemplo, cuando Jim vendió hace poco mi automóvil, nos dimos cuenta de que en los cuatro años que lo había tenido, jamás había programado las estaciones de radio, ya que el tiempo que paso manejando lo dedico a pensar. Llevo una pequeña máquina de dictado conmigo y grabo en esa útil herramienta mis pensamientos, planes y sueños, así como todo útil recordatorio que se me ocurra. La próxima vez que estén en la ducha o solas en el automóvil, usen ese rato para planear en vez de no pensar en nada o encender la radio a todo volumen. Mientras que estén en la sala de espera del médico: ¡planifiquen! Mientras que estén en la fila para pagar los comestibles: ¡planifiquen! Mantengan la mente ocupada en qué hacer lo que mejor saben hacer.

Nº 3. *La iniciativa*. Se requiere iniciativa para realizar una llamada de teléfono para inscribirse en una clase que les ayude a mejorar sus conocimientos prácticos. Se requiere iniciativa para ir a una tienda especializada y comprar una revista que apunte a su área de creatividad. Se requiere iniciativa para suscribirse a una publicación, revista, periódico, o estación educativa de cable que les ayude en su búsqueda creativa. Se requiere iniciativa para traer sus sueños a tierra y finalmente armar un lugar de trabajo, la máquina de coser o el atril. Y se requiere iniciativa para encontrar dónde enviar las muestras de su serie de tarjetas de saludo, su manuscrito, sus ideas para un libro, o su artículo para una revista. Se requiere iniciativa para planear un fin de semana en una conferencia que trate sobre su área de interés y competencia deseada.

Y, para muchas mujeres, tomar la iniciativa, ese paso crucial hacia un estilo de vida más creativo, es difícil. Como parte de las mujeres hermosas de Dios, ustedes no sólo necesitan saber qué desean hacer para beneficiar a su familia, sino también cómo obrar en base a ese deseo. Todas las mañanas, anoten una cosa que puedan hacer ese día para convertir su "algo personal" en "algo profesional". Ese paso puede ser simplemente realizar una llamada de teléfono o comprar un recurso útil. O puede ser pasar 15 minutos realizando algo que les guste hacer. Pero tengan presente que 15 minutos al día las convertirá, en una docena de años, en maestras.

Nº 4. El trabajo arduo. Para tener éxito en toda empresa hay que trabajar sin descanso, y eso es lo que hace la mujer hermosa de Dios: "gustosa trabaja con sus manos" (Proverbio 31.13). Aparte de ocuparse del hogar y poner comida sobre la mesa, esta querida mujer teje (versículos 13, 19, 21 y 24), y se destaca en ello, alcanzando la altura máxima en su profesión (versículos 18, 24). Mediante su proyecto de Proverbios 31, ella brinda ropa e ingresos adicionales a su familia. Trabajó mucho para comenzar su empresa, y ahora continúa con el esfuerzo.

Quizás éste sea el lugar adecuado para decirles otra de las razones por las cuales el Proverbio 31.24 me apasiona tanto. Primero, permítanme reconocer que es posible que se sientan abrumadas por la productividad de la mujer de Proverbios 31. Después de todo, tiene esposo, hijos y criados a quienes cuidar, y su comida, su comercio, sus campos, la producción de la ropa de su familia, e incluso los pobres en la comunidad, de quienes ocuparse—¡y ni siquiera llegamos aún al trabajo de la casa (versículo 27)! ¡La lista sigue y sigue, sin parar!

Sin embargo, para mí, el logro que corona a esta piadosa y hermosa mujer es su pequeña empresa. Dedicando el tiempo en su casa para satisfacer el supremo llamado de Dios como esposa, madre y ama de casa, ella mejoró su talento como tejedora y perfeccionó su manejo del tiempo... hasta que se destacó en sus esfuerzos creativos. Entonces, cuando se dio cuenta de que su mercancía era buena, trabajó aún más para hacer más rápido las tareas de la casa de modo que pudiera ir tras sus suenos y dispóner de más tiempo para ser creativa. Su ardua tarea le compra el tiempo que ella desea y necesita para ir tras su talento, para destacarse en su campo, y para manejar su industria casera. ¡Ella es verdaderamente digna de su muy merecida y ganada alabanza (versículo 31)!

Una invitación a la belleza

Por cierto, espero y pido que se vean estimuladas por la laboriosidad de esta magnífica mujer que es bella a los ojos de Dios. Nuestra sociedad se concentra demasiado en la autosatisfacción, la autoimagen y la autoestima. Pero las buenas nuevas en Proverbios 31 es que *Dios* provee todo lo que ustedes necesitan en esas áreas. Después de todo, no hay mayor satisfacción que saber que han amado y cuidado a su familia y su hogar. Cuando nosotras nos ocupemos de nuestro "algo personal" primero: las personas que se encuentran en nuestra casa, y lo hagamos bien, Dios nos hará crecer personalmente y aún nos impulsará hacia "algo profesional", algo creativo, alguna forma en que podamos expresar los dones y talentos creativos que nos haya dado. Si no sabemos dónde comenzar nuestra búsqueda de "algo profesional", comencemos ya mismo por pedir a Dios que nos revele su voluntad. Sólo un consejo. Su industria casera probablemente surgirá de algo que ya estén haciendo... ¡o soñando con hacer!

-18-

Un vestuario de virtudes

SU ROPA

"Se reviste de fuerza y dignidad,
y afronta segura el porvenir".[102]
Proverbio 31.25

Yo no las conozco en la medida en que me gustaría conocerlas, pero sé algunas cosas de ustedes. Primero de todo, estoy segura de que ustedes son mujeres que desean la belleza de Dios en su vida o no estarían leyendo un libro con el título de *Hermosa a los ojos de Dios*. De eso no hay duda.

Y estoy también segura de algunos otros detalles de su vida diaria. Se levantan (y juntas estamos intentando hacerlo un poquito más temprano), ustedes (espero) se unen con el salmista y dicen: "Éste es el día en que el Señor actuó; regocijémonos y alegrémonos en él" (Salmo 118.24), y luego, en algún momento de la mañana, se visten. (¿Qué tal voy?) Abren el ropero, y miran. Piensan en todos los eventos que tienen programados para el nuevo día, finalmente eligen la ropa adecuada para sus actividades y se la ponen.

Bueno, mis queridas, así exactamente es como la mujer hermosa de Dios saluda todos los días de su vida. Ella también se levanta y alaba al Señor a quien tanto ama, y ella también piensa en las actividades de su día y luego elige el vestuario correspondiente. No dispone de demasiadas prendas para elegir (de hecho, el abrigo pesado de lana que usaba la gente en su época era al mismo tiempo la frazada durante la noche), pero ella tiene lo que es adecuado y correcto.

La vestimenta del carácter

La mujer que es hermosa a los ojos de Dios se adorna a diario con ropas que no cuelgan en su armario. El Proverbio 31.25 dice: "Se reviste de *fuerza* y *dignidad*" (énfasis añadido). Esos dos valiosos adornos son la parte más impresionante del vestuario de nuestra mujer virtuosa porque ellos son las vestimentas del carácter piadoso.

Una vez más vemos que la *fuerza* es un atributo de la mujer hermosa de Dios—y esa fuerza se manifiesta de diversas maneras. La mujer de Proverbios 31 ha fielmente construido, por ejemplo, fuerza económica, de modo que ella enfrenta la vida diaria y la posibilidad de la vejez con amplias reservas monetarias. También, habiendo hecho preparaciones diligentes, está lista para encontrarse con cambios temporarios (como un cambio en el tiempo [versículo 21]) con confianza. Su gran confianza en el Señor (versículo 30) la fortalece para enfrentar la pena y los cuidados. A pesar de que, como mujer, se la considere el "vaso más frágil" (1 Pedro 3.7 RVR60), ella es fuerte en sabiduría (versículo 26) y en el temor al Señor (versículo 30). Además de desarrollar fortaleza física por medio de las exigencias de su trabajo cotidiano, ella ha obtenido fuerza social mediante su corazón recto, sus virtudes y su conducta digna (versículo 25). Como el toque final a este vestuario de virtudes, su mente poderosa le da vigor y determinación interior. Sí, la fuerza para vivir es su ropaje.

La *dignidad* es otro adorno que esta mujer, que es hermosa a los ojos de Dios, viste constantemente. La traducción literal del hebreo es "esplendor".[103] Aparentemente, su espíritu noble le da un aura de majestuosidad. Nos maravillamos de su carácter virtuoso, su porte principesco y su conducta piadosa. No hay nada de común, bajo o pequeño en el vestuario de su carácter. Su grandeza de alma—unida a su conducta generosa—expresa bondad a todos aquellos que tengan la bendición de conocerla. Todo lo que ella es, se ve afectado por la belleza de su dignidad.

Una felicidad para toda la vida

Vestida en su rico guardarropas de virtudes, la mujer hermosa de Dios "afronta segura el porvenir" (versículo 25). No sólo vive llena de alegría en el presente, sino que, en las palabras de otro traductor: "ella le sonríe al futuro".[104] Cuando ella mira hacia delante—ya sea a un nuevo día o a su muerte—"se ríe de lo por venir".[105] Como comparte la autora Anne Ortlund, ¡la capacidad de esta mujer de sonreír y reírse del futuro "coloca las arrugas de su cara en el lugar donde corresponde"![106] Una vez realizadas todas las previsiones humanas que sean posibles y sabiendo que Dios se ocupará del resto, la mujer hermosa de Dios enfrenta el futuro con gozo eterno. Siendo ella misma fiel con los asuntos temporales de la vida, ella confía en Dios para lo eterno.

Como hemos notado, la mujer de Proverbios 31 sólo usa unas pocas alhajas. No usa las usuales baratijas—las ansiedades, preocupaciones, temores—que les quitan el mérito a tantas otras mujeres. En cambio, su belleza no está estropeada por la preocupación ni por las incertidumbres de la vida. Ya sea que piense sobre el pasado, el presente o el futuro, ella sólo experimenta placer. Ha realizado su tarea. Ha cumplido lo que le ha asignado Dios y ha expresado sus virtudes, un día a la vez, todos los días de su vida. Mirando hacia atrás, no tiene remordimientos. Mirando hacia delante, no tiene nada que temer. Viviendo en el presente, conoce únicamente el maravilloso desafío de recurrir a la provisión de Dios y colocar su poderosa mente y su cuerpo a trabajar para otro día más, repleto de hermosura y alegría.

Cómo lograr esa belleza

En esta época, los libros, las conferencias y los consejeros, todos me ofrecen ayuda para conocer "la voluntad de Dios" para mi vida. Lo que escojo como enseñanza es Proverbios 31. Me encanta estudiar este pasaje sobre la mujer hermosa de Dios porque me da instrucciones concretas. Cada día de nuestra vida podemos conocer exactamente lo que Dios desea leyendo el Proverbio 31.10-31. Casadas o solteras, jóvenes o ancianas, mamás en casa o mujeres que trabajan, todas debemos ocuparnos de ser bellas a los ojos de Dios. Los mismos rasgos virtuosos que la madre le dice al joven príncipe que busque en una esposa son los rasgos que debemos buscar. Si lo hacemos, nosotras estaremos también vestidas de la fuerza y la dignidad de Dios y podremos sonreírle al futuro.

Como ya saben a esta altura, creo firmemente en el valor de las metas. (A veces me vuelvo loca. Tengo objetivos escritos para toda la vida, para dentro de diez años, cinco años, un año, medio año, mensuales, semanales y diarios, y los objetivos diarios son a menudo de hora en hora. En realidad, mi reloj avisador está encendido para señalarme un objetivo de 30 minutos.) Me resulta más sencillo establecer objetivos para la vida diaria si divido las complejidades de la vida en siete categorías.[107] Cuando observamos cómo vestirnos toda la vida en las vestiduras de virtud de Dios, consideremos las siete siguientes áreas del vivir piadoso. Y recuerden que ahora mismo, hoy, es lo que cuenta. Es el único día que tenemos. Cuando ustedes y yo tomemos la vida un día a la vez, cuando nos levantemos cada día por el resto de nuestra vida y nos vistamos para el éxito en el guardarropa de virtudes de Dios, nos encontraremos vestidos por Dios con virtudes que nos proporcionarán una cosecha eterna de gozo.

1. La vida espiritual. Hemos estado conversando sobre nuestro armario de ropa, pero primero consideremos nuestro armario de oración, ese lugar donde alimentamos nuestro amor por el Señor (Proverbio 31.30). Ése es el armario que deseamos visitar primero cada día. Dios llamó a su santa ciudad: "¡Despierta, Sión, despierta! ¡Revístete de poder! Jerusalén, ciudad santa, ponte tus vestidos de gala" (Isaías 52.1). Él nos llama a realizar lo mismo, y el vestido más hermoso en nuestro guardarropa de virtudes es nuestro amor por él. Como enfatiza la madre del joven Lemuel: "La mujer que teme al SEÑOR es digna de alabanza" (versículo 30). ¡*Ella* es la que es verdaderamente hermosa a los ojos de Dios!

Cuando emerjamos de la comunión sagrada de nuestro lugar de oración, estaremos vestidas con el atuendo de la justicia. Habremos cambiado nuestro espíritu de desaliento por los trajes de fiesta de alabanza del Señor (Isaías 61.3). Estaremos asimismo preparadas para la batalla, habiéndonos puesto toda la armadura de Dios (Efesios 6.12-18). Y nadie dejará de percibir la fragancia de Cristo y el aroma de vida en él (2 Corintios 2.14-16) que fluye del alma.

¿Por qué no ponernos la meta de buscar al Señor temprano (Salmo 63.1)? Si no lo han hecho aún hoy, deténganse en este mismo instante, paren de leer, y pasen un rato con la única Persona que las puede hacer verdaderamente hermosas: ¡Dios mismo! Cuando reciban cada día la "fuerza para hoy y la brillante esperanza para mañana"[108] podrán sonreírle al futuro.

2. La vida familiar. No importa cuáles sean sus circunstancias, ustedes tienen una familia. Tienen padres, hermanas, hermanos, abuelos, tías y tíos, sobrinas y sobrinos, o primos a quienes amar. Si están casadas, tienen un esposo y suegros y quizás niños a quienes aman, y deben verter su vida en ellos como lo hace la mujer hermosa de Dios. Todos tenemos la familia de Dios, el cuerpo de Cristo, la iglesia.

Si desean cosechar la clase de recompensas que recoge la mujer hermosa de Dios (versículos 28-29), pongan a su familia en primer lugar, ¡y estén seguras de que ellos saben que es allí donde se encuentran! Ocúpense de sus necesidades físicas de alimentos (versículos 14-15) y ropa (versículo 21). Traten de que su casa esté prolija, limpia y ordenada (versículo 27). Viertan su amor—de manera abundante, generosa, creativa y alegre. Y, si su servicio, sus cuidados y su amor nunca reciben un "gracias", recuerden la perspectiva y el llamado de Colosenses 3.23: "Hagan lo que hagan, trabajen de buena gana, *como para el Señor* y no como para nadie en este mundo" (énfasis añadido).

Este principio hermoso y piadoso no siempre nos hace ganar elogios. Justo esta semana me llamó una amiga que sonaba algo descorazonada. Al conversar, ella me dijo que su hermana le había señalado que ella era "demasiado amable" con sus hijos, ya que, aunque adultos, todavía les preparaba el almuerzo para llevar al trabajo y les dejaba comida preparada en el horno para cuando llegaran tarde. ¡Cuánto desearía que hubieran escuchado el sermón que prediqué sobre Proverbios 31! La mujer hermosa de Dios se ocupa de su familia, no importa la edad ni la etapa de la vida en la que se encuentren. Parte de su vestuario permanente es el delantal de la "amabilidad": "En cambio, el fruto del Espíritu es... amabilidad [y] bondad" (Gálatas 5.22-23).

3. La vida financiera. La mujer hermosa de Dios puede sonreír cuando mira al futuro porque ella ha cuidado las finanzas del hogar. Ha establecido metas y las ha alcanzado. ¿Qué metas financieras tiene para este día, esta semana, este mes y este año?

Un día, mientras escribía este libro, pude echarle un vistazo a las metas de mis hijas en unos mensajes que me enviaron ambas por correo electrónico. Katherine me estaba pidiendo todas mis recetas de las épocas difíciles, y Courtney me estaba diciendo que había comenzado a comprar los alimentos una vez cada dos semanas, lo cual era todo un desafío a su creatividad cuando se aproximaba el final de la segunda semana. Con esos dos métodos de la vida real, prácticos y simples, ustedes podrían ahorrar también.

Pueden también ahorrar comprando la ropa en liquidaciones, diciendo "no", y comprando sólo un día a la semana. (Cuando tenemos que comprar todo en un mismo día, nos cansamos muy rápido y, créanme, deseamos volver pronto a casa y no volver a salir jamás "allí fuera".) Como les compartí anteriormente, pueden ahorrarse cargos financieros pagando las cuentas a tiempo (vean el capítulo 4). Pueden abrir una cuenta de ahorro automático. Pueden pedir a su esposo una mensualidad, ¡y ahorrarla!

La próxima vez que estén manejando o tomando un baño, piensen en lo que podrían hacer para aportar ingresos. Tengo una amiga que arma muebles para una tienda de muebles de oficina. Ella trabaja sobre el piso de la sala después de que los niños se hayan ido a la cama. Mi Lori y su hija Bethany me han ayudado haciendo que mis grandes envíos por correo y el armado de mis cuadernos de estudio se convirtieran en su proyecto de Proverbios 31. Otra mujer que conozco (una señora de edad avanzada) pega etiquetas en cintas grabadas mientras que cuida a su mamá anciana de 100 años de edad. Con una mentalidad ahorrativa y el deseo de realizar el trabajo, podemos hacer una importante contribución financiera para nuestro futuro, ¡y nuestro presente también!

4. *La vida física*. (¡Ay, no! ¡Ya sabíamos que esto aparecería, tarde o temprano!) El Proverbio 31.25 habla de la fuerza de la mujer hermosa de Dios. Mientras que la fuerza es una prenda de su guardarropa de virtudes, es también parte de su estructura física. Después de todo, ella fortalecía su cuerpo y sus brazos *para* su tarea y *por* su tarea (versículo 17).

Para poder seguirle los pasos, deseo establecer unos pocos objetivos para su salud física y fuerza. ¿Se sentirían mejor adelgazando un poco, o necesitan engordar? Cuando los músculos se fortalecen, sufrimos menos torceduras de espalda, hombros y cuello. (¡Este ejercicio es mi obligación! Una caja de mis libros pesa 32 libras, y yo las tengo que levantar siete días a la semana y subirlas y bajarlas por las escaleras y llevarlas dentro y fuera de los aeropuertos.) El ejercicio significa menos problemas de artritis, osteoporosis, y arterias tapadas. La comida adecuada alimenta nuestro trabajo y mejora nuestra salud en general. Si cuidamos este importante aspecto de nuestra vida y hacemos tiempo para movernos, nos sentiremos mejor hoy y en el futuro también sonreiremos.

5. *La vida mental*. La Biblia nos llama a amar a Dios con toda nuestra mente (Lucas 10.27). (Estoy tan convencida de la importancia de este tema que he escrito todo un libro al respecto: *Loving God with All Your Mind.*[109]) Creo que, como cristianas, tendremos que rendir cuentas a Dios por el uso (o mal uso) de nuestra mente. Dios nos ha hecho a su imagen y semejanza con la capacidad de pensar y de aprender, analizar y crear (Génesis 1.27; Santiago 3.9). Por cierto, tenemos la mente de Cristo (1 Corintios

2.16). No debería pues sorprendernos que las Escrituras nos digan una y otra vez qué hacer con la mente. (Hasta este momento, he contado 31 exhortaciones con respecto a la manera correcta e incorrecta en que utiliza un cristiano su mente.)

Ahora deseo presentarles un desafío personal: ¿Cómo utilizan su mente? Si les preguntara cómo utilizan sus *minutos*, les estaría preguntando lo mismo, porque cada minuto que estamos despiertas, estamos utilizando nuestra *mente*. Aquí les presento algunas ideas de cómo utilizar la mente de manera constructiva:

- Como mujeres que deseamos ser cada vez más hermosas a los ojos de Dios, estemos seguras de que lo primero y lo más importante es utilizar la mente para leer la Palabra de Dios, memorizarla y meditar en ella.
- Podemos también pensar en los asuntos de las Escrituras: el rol de las mujeres en la iglesia, etc.
- Podemos pensar, orar y planear, al igual que la mujer hermosa de Dios. (Ésa es una de las razones principales por las que le puede sonreír al futuro: Ha pensado en él, orado sobre él, y planeado para él.)
- Podemos fijarnos la meta de leer un buen libro cristiano o biografía por mes.
- Podemos leer un libro sobre la administración del tiempo y del dinero.
- Hay también disponibles libros sobre el matrimonio, la maternidad y el cuidado de la casa.

La "Querida Abby" escribe sus pensamientos sobre "Sólo por hoy... mejoraré mi mente. No seré una holgazana mental. Me obligaré a leer algo que requiera esfuerzo, pensamiento y concentración".[110] Las animo a vestirse con *fortaleza mental* y luego utilizar esa fuerza para la gloria de Dios y el avance de sus propósitos.

6. *La vida social*. Obviamente necesitamos apartar gran cantidad de tiempo para el Señor y para nuestra familia (de eso tratan

la mujer hermosa de Dios y este libro), pero también debemos apartar tiempo para estar con unos pocos buenos amigos. El libro de Proverbios nos dice que, a pesar de que es difícil ser el "mejor amigo" de muchos, es importante tener unos pocos amigos. "Hay amigos que llevan a la ruina, y hay amigos más fieles que un hermano" (Proverbio 18.24).

¿Cuál de sus amigas es más fiel que una hermana? ¿Refleja su agenda que ustedes apartan tiempo para estar con esas personas especiales? Cuando están juntas, ¿tratan de animarse la una a la otra en el Señor, en su vida espiritual? ¿Están sus mejores amigas en su lista de oraciones diarias?

7. *La vida profesional.* Después del capítulo que precede, ustedes pueden entender mejor lo que quiero decir mediante la frase "vida profesional". Es su empresa, su industria, su contribución, su especialidad, su "algo personal" que se ha convertido en "algo profesional" y que ayuda financieramente a la familia. Quizás tengan ustedes un empleo, una carrera, una certificación, una credencial, o un pasatiempo que les dé dinero. Sea cual sea su vida profesional, mantengan sus conocimientos prácticos en buen estado y sus conocimientos al día. Asegúrense de estar siempre tratando de alcanzar un mayor nivel de excelencia. Continúen los ejercicios relacionados con la creatividad (manténganse alerta; planeen y sueñen; tomen la iniciativa para desarrollar sus talentos y habilidades; trabajen con esfuerzo). Hagan todo lo necesario para permanecer motivadas, entusiasmadas, y avanzando en su área de pericia. Si Dios quiere, ustedes estarán realizando esa tarea especial por mucho tiempo. De eso trata este capítulo, sobre asegurar su futuro de la manera más humanamente posible. Nuestra tarea es hacer todo lo que podamos. La tarea de Dios es ocuparse del resto.

Ustedes la conocieron ya antes en este libro, y una vez más, Edith Schaeffer nos da un ejemplo. Ella es una mujer completamente vestida de fuerza y dignidad y capaz de sonreír al futuro. Aún vistiendo su guardarropa de virtudes, sirve al Señor, ama a su familia, cuida su salud física, alimenta su mente y, a los 87 años, está escribiendo (¡en una máquina de escribir!) su libro número dieciocho.

Al mirar hacia el futuro, ¿qué le pedimos al Señor que nos permita hacer a los 87 años? "Si, pues, coméis o bebéis, o hacéis otra cosa, hacedlo todo para la gloria de Dios" (1 Corintios 10.31).

Una invitación a la belleza

Para poder alegrarnos del futuro, debemos estar vestidas con vestiduras de fuerza y adornos de dignidad. De modo que aquí les doy unos pocos pensamientos "sólo por hoy".

Sólo por hoy... entreguen nuevamente su vida a Dios y avancen con fe hacia un hermoso día. Sólo por hoy... viertan con todo el corazón su amor y cuidados por su familia y sean "demasiado amables". Sólo por hoy... piensen acerca de las posibles contribuciones que pueden hacer a las finanzas de la familia. Sólo por hoy... tomen su "fuerza" física en serio y esfuércense. Sólo por hoy... eliminen el uso incorrecto de la mente y en cambio utilicen ese poder mental que Dios les ha dado para embellecer su carácter. Sólo por hoy... acérquense a su mejor amiga y denle estímulo para su vida espiritual. Sólo por hoy... tomen un pequeño paso hacia "algo profesional". Por último, sólo por hoy... tomen el compromiso de despertarse y repetir este modelo de belleza. Entonces ustedes también podrán estar de pie, completamente vestidas con sus virtudes, y podrán mirar por el túnel del tiempo hacia un futuro desconocido, ¡y alegrarse!

-19-

La ley de la bondad

SUS PALABRAS

"Abre su boca con sabiduría,
Y la ley de clemencia está en su lengua".[111]
Proverbio 31.26 RVR60

Bueno, ¿cómo les va en nuestro ascenso hacia la excelencia? Pienso que quizás sea de provecho hacer una pausa y ver cómo nos va. Estamos aprontándonos para tomar un paso gigantesco, ¡y quiero estar segura de que lo podemos hacer! En el capítulo 1, ustedes y yo decidimos observar quedamente la idea que posee Dios de la belleza y tomar los pasos necesarios, uno tras otro, para alcanzar las alturas de su ideal. ¡Y nuestro progreso es excelente!

Tan sólo piensen en todo lo que hemos aprendido y en todo lo que, espero, hemos puesto en práctica. Por ejemplo, nos hemos dado cuenta de que es posible levantarse un poco más temprano. Vemos los buenos resultados que provienen del buen manejo de nuestra vida y nuestro hogar. El esfuerzo que ponemos para alimentar nuestro matrimonio nos da una gran satisfacción personal. A medida que nos ocupamos de las actividades constructivas, fluye la energía. Nuestras finanzas se están fortaleciendo gracias a que estamos manejando, ahorrando y ganando dinero. Nuestra tarea en el ministerio nos bendice; y bendice a los demás. Ocuparnos de las necesidades de nuestra familia nos alegra profundamente. Y Dios está utilizando nuestra obediencia para forjar su carácter piadoso en nosotras. ¡Acatar la voluntad de Dios funciona!

Sin embargo, mis queridas, a medida que nos acercamos a otra virtud de belleza—sin duda una gloria suprema—debemos considerar una vez más el costo de nuestro trayecto. Esta virtud podría ser muy bien la que verdaderamente separa a las mujeres de las niñas en el ejército de Dios. Les advierto que, probablemente, ésta sea la más difícil de alcanzar. Estoy hablando sobre la calidad de las palabras que emanan de nuestra boca.

Ah, hemos avanzado mucho y ascendido bastante, pero este asunto de la lengua hace trastabillar a muchas mujeres en su camino hacia convertirse en mujeres hermosas a los ojos de Dios. Las palabras bellas son difíciles de obtener. Es un desafío continuo. Como escribe uno de los apóstoles: "Si alguien nunca falla en lo que dice, es una persona perfecta" (Santiago 3.2).

Les voy a ser franca. La entrega al hogar, el manejo organizado de la casa, la excelencia en la preparación de las comidas y en las tareas del hogar, el apoyo al progreso de nuestro marido, la ofrenda generosa a los pobres, y el aporte de un ingreso son todas cosas muy fáciles comparadas con abrir la boca y hablar con sabiduría y bondad. ¿Por qué lo digo? Porque las acciones son externas, pero el habla es una cuestión del corazón: "porque de lo que abunda en el corazón habla la boca" (Lucas 6:45). Para ser verdaderamente hermosas a los ojos de Dios, ustedes y yo debemos forzar la marcha hacia delante y tomar el siguiente paso, tan difícil pero tan hermoso: hablar de manera más piadosa. Dios desea que sus leyes de sabiduría y bondad rijan nuestras palabras, y nuestro corazón.

Una fuente de vida

Antes de que consideremos las palabras que pronunciamos, recordemos que el entorno de Proverbios 31 es la tierra yerma y seca de Israel. La regla del día era y aún lo es: penurias. Sobrevivir era, y es, un desafío continuo. El calor brutal y la intensa des son dos hechos de la vida diaria. Quisiera poder describirles de manera adecuada cuán enorme e incesante es la preocupación de la gente sobre tener suficiente agua en esta tierra seca y árida. Si nos dieran a elegir entre agua y alimentos, siempre elegiríamos el agua.

Con este duro trasfondo, el escritor de los Proverbios pinta esta imagen: "Fuente de vida es la boca del justo" (Proverbio 10.11). El escritor sabe qué importante es el agua en el sustento de vida, y compara las palabras piadosas con el agua que da vida. Equipara el efecto que le hacen las palabras piadosas a nuestras necesidades emocionales al efecto que le hace el agua a nuestras necesidades físicas. Así como encontrar una fuente en el desierto era lo mismo que encontrar vida, ¡estar en la presencia de una mujer que pronuncia palabras de sabiduría y bondad es como encontrar la vida!

Sabiduría en el habla

Las palabras de la mujer hermosa de Dios son verdaderamente una fuente de vida para los que la rodean. La madre de Lemuel continúa diciendo: "Abre su boca con *sabiduría*" (Proverbio 31.26, énfasis añadido). Noten enseguida un pensamiento importante. Las palabras sugieren que su boca no está siempre abierta. Ella no es una charlatana, ni habla de manera compulsiva, ni es lenguaraz. A menos que tenga algo sabio y amable que decir, mantiene su boca cerrada.

Cuando ella habla, "Abre su boca con *sabiduría*" (énfasis añadido). Ella es sabia en lo que dice y cómo lo dice. La sabiduría ha sido definida por mucho tiempo como "el uso del conocimiento en una forma práctica y exitosa".[112] Simplemente repasen Proverbios 31 y noten los temas prácticos que la madre del joven príncipe Lemuel cubre. Ella misma abre la boca para impartir sabiduría—conocimiento práctico para vivir—a su precioso hijo.

De corazón bondadoso

Como continúa el Proverbio 31.26, vemos que "la *ley de clemencia* está en su lengua" (énfasis añadido). No sólo permite la mujer que admiramos que la sabiduría guíe sus palabras, sino que también se limita de acuerdo con la ley de clemencia. Todo lo que ella profiere lo hace con el *espíritu* y la *manera* propia de un corazón generoso y benevolente, revelando una disposición amable y un temor a ofender sin necesidad alguna.[113] Ella adquiere sabiduría y limita sus palabras de acuerdo con ella. Nunca hiere ni destruye con sus palabras. Como lo expresa la traducción en griego: "ella pone su lengua en orden".[114]

Ahora pensemos por un momento sobre la vida diaria de la mujer hermosa de Dios. Ella tiene su esposo, a quien está resuelta a animar y bendecir. Ella tiene a sus niños, a quienes debe instruir, capacitar y corregir. Los criados, que necesitan instrucciones para el día, viven en su casa. Los mercaderes y compradores, con quien trata mientras comercia, regatea y compra, se encuentran en su ruta de comercio. Ella les debe hablar a todas esas personas que componen su vida, y la mujer de Proverbios 31 se asegura de que sus palabras sean sabias y amables.

Una nota interesante (¡y desafiante!): en los matrimonios judíos en la antigüedad, no sólo era importante el contenido del discurso de la mujer, sino que también lo era el *volumen de su voz*. ¡Si una mujer tenía una voz muy fuerte, su marido podía divorciarse de ella sin un acuerdo matrimonial! ¿Cómo se medía el volumen? Por la capacidad de los vecinos de escucharla hablar mientras que ella estaba en su propia casa.[115] ¡Presten atención!

Ausencia de maldad

Lo que es cierto en el arte, lo es también en el hablar: Lo que *no* está presente hace una afirmación más poderosa que lo que está. A la luz de eso, consideremos qué es lo que está ausente de las palabras de la mujer hermosa de Dios.

Para comenzar, no hay habladurías, calumnias o maldades en contra de los demás. ¡El amor nunca haría eso! Tampoco hay quejas. Como mujer que teme al Señor, la mujer hermosa de Dios sabe que gracias a que él mantiene un control perfecto sobre las circunstancias de la vida, ella no tiene nada de qué quejarse. Palabras mordaces, humorísticas y burlonas—en especial a costa de los demás—no es cómo ella desea destacarse. Nuestra hermosa dama desearía ser conocida más por su sabiduría que por su capacidad para entretener a los demás. Y, al abrir su boca con sabiduría, ella por cierto no dice nada indiscreto ni malsano. Las charlas banales y sin sentido se han borrado de su boca. Como administradora exitosa de sus bienes y mujer de negocios, ella se podría ver tentada a hablar con un tono confiado, pero nuevamente, el amor gobierna su retórica.

Como lo notó correctamente un estudiante de la naturaleza humana: "Los que no son generosos hablan de las cosas equivocadas. Aquellos que son generosos pero no sabios, hablan demasiado". La sabiduría y la ley de clemencia previenen ambos errores.

Cómo escuchar a las mujeres hermosas de Dios

Cuando busqué en las Escrituras a mujeres sabias que observaran la generosa ley de clemencia, encontré dos de las mujeres hermosas de Dios que brillan como modelos para nosotras en esta delicada área del control de la lengua.

Ana era una mujer que abría la boca *muy poco* bajo circunstancias *extremadamente difíciles*. Casada con un hombre que tenía otra esposa más, Ana no sólo soportaba su falta de hijos mientras que su rival tenía uno detrás de otro, sino que también tenía que escuchar las crueles y constantes provocaciones de esa mujer (1 Samuel 1.1-7). Una y otra vez los insultos se sumaban a las heridas, no obstante, Ana escogía permanecer callada.

Con gran agonía en el alma, ella se dirigió a la casa del Señor (el lugar correcto y la Persona adecuada) para orar sobre su situación (la solución correcta). La intensidad de su oración hizo que el sacerdote Elí pensara que ella estaba ebria, y dijera con desprecio: "¿Hasta cuándo te va a durar la borrachera? ¡Deja ya el vino!", (versículo 14). Pero la noble y querida Ana respondió con sabiduría y de acuerdo con la ley de clemencia, explicando con ternura su dolor y apelando a su comprensión. Al final, ella recibió la bendición sacerdotal.

Abigaíl, cuyo nombre significa "fuente de gozo", era una mujer que expresaba en su vida el proverbio que dice: "Manantial de vida es la boca del justo" (Proverbio 10.11 RVR60). Casada con el insensato y alcohólico Nabal (hasta su nombre quiere decir "tonto"), Abigaíl utilizó algunas palabras cuidadosamente escogidas para caminar con éxito por la cuerda floja del peligro. Cuando su esposo rechazó la amabilidad de David y maltrató a sus hombres (1 Samuel 25.10-11), sus siervos le informaron a ella sobre la conducta irrespetuosa de Nabal. Ella interceptó a David cuando se dirigía a aniquilar todo lo que le pertenecía a Nabal: incluyéndola a ella y a los criados. Actuando rápidamente—y con sabiduría y amabilidad—Abigaíl salió al encuentro de David con abundantes alimentos para sus 600 hombres.

Luego, postrada en el piso frente al enfurecido David, Abigaíl le pidió su perdón. Con su razonamiento sensato y sus palabras de sabiduría pronunciadas de acuerdo con la ley de clemencia, ella persuadió a David que no se vengara de su marido. Cuando regresó a casa y encontró a su esposo demasiado borracho como para escucharla, ella sabiamente no dijo nada sobre el peligro que había sido evitado hasta el día siguiente. Abigaíl se esforzó con sabiduría para evitar que tanto David como Nabal cometieran un acto impulsivo. Ella vive en la historia como una mujer sabia, una negociadora talentosa, y una oradora persuasiva.[116]

¡Es un gran estímulo saber que ustedes y yo podemos seguir los pasos de estas dos sabias y hermosas mujeres!

Cómo lograr expresarnos bellamente

Ah, mis queridas amigas, desearía tener el espacio para contarles sobre los años que he estado luchando para lograr expresarme de manera hermosa. En mi último libro: *A Woman After God´s Own Heart*[117][NOTA: DESCONOZCO EL TÍTULO FINAL.] Allí relato con todo detalle mi batalla con las habladurías. He estado aprendiendo cómo y cuándo hablarle a mi marido y mis hijas y sobre ellos (¡menos es siempre mejor!). He tenido muchos tropiezos durante la época en que mis hijas eran de edad preescolar y escolar, adolescentes, y luego jóvenes adultas que vivían en casa. Sólo les puedo decir que sé que Dios sabe con cuánta desesperación lo intentaba, y aún lo intento, porque este principio de hablar con palabras sabias y amables es el hermoso plan de Dios y su norma clara para mi vida y mis labios.

El libro de los Proverbios, empotrado en el medio de la Biblia, ofrece sabiduría eterna e invalorable, incluyendo algunas de las reglas de Dios para hablar con piedad. Estoy encantada de compartir con ustedes una pocas de ellas: las que me han ayudado más y mejor.

Nº 1. Establezcan dos normas. La mujer hermosa de Dios estableció dos normas para su habla: (1) Hablar únicamente cuando las palabras son sabias, y (2) Hablar solamente cuando las palabras son amables (Proverbio 31.26). Al seguir estas dos normas, ustedes tendrán siempre algo que decir que valga la pena decir (sabiduría) y lo dirán como corresponde (con amabilidad). Pueden saber mucho, pero si hablan sin amabilidad, sus palabras serán menos efectivas.

Nº 2. Piensen antes de hablar. "El corazón del justo *medita* sus respuestas, pero la boca del malvado rebosa de maldad" (Proverbio 15.28, énfasis añadido). Literalmente, hagan una pausa y piensen en lo que van a decir antes de hacerlo. Que vuestro objetivo sea elegir con cuidado las palabras que estén a la altura de las normas de Dios de sabiduría y amabilidad. Cuando no tienen cuidado, el mal "brota como un torrente".[118] Las palabras bruscas y el humor volátil traicionan al carácter vano y carente de hermosura.[119]

Nº 3. Aprendan a esperar. Cuando ocurra algo poco placentero, hagan que lo primero sea no decir nada. Si deben responder en ese momento, asegúrense de que sus palabras sean suaves porque: "La respuesta *amable* calma el enojo, pero la agresiva echa leña al fuego" (Proverbio 15.1, énfasis añadido). Luego esperen. Cuando esperan, eso les da la posibilidad de:

- Buscar las Escrituras y averiguar lo que Dios dice sobre la manera en que deben manejar la situación.
- Buscar consejos y averiguar lo que otras personas sabias dicen. Como nos advierte el Proverbio 15.14: "El corazón

entendido busca la sabiduría; mas la boca de los necios se alimenta de necedades". El Proverbio 28.26 sugiere: "Necio es el que confía en sí mismo".

- Pidan un corazón amable y una solución sabia para la situación
- ¡Cálmense! ¡Tranquilícense! ¡Aléjense de la situación! Como dice el Proverbio 17.27: "El que es entendido refrena sus palabras; el que es prudente controla sus impulsos". Sólo cuando estamos calmadas podemos escuchar un buen consejo y tomar decisiones sabias.
- Evalúen el problema. Decidan si la situación es algo que tienen que pasar por alto (Proverbio 19.11) o si necesitan "abrir" la boca y abordar (con sabiduría y amabilidad, ¡por supuesto!) a las personas involucradas.
- Consideren a la persona involucrada: ¿Es la ofensa algo raro, o se está convirtiendo en una costumbre? ¿Es un problema ocasional o es parte de una serie de errores repetidos?

Nº 4. Añadan dulzura a sus palabras. La sabiduría posee un gran encanto cuando la endulzamos con las palabras adecuadas. Esa verdad se encuentra detrás del Proverbio 16.21: "La dulzura de labios aumenta el saber". Cuando hablamos de manera placentera, los demás sentirán mayor deseo de escuchar y de aprender. ¡Es verdad que una cucharadita de azúcar ayuda a que la medicina baje!

Nº 5. Agreguen persuasión a sus palabras. Además de ser amables y de hablar con dulzura, sepan de lo que hablan. Sus palabras deberían siempre indicar lo que tienen en la mente, y cuando hablen, desplieguen conocimiento. Cuando hablen con autoridad, cuando sea obvio que saben de lo que están hablando, sus palabras serán persuasivas. La verdadera sabiduría no puede dejar de causar una buena impresión.

Nº 6. Es mejor hablar de menos que de más. Cuando se trata de las palabras, ¡menos es siempre mejor! El Proverbio 10.19 dice:

"El que mucho habla, mucho yerra; el que es sabio refrena su lengua". El Proverbio 17.28 señala que "hasta un necio pasa por sabio si guarda silencio". En lenguaje contemporáneo diríamos: "¡Es mejor quedarse callada y pasar por tonta que hablar y borrar todas las dudas al respecto!"

Claramente, cuando seguimos las dos normas de sabiduría y amabilidad de Dios, nuestras palabras serán bellas. Que Dios nos convierta en mujeres de quien se diga: ""Abre su boca con sabiduría, y la ley de clemencia está en su lengua" (Proverbio 31.26).

Una invitación a la belleza

Ahora, mis compañeras fieles y galantes de ascenso, deseo que piensen nuevamente sobre la fuente en el desierto, la que es una fuente de vida. Luego piensen en las personas lastimadas, estresadas y con problemas que llenan su mundo cotidiano. A pesar de que ellas lucen una sonrisa valiente, otro proverbio nos revela la verdad que está detrás de cada sonrisa: "Cada corazón conoce sus propias amarguras... También de reírse duele el corazón, y hay alegrías que acaban en tristeza" (Proverbio 14.10 y 13).

¿No desean unirse a mí para asumir el compromiso de renovar y estimular, alegrar y elevar el corazón de todos con los que nos topemos con palabras de vida, con palabras sabias y amables? Ustedes pueden ser una fuente de vida. En vez de ser como "el charlatán [que] hiere con la lengua como con una espada", la lengua de ustedes podría ser como "la lengua del sabio [que] brinda alivio" (Proverbio 12.18). Con la bendición de Dios, su amor en vuestro corazón, y escogiendo palabras sabias y amables, ustedes pueden ayudar a sanar al desanimado.

Y cuando fracasen, mis queridas, recuerden lo siguiente: Acepten el desafío de Dios hablando sólo con palabras sabias y amables; no se desanimen; y continúen intentando. ¡Así es como ustedes y yo continuamos tratando de alcanzar el hermoso modelo de Dios!

-20-

Una mirada atenta

SU ADMINISTRACIÓN

"Está atenta a la marcha de su hogar,
Y el pan que come no es fruto del ocio".
Proverbio 31.27

"Así que, ¿qué hiciste hoy?" Todos los días puedo esperar este saludo alegre de mi dulce esposo cuando llega a casa del trabajo. Contento de estar en casa y contento de hablar cosas sin demasiada importancia, Jim centra toda su atención en mí. Después de un día difícil en el trabajo, desea saber cómo fue mi día. Su genuina preocupación no deja nunca de asombrarme: pero también hace que mi corazón lata con fuerza, porque por alguna razón, mi mente corre a esa pequeña palabrita: *hiciste*, "¿qué *hiciste* hoy?". Aun cuando Jim no me esté haciendo esa pregunta para controlarme, estoy tan centrada yo misma en mis responsabilidades, que automáticamente respondo: "No sé exactamente qué es lo que hice, pero lo que sé es que jamás he permanecido sentada todo el día".

¡Esa vigilancia sobre cuán sabia y eficazmente he pasado el día no ha sido siempre lo normal para mí! Sin embargo, eso fue antes de que aprendiera una lección poderosa de la mujer hermosa de Dios, una lección sobre el tiempo, la vida, y la administración del hogar: La mujer que es hermosa a los ojos de Dios "está atenta a la marcha de su hogar, y el pan que come no es fruto del ocio" (Proverbio 31.27). La sabiduría de este versículo—

el cual me muestra vívidamente qué es lo que debo hacer y qué es lo que no debo hacer—me dio un doble desafío para toda mi vida. Primero, lo positivo.

El cuidado de su rebaño

Al enseñarnos aún más sobre la mujer que es bella a los ojos de Dios, la madre del príncipe Lemuel dice: "Está *atenta* a la marcha de su hogar" (Proverbio 31.27, énfasis añadido). Sabemos que la mujer de Proverbios

31 tiene las finanzas necesarias como para tener criados (versículo 15), pero aquí vemos que ella está activamente involucrada en la administración concreta de su casa. Nadie le maneja la casa. Es *su* hogar, *su* familia, *su* casa, y ella considera que su administración está en el área de *su* mayordomía.

Utilizando una imagen que le resultaba familiar a su joven hijo (el muchacho que algún día sería rey y "estaría atento" a su pueblo), su madre describe a su futura esposa como una centinela. Encargado de ser un guardia atento, el centinela cuidaba y guardaba una ciudad o un campo. Lemuel había crecido viendo a los centinelas parados las 24 horas del día en los muros de la ciudad, las torres de observación y las cimas de los montes. Tenían que estar siempre alertas para prevenir cualquier acto hostil y denunciar cualquier tipo de actividad sospechosa al rey.[120] El joven Lemuel sabía exactamente qué era un centinela, y lo que éste hacía.

Su sabia madre, una experta administradora, le dice a su hijo que se case con la clase de mujer que "estará atenta" a su familia y los asuntos hogareños, una mujer que tenga, como bien dice la expresión, ¡ojos en la nuca! Como los que están de guardia, la mujer gira su cabeza, mirando hacia todas partes para no perderse ningún detalle.[121] Esta imagen del guardia sugiere que ella está de guardia, moviendo sus ojos de un lado a otro para ver qué es lo que viene y qué es lo que va, y así poder cumplir con su tarea divina como supervisora de su preciosa familia y propiedad. Ella está atenta y supervisa todo.

¿Cuán seriamente asume la hermosa centinela de Dios su mayordomía? El versículo 27, en la traducción de la NVI, dice que ella "está *atenta* a la marcha de su hogar". O sea, que no se limita a echarle una rápida mirada a las cosas o a registrar la temperatura de la casa (tanto literal como simbólicamente), de vez en cuando, sino que mira de cerca, estudia la situación y supervisa todo lo que atañe a su hogar. Alerta y llena de energía, le toma el pulso a su casa, nada se escapa de su escrutinio y control.[122] Porque vean, la tarea que le encomendó Dios es mantener una mirada atenta para saber todo lo que ocurre bajo su techo, y para cuidar tanto a las personas como al lugar.

A continuación vemos que ella "está atenta a la *marcha* de su hogar" o "considera los *caminos* de su casa" (Proverbio 31.27 RVR60, énfasis añadido). Ella cuidadosamente presta atención a los patrones de su vida de hogar: la "marcha" de su casa, las idas y venidas generales, las costumbres y las actividades de su gente. La palabra hebrea para "caminos" significa las huellas que se forman literalmente por el uso constante. Son como las huellas que aparecen en el césped o en un sendero creadas por el tráfico pesado.[123] Nuestra mujer siempre atenta está conciente de esas costumbres y todo cambio en las costumbres. ¡Nada la toma por sorpresa!

La hermosa supervisora de Dios observa todo lo que ocurre en su hogar. Ella está conciente cada minuto de lo que ocurre con los miembros de su familia y el fluir general del hogar. Sabe todo lo que ocurre entre esas cuatro paredes. Así como el centinela de la ciudad denuncia cualquier acto sospechoso o potencialmente peligroso al rey, así la mujer hermosa de Dios suena la alarma cuando es necesario. Cuando una situación sale mal, alerta a su marido. Ella permanece siempre fiel como su vigía.

Siempre fiel, "está atenta a la marcha de su *hogar*" (énfasis añadido). Y el hogar se extiende más allá de los miembros de su familia inmediata. Su esposo e hijos son su preocupación más grande. Son su rebaño; su bienestar y actividades son lo que más le preocupan. Pero, además de sus ovejas y de cualquier rebaño que pueda, literalmente, poseer (Proverbio 31.17 y Proverbio

27.23), nuestra mujer hermosa de Dios también tiene el rebaño de su casa. Como la señora de la casa, se ocupa también de todos los miembros de su familia extendida y de sus criadas, cuidándolas a ellas también, como un pastor cuida a su rebaño.

Ella está también atenta a ella misma

La mujer que es bella a los ojos de Dios está del mismo modo atenta a ella misma: "y el pan que come no es fruto del ocio" (Proverbio 31.27). El hebreo para comer sugiere el estilo de vida propio de "la buena vida", pero la mujer hermosa de Dios *no* está atraída por la "buena vida". Por el contrario, ella escoge no vivir una vida ociosa repleta de comida y bebidas.[124] La que tan atentamente vigila su casa, no tiene cabida para el ocio en su horario. ¿Cómo podría darse el lujo de estar ociosa? ¿Cómo podría encontrar el tiempo necesario para ello? Siempre ocupada manejando su casa y cuidando a su rebaño, ella no tiene tiempo de participar o "comer" el fruto del ocio y la pereza. Podríamos dar vuelta esta verdad: ¡porque no está nunca ociosa, dispone del tiempo necesario para cuidar a su casa y asegurarse de que esté bien manejada!

En Proverbio 31.27: "Y el pan que come no es fruto del ocio", es interesante notar que el hebreo para "pan" se asocia también con la flojera. El uso de "pan" junto con "comer" nos da una clara imagen: la mujer hermosa de Dios no toma parte en ninguna clase de pereza. Una traducción nos dice que ella "no está contenta de pasarse la vida comiendo y durmiendo".[125] Mi comentario favorito simplemente dice: "Ella no es nunca perezosa".[126] ¿Ahora me comprenden por qué nunca me quedo sentada? ¡El Proverbio 31.27 me desafía para siempre!

Cómo lograr esa belleza

Primero la gente. Cuando vivimos bajo un mismo techo, un buen principio para recordar es: "La gente primero, luego el lugar". Las preciosas personas que conforman nuestra familia deben siempre ser muchísimo más importantes que el lugar donde vivimos. Después de todo, el lugar existe para servir a la gente.

De modo que nuestro hermoso rol es asegurarnos de que las personas que viven con nosotros estén cuidadas espiritual, emocional y físicamente. La tarea que nos ha asignado Dios requiere que nos aseguremos, al igual que la mujer de Proverbios 31, de que todos los miembros de nuestra familia estén alimentados y vestido.

A la luz de esto, leamos las inquietantes palabras escritas por la esposa, madre, abuela y bisabuela Edith Schaeffer: "Quizás las madres y abuelas abandonadas se hayan estado preparando para su propio abandono al enseñar vez tras vez que los sentimientos de la gente, y la necesidad de respuesta de los mismos, no son nunca tan importantes como limpiar la casa, respetar los horarios y respetar todas las leyes y regulaciones pertinentes".[127] Cuando seguimos el precepto de que la gente primero y el lugar después, estaremos concentrando nuestra energía en el lugar adecuado: el lugar de máxima belleza.

Parte de cuidar a los demás es orar por ellos. Como dice el salmista: "Si el Señor no edifica la casa, en vano se esfuerzan los albañiles. Si el Señor no cuida la ciudad, en vano hacen guardia los vigilantes" (Salmo 127.1). Jamás sabremos, de este lado del cielo, cuántos miembros desalentados de nuestra familia fueron animados por nuestras oraciones por ellos, cuántos problemas se han resuelto porque Dios otorgó la sabiduría necesaria en respuesta a nuestras oraciones, o cuántas batallas espirituales se ganaron bajo nuestro techo porque elevamos nuestras súplicas al trono en el cielo.

Luego el lugar. Cuando la gente en casa está bien cuidada, podemos entonces dirigir nuestra atención a la "administración de la casa". Sobre mi escritorio, tengo un enorme libro antiguo de 1861 titulado *Beeton's Book of Household Management*[128] que me dio una amiga que vive en Escocia. Sus 1.125 páginas detallan información sobre la crianza, selección, matanza, aliño, carnicería, preservación y preparación de los animales para el consumo, cómo servir una comida para diecinueve, los deberes y manera correcta de instruir a cocineras, mucamas, cocheros, lavanderas, niñeras, etc., quienes desempañarán algunas de estas tareas, y además, información médica y legal. Sin duda, este manual tenía la intención de asistir a toda mujer que deseara cuidar y estar atenta a la marcha de su hogar.

Estaba pensando sobre lo que hacemos nosotras, las hermosas mujeres de Dios, para estar atentas a la marcha de nuestra casa, y deseo compartirles mi lista, la cual, como la de ustedes, es diferente a la de Beeton. Como la mujer de Proverbios 31, sin embargo, estoy atenta a la marcha de mi casa: de mi gente, el lugar, las finanzas, las comidas, las "mucamas" y la ropa. Por ejemplo, en este momento, mi lavadora (mi lavandera) está centrifugando. Ya he encendido los rociadores en el jardín (mi jardinero), cerré las ventanas y encendí el aire acondicionada (¡es agosto!), envié un automóvil para que lo arreglen (mi cochero asistido), y disfruté el desayuno con mi esposo (una comida y un rato de compañerismo). Envié un email a mis dos hijas, todavía "cuidándolas" y alimentando nuestra relación a larga distancia. La casa está ordenada, las cuentas pagadas, y las tareas del día planeadas. Me reuní con el Señor y él animó mi corazón y me fortaleció para que pueda manejar otro día más, atareado y con muchas exigencias. Son las 11:30 a.m. ahora, y desde que me he levantado he estado tratando de poner mi hogar y mi familia en el sendero correcto, el "camino" correcto.

Cuando Katherine y Courtney eran más jóvenes, todos los días seguían el mismo camino, salvo que en ese entonces, yo tenía que controlar también las tareas escolares y ver que hicieran sus quehaceres domésticos. Yo invertí tiempo y esfuerzo para criarlas para que algún día tuvieran los conocimientos prácticos necesarios para hacer lo mismo: limpiar la casa, cocinar, poner la mesa, cuidar al perro, mantener el jardín, lavar, doblar y planchar la ropa. Les inculqué algunas disciplinas como la limpieza, lavarse los dientes a diario, y llegar a la escuela a tiempo, ¡y con la bolsita del almuerzo preparada!

Habiendo pasado ya seis o siete horas ocupándome de mi hogar, ahora comenzaré a escribir, con un recreo para comer con Jim a la noche, buscar su coche al final del día, una última repasada a la casa, y probablemente un par de horas más escribiendo antes de irme a la cama. ¡Pero al menos no le tengo que retorcer el cuello a una gallina!

Les pido que me disculpen por tomar el tiempo y el espacio para enumerar mis actividades cotidianas. Pero deseo que se den cuenta, tengan o no un empleo, que estar atentas a la marcha de nuestro hogar y estar vigilantes a todo, involucra muchísimas cosas. Cualquier responsabilidad o lealtad en el trabajo viene después de que las principales prioridades de la familia y el hogar hayan sido satisfechas. Yo no escribo (y yo investigo y escribo algo así como diez horas por día) hasta no haberme ocupado primero de la gente y del lugar. ¡Y eso me lleva ocho horas por día! Mi "trabajo" como escritora y maestra no puede ser jamás una razón para descuidar la marcha de mi casa.

Y lo mismo pasa con ustedes. Los ingresos de un empleo no pueden jamás sustituir el cuidado de la familia y el hogar. La mujer que es bella a los ojos de Dios (no necesariamente a los ojos del empleador, supervisor, jefe, compañeras de trabajo, o [¡ay!] un editor) se asegura de que la administración en casa esté bien atendida. La broma que dice: "La mayoría de los hogares hoy día operan en tres turnos: el papá tiene el turno nocturno, la mamá el diurno, y los niños se las arreglan solos", no debe ser jamás nuestra verdad. Con el corazón puesto en la clase de belleza que agrada a Dios, en algunos buenos métodos de manejo del tiempo, y un plan para nuestro día, podemos controlar lo que nos trae la vida.

Una invitación a la belleza

Sé que quizás no les suene como algo invitador o apasionante, pero nuestro hogar es sin duda el lugar que más se merece nuestra atención diligente. En realidad, el hogar es el lugar más importante del mundo para pasar nuestro tiempo e invertir nuestra energía. ¿Por qué lo digo? Porque lo que hacemos allí es tarea eterna, trabajo significativo e importante: ¡es nuestro servicio supremo a Dios! Las invita a disfrutar la belleza de servir en un lugar pequeño, un lugar pequeño... como nuestro hogar.

Un lugar pequeño

"¿Dónde debo trabajar hoy, Señor?"
Y mi amor fluyó cálido y libre.
Me contestó diciendo:
"¿Ves ese pequeño lugar?
Cuídalo para mí".

Le contesté diciendo: "¡Ay, no allí!
Nadie lo percibiría.
No importa cuán buena mi tarea,
¡No me des ese lugar a mí!"

Su voz, cuando habló, era suave y amable,
Me contestó con dulzura,
"Mi pequeña, busca tu corazón,
Estás trabajando para ellos o para MÍ?
Nazaret era un lugar pequeño...
Como también lo era Galilea".[129]

-21-

Una copa de bendición

SU FAMILIA

"Se levantan sus hijos y la llaman bienaventurada;
Y su marido también la alaba".
Proverbio 31.28 RVR60

Mientras que escribo este capítulo, Jim y yo nos estamos preparando para un viaje. Vamos a una fiesta sorpresa para una maravillosa pareja de setenta años. Sus hijos e hijas les están preparando esta fiesta. No son sus cincuenta años de casados, ni una fiesta de jubilación, como no es tampoco una fiesta de cumpleaños. La invitación dice simplemente que el acontecimiento habrá de ser "una celebración de honor". ¿No les parece una idea magnífica?

Bueno, mis hermosas amigas, este capítulo es también una celebración de honor. Durante veinte capítulos, ustedes y yo hemos escuchado cómo describe una madre a su hijo cómo es la mujer que es hermosa a los ojos de Dios. Juntas bebimos de la fuente de sus nobles cualidades: su diligencia, su sabia administración, su espíritu emprendedor, sus palabras estimulantes, su cuidadosa atención al bienestar de sus seres queridos, y su empuje para sobresalir en bien de su familia. Motivada por su amor, la mujer hermosa de Dios se deleita en derramar su vida por su familia. Sin duda, su belleza no es común (versículo 10).

Y ahora, escuchamos sobre una celebración en su honor. La mujer hermosa de Dios está recibiendo su mayor recompensa, y ésta no proviene de la comunidad, ni de la gente de su pueblo, ni de la gente de su iglesia, su trabajo o su vecindario. Su copa de bendición proviene de aquellos que mayor importancia tienen, aquellos que la conocen mejor, y aquellos que han recibido toda una vida de las primicias de su amor cotidiano: ¡su familia! Veamos cómo la alaban sus hijos.

Una madre bendita

El Proverbio 31.28 proclama: "Se levantan sus hijos y la llaman bienaventurada". Nosotras no los hemos visto ni conocido, pero aquí, al unísono, los hijos de la mujer hermosa de Dios "se levantan" y cantan sus alabanzas. Me tuve que reír cuando leí una interpretación que decía: "Se levantan en la mañana y, al encontrar todo bien preparado, los hijos le expresan su agradecimiento a ella".[130] Sin duda, ese despliegue de gratitud es algo que todas las mamás sueñan y desean, pero no siempre es lo que los hijos expresan. Otro comentador sugiere que el levantarse significa ponerse de pie en su presencia como señal de respeto (¡otra de nuestras fantasías!).[131] Aún otra posibilidad más es que los niños se levanten como realizando el movimiento para prepararse a proclamar un anuncio, o para dar palabras de tributo reverente en honor a ella, [132] algo así como levantarse para dar un discurso en una ceremonia especial.

Quizás a ustedes les resulten estas explicaciones, pero en realidad la palabra *levantarse* significa que los hijos de la mujer de Proverbios 31 crecieron y viven de una manera que le aporta honor y bendición y crédito a ella. Las vidas de los hijos se convierten en la alabanza viviente de su valía y de su trabajo.

Mis benditas amigas, sea cual sea el sentido, una cosa es clara: Los hijos de nuestra mujer de Proverbios 31 le dan a su vida la recompensa más grande. La bendicen. La alaban. Los hijos experimentan los dulces frutos de sus virtudes, y ella experimenta los dulces frutos de sus vidas y se alegra en ellos. Como les dije, ellos la bendicen: y ella es bendecida (lo cual significa feliz).[133] Sus palabras sinceras, así como sus vidas mismas, la bendicen. ¡Sin duda, la copa de su bendición se derrama!

Cuando oré para que mis hijas también se levantaran: no que me dijeran "gracias", o que se pusieran de pie cada vez que yo entrara a la habitación, ni tampoco que me dieran siquiera un discurso, sino que vivieran vidas piadosas, me hizo examinar mi corazón y mi alma. Esos momentos de oración me ayudaron también a identificar algunos elementos esenciales en el amor de una madre que es una bendición para su familia. Estos elementos básicos son una cuestión del corazón—el corazón de una madre, *vuestro* corazón—y corresponden al amor por los hijos, hijastros y nietos.

Elemento esencial Nº 1: Las madres se preocupan

Todos los días, las madres comparten su amor con sus hijos por medio del *obsequio de las cosas básicas*: alimentos, ropa, techo y descanso. Una placa para colocar en la cocina dice: "Aquí se brindan servicios divinos tres veces al día". Ésa es una perspectiva maravillosa sobre el cuidado que les ofrecemos a nuestros hijos al seguir los pasos de la mujer de Proverbios 31: Ella está atenta a los caminos de sus hijos, y se pasa la mayor parte del día suministrando alimentos y comida para sus seres queridos. El techo que les ofrece incluye un hogar cálido no sólo en cuanto a la temperatura, sino en cuanto al amor. Debido a que no es pendenciera (Proverbio 21.9) ni escandalosa (Proverbio 7.11), su hogar es un refugio donde su familia descansa y conoce la paz. A diario, ella extiende la copa de cuidados físicos a su familia.

El cuidado maternal equivale a esparcir *el obsequio del tiempo*. Cada minuto—cada segundo—que pasamos con nuestros hijos tiene importancia. El amor se deletrea T-I-E-M-P-O: tiempo, tiempo y más tiempo; tiempo en términos de minutos y tiempo en términos de años. De verdad, ¡nuestros niños requieren una eternidad de tiempo! Nuestros niños pequeños necesitan nuestro tiempo, ¡y necesitan mucho tiempo! ¿Sabían que el 50 por ciento del desarrollo del carácter y de la personalidad de un niño se lleva a cabo antes de los tres años y que el 75 por ciento ocurre antes de que cumpla los cinco años? También, nuestros hijos necesitan de nuestro tiempo cuando son mayores. Cuando aprenden a razonar y se convierten en verdaderos conversadores, cuando encaran los desafíos del colegio intermedio y secundario, cuando se convierten en jóvenes adultos en el lugar de trabajo o en la universidad, necesitan que les obsequiemos nuestro tiempo. Y necesitan nuestro tiempo cuando son más grandes aún, cuando están listos para ser nuestros amigos. Los hijos de la mujer de Proverbios 31, que se han convertido en sus *amigos*, ¡se levantan para bendecirla! Cada minuto, cada segundo, lo pasamos dando el obsequio del tiempo a nuestros hijos como una inversión en el carácter y futuro de ellos.

El cuidado de una madre no cesa cuando los hijos ya no están en la casa. En cambio, una madre trabaja dando *el obsequio del amor a larga distancia*. La hermosa madre del Antiguo Testamento, Ana, derramó su amor a la distancia sobre su pequeño Samuel (1 Samuel 2.19). A pesar de la distancia de un día de viaje, Samuel sabía que su mamá lo amaba, porque Ana (también una tejedora) le hacía todos los años un abrigo nuevo que le llevaba en persona, cuando iba cada año a la fiesta a la casa del Señor.

La autora Elisabeth Elliot se levanta y bendice a su madre por las cartas escritas y enviadas desde una larga distancia. Ella exclama: ¡Qué bendecidas éramos al no tener llamadas telefónicas de larga distancia! Muy pocas familias hoy día poseen el registro permanente e íntimamente detallado que ahora descansa en una caja en mi desván: el juego completo de las cartas de mi madre a sus hijos desde 1945 a 1985".[134] Cuando la Sra. Elliot comenzó a ir a la escuela, su mamá le escribía dos veces a la semana. Desde septiembre de 1941 hasta la mitad de los ochenta (cuando comenzó a fallar mentalmente), nunca hubo una semana en que Katharine Howard no les escribiera a sus hijos: ¡a los seis! Esas cartas eran lo que brotaba de su corazón de madre lleno de amor, y ese amor se abría camino para cuidar a sus hijos a larga distancia. Esa expresión de amor llevaba tiempo. Se imaginan escribir una docena de cartas por semana, sin computadora. Al expresar su amor, una madre cuida a sus hijos y les obsequia su tiempo.

Elemento esencial Nº 2: Las madres se concentran

Como las hermosas madres de Dios, nosotras concentramos felices todas nuestras energías y esfuerzos en un solo objetivo: criar a cada uno de nuestros hijos para que amen al Señor. La tarea que Dios nos ha asignado es criar hombres y mujeres que lo sirvan y honren. Nuestra meta no es criar a un doctor, una maestra, un ingeniero, un atleta, o un pastor o misionero. Dejaremos que Dios decida la vocación de nuestros hijos, mientras que nosotras nos concentramos en criar a personas que amen a Dios. Moisés era un pastor, pero su corazón le pertenecía a Dios. David también era un pastor, Pablo fabricaba tiendas y Pedro era un pescador, pero todos amaban a Dios.

Qué privilegio unirnos con Dios para capacitar a la próxima generación, las personas que, a su vez, capacitarán a la generación siguiente (Proverbio 22.6). La madre, abuela y bisabuela Edith Schaeffer explica: "Somos responsables de pasar el estandarte [de la fe] y cuidar que no se caiga, o que nos caigamos nosotras, debido a nuestra responsabilidad con la siguiente generación... Pasar la verdad a una generación más es uno de los mandatos principales de Dios".[135]

Mientras nos esforzamos por comunicar nuestra fe, las animo a que oren por sus hijos todas las noches. Consideren, por ejemplo, el clamor del corazón de la madre del Dr. Harry Ironside, quien fue conocido en los finales del siglo diecinueve como el "Niño predicador de Los Ángeles" y quien fue más adelante el pastor de la iglesia Moody Memorial en la ciudad de Chicago y el autor de más de 60 libros. Todas las noches, su madre Sophia vertía sobre su hijo esta oración, mientras lo arropaba en la cama: "Padre, salva temprano a mi hijo. Que nunca desee otra cosa más que vivir para ti... O Padre, haz que esté dispuesto a ser maltratado y golpeado, a sufrir vergüenza o cualquier otra cosa por el bien de Jesús".[136] La Sra. Ironside se concentró en solamente una cosa para su hijo: ¡que amara a Dios!

Elemento esencial Nº 3: Las madres planean

La hermosa madre de Proverbios 31 planeaba por el avance de sus roles (versículos 15 y 27), y nosotras debemos hacerlo también. Los resultados finales están siempre en las manos de Dios, pero la operación diaria del hogar está en las nuestras. De modo que permítanme compartir con ustedes lo que deseo (y deseaba) para mi familia y cómo planeo (y planeaba) para que ocurra. ¡Las cosas tan inmensas como los deseos de mi corazón (y seguramente del vuestro también) no ocurren sin planearlas!

Lo que más deseo es la *presencia dinámica del Señor* en mi hogar. Eso significa que lo primero que debo llenar es mi corazón. Tengo que planear un período de tiempo leyendo su Palabra y en oración de modo que pueda llevar la marca de una mujer que es bella a los ojos de Dios. Para que la presencia de Dios sea obvia en mi hogar, en mis tareas domésticas, en el trato con mi familia, él tiene que estar presente en mi propio corazón.

Lo siguiente que deseaba cuando era joven era *transmitir mi fe en Jesucristo* a mis hijos (y nietos). Nuevamente, planear ayuda. Mis planes involucraban ir con regularidad a la iglesia, y tener devociones diarias con mis niñas. En oración, decidí hablarles del Señor y le pedí a Dios que me ayudara a estar conciente de las oportunidades para acercarlas a él. Esos planes incluían rodear a mis hijas de personas que compartieran mi fe. Créase o no, tuve que planear que iba a orar por ellas. También planifiqué cosas que podíamos hacer normalmente a la hora de acostarse y encontré libros sobre la Biblia y con historias bíblicas para leerles. Vale la pena planear todo esto.

Una *atmósfera placentera en el hogar* crea un entorno hermoso donde crear recuerdos felices. Porque deseo esa atmósfera cálida y los buenos recuerdos que ella fomenta es que planeo para lograrla. Planeo las comidas, inclusive cómo voy a poner la mesa para que luzca bonita. Planeo para tener orden en la casa; planeo las tareas, el lavado de la ropa, el mantenimiento de nuestra ropa para que la vida sea más calma. Planeo también sorpresas, para que la vida en casa sea divertida. Si toda esta planificación parece un enorme esfuerzo, recuerden que ninguna obra de arte es algo hecho a las corridas. El arte requiere planeamiento y diseño, y también lo exige esa obra de arte llamada "hogar".

Deseo *relaciones que avancen* con mis hijas, de modo que planeo para que eso ocurra. Mis planes incluyen las palabras que pronuncio, las preguntas que hago, las maneras en que expreso mi amor, y qué obsequios y actos de bondad puedo extenderles. Planeo salidas, vacaciones, Navidades, Pascuas, y celebraciones de cumpleaños.

Otra clase de planificación para las relaciones es planear para esos momentitos o ratos que tengamos. Por ejemplo, cuando nuestros niños entran corriendo a casa después de la escuela para cambiarse la ropa y corren otra vez para irse a trabajar o para practicar algún deporte, y sólo disponemos de unos pocos minutos con ellos, debemos planear para esos minutos cruciales. Cuando sólo tenemos unas pocas horas con ellos, ya que el día ha sido muy ajetreado, pero comeremos juntos antes de que se vayan nuevamente, planifiquemos para esas preciosas horas. O cuando sólo tenemos a nuestros hijos, hijastros o nietos por unos pocos días, planeemos llenar esos días con amor. ¡Llenemos todos esos momentos con bendiciones para nuestros hijos!

Mis hijas están ahora casadas, pero yo continúo alimentando mi relación con ellas y sus esposos. Y eso también lo planeo. Cuando les escribo, oro por ellas y sus familias, les doy pequeños obsequios para ayudarlas en su vida como recién casadas, las ayudo en lo que necesiten, las visito y celebro con ellas las fiestas, lo planeo. ¡A veces también planeo no molestarlas!

El desarrollo de un último plan es muy importante: Debemos planear para tener *persistencia*. Debemos planear que seguiremos siendo madres, pase lo que pase. Una vez escuché un programa radial que me cambió la vida. Era una entrevista con el Dr. Richard Mayhue, Decano de The Master's Seminary y padre de hijos ya adultos. Comparó el cuidar a los hijos con un campo de fútbol americano de 100 yardas donde se está jugando un partido de vida o muerte. Algunos de los padres llevan a sus hijos preadolescentes a la acera de la escuela (la línea de 50 yardas), abren la puerta del automóvil, dejan a sus hijos, los despiden y les dicen: "Ya te he enseñado todo lo que necesitas saber. Ahora ve y hazlo". Luego tenemos al padre que le da a su hijo adolescente las llaves del automóvil (o un automóvil para él) a los dieciséis años (la línea de 75 yardas), se para en la acera, lo saluda, y grita: "Bueno, ahora estás solo. Puedes manejar, tienes edad para trabajar, y sabes lo que debes hacer. ¡Buena suerte!" Sin embargo, la mayoría de los padres, dejan a sus hijos aún maleables después de la graduación del colegio secundario (la línea de 95 yardas) y les gritan: "¡No te olvides de visitarnos de vez en cuando!"

Lo que enfatizó el Dr. Mayhue fue la importancia de acompañar a nuestros hijos, especialmente entre la línea de las 95 yardas y el gol en la línea de las 100 yardas: las edades entre los 18 y los 25 años. Describió los golpes brutales, los rasguños y las raspaduras que acaecen durante un verdadero partido de fútbol mientras que un equipo lucha por ganar cada pulgada de esas 5 yardas finales. Como señaló sabiamente, las últimas cinco yardas es donde su hijo elige una carrera y una pareja: las dos decisiones más importantes (después de la fe en Jesucristo) que toma en su vida.

Todo esto para decirles, mis queridas amigas y devotas mamás, que ustedes y yo debemos planear para estimular, ayudar, aconsejar y orar por nuestros hijos, no importa la edad que tengan. Nuestra tarea nos llama a unirnos a ellos y avanzar hombro con hombro, pulgada por pulgada, hasta la línea de llegada, ¡pase lo que pase! Nuestros cuidados y dirección no pueden terminar nunca. ¡Y, créanme, sus hijos se van a levantar y las llamarán bienaventuradas!

Como el espacio es limitado, no puedo compartir con ustedes las muchas otras ideas profundas que tengo sobre lo que Dios nos enseña como mamás y las muchas lecciones que he aprendido mientras criaba a mis hijas, pero les recomiendo con todo gusto cuatro capítulos de mi libro *A Woman After God's Own Heart*[137] sobre "El corazón de una madre". Después de todo, ser madre es verdaderamente un asunto del corazón—¡*vuestro* corazón!

Elemento esencial Nº 4: Las madres trabajan

En vez de la sección "Cómo lograr esa belleza", deseo compartir un elemento esencial más, que por cierto cubre algunos aspectos de ser madre: Cuando una madre cumple la tarea de criar a sus hijos, sigue el plan de Dios. Entiendan, el amor tiene cosas que hacer: tareas difíciles y sacrificadas. En los 19 versículos sobre la mujer de Proverbios 31 que hemos visto hasta ahora, he contado entre doce a quince alusiones obvias y veladas a su trabajo. Sabemos que ella se levanta cuando aún está oscuro y que su lámpara no se apaga cuando cae la noche (versículos 15 y 18). Desde la madrugada hasta entrada la noche, ella está siempre ocupada trabajando para su familia y haciéndolo porque los ama mucho.

Una vez más, las sinceras palabras de Edith Schaeffer: "Vale la pena luchar como madres. Esa tarea es digna de llamarse carrera y goza de la dignidad propia del trabajo arduo".[138] Y créanme, ¡ser mamá es lo más difícil que haremos en la vida! El amor de una madre perdura para siempre y es una labor que nunca cesa. Pero consideremos lo que puede lograr:

- Una madre ama a sus hijos.

  El trabajo pone nuestro amor en acción.
- Una madre cuida a sus hijos.

  El trabajo le da expresión a nuestros cuidados amorosos.
- Una madre se concentra en lograr que sus hijos conozcan a Cristo.

  El trabajo (y en especial, la obra de Dios en su corazón) le pone pies a nuestra fe.

Al realizar la dura labor de ser madres, Dios bendice nuestros esfuerzos y nos ayuda a concretar nuestros sueños para nuestra familia.

Ahora, unas breves palabras sobre cómo debemos hacer esta tarea. La Palabra de Dios nos dice que debemos hacerla sin quejas ni contiendas (Filipenses 2.14). Nos dice que debemos trabajar como para el Señor y no para los hombres (Colosenses 3.23). Debemos hacerlo con gusto y alegría (Proverbio 31.13). Debemos trabajar sin esperar nada a cambio (Lucas 6.35). Y debemos trabajar: enseñar, capacitar, corregir, atender, planear, dar, orar y creer, ¡porque el hacerlo es la tarea de madres que nos ha asignado Dios!

¿Qué ocurre si...?

Casi puedo escucharlas decir: "Pero, ¿qué ocurre si mis hijos no siguen mis consejos espirituales y prácticos? ¿Qué si no viven para Dios? ¿Qué pasa si no siguen los caminos que les he trazado? ¿Qué ocurre si nunca dicen gracias ni parecen darse cuenta de todo lo que he hecho por ellos? ¿Qué si no se levantan jamás para dar honra?"

Yo también he tenido esos pensamientos, pero he aprendido que la energía y los esfuerzos de una madre no deben estar jamás motivados por posibles recompensas. Dios ha determinado nuestro rol: como madres, sea como sea, debemos amar a nuestros hijos (Tito 2.4); enseñarles (Proverbio 1.8); corregirlos (Proverbio 29.17) y cuidarlos (Proverbio 31.27).

Aun cuando una madre se pregunte si sus esfuerzos darán como resultados los hijos piadosos que ella desea, sigue de todas maneras haciendo todas estas cosas. ¿Por qué? Porque en su corazón tiene fe, no en su labor, sino en *Dios*. Por esa razón, hace todo de corazón, pase lo que pase, y luego en oración pone los resultados de su obediencia en las manos de su sabio, poderoso y generoso Dios. Nuestra tarea como madres es obedecer el plan de Dios. La tarea de Dios es obrar para que todas las cosas obren para sus propósitos divinos (Romanos 8.28) y así comprobar cuál es su voluntad buena, agradable y perfecta (Romanos 12.2), ¡no sólo en la vida de nuestros hijos, sino en la nuestra también! Una madre, a medida que cría a sus hijos, confía y obedece al Dios que ella sirve.

Una invitación a la belleza

Es obvio que cuando se trata de nuestra maternidad, nuestras emociones son profundas. Espero y ruego que mi pasión les dé el impulso necesario para salir a luchar. Como lo dijo la Sra. Schaeffer antes: "Vale la pena luchar como madres". Cuando se trata de la maternidad, no hay neutralidad, ignorancia, actitud distante, o frustración posibles. Es por esa razón que trato de estimular en ustedes las emociones ardientes que puedan impulsarlas a cuidados constantes, esfuerzos continuos, perseverancia, y la motivación necesaria para entregarse por completo a esa tarea. Ser mamá—la clase de madre que agrada a Dios—causa un impacto en generaciones tras generaciones de hijos.

Para concluir, permítanme decirles que lloré cuando leí sobre la madre de Bill Bright, fundador de la Cruzada Estudiantil para Cristo. La describían como una mujer "común y corriente". Sin embargo, en su lecho de muerte a los 93 años, 109 miembros de su familia, incluyendo a sus hijos, nietos, bisnietos y tataranietos, se allegaron a su lado para expresar su amor y aprecio. Todos ellos deseaban levantarse y llamarla "bendita".[139] ¡Y eso, mis queridas amigas, es exactamente lo que deseo para ustedes y para mí!

-22-

Un canto de coronación

SU ALABANZA

"Sus hijos se levantan y la felicitan;
También su esposo la alaba:
'Muchas mujeres han realizado proezas,
Pero tú las superas a todas'".
Proverbio 31.28-29

Me conmovió el tributo de amor que este esposo le brindó a su fiel esposa en la dedicatoria de un libro que escribió:

> Con profundo amor y aprecio, dedico este libro a mi querida compañera y esposa, Evelyn, quien durante cuatro décadas ha estado siempre a mi lado y me ha dado su amor, su cooperación y su comprensión, aun cuando los demás dudaran. A lo largo de los años, ella se ha unido a mí en devoción mutua y oración a nuestro Padre Celestial, y me ha ayudado a mantener la fe cuando la visión de los demás era limitada—verdaderamente una compañera dada por Dios.[140]

Las palabras en esta dedicación reflejan la clase de gratitud y aprecio que reside en el corazón del esposo de la mujer de Proverbios 31 y que pone el marco del coro de alabanza, que corona este capítulo, por la mujer que es hermosa a los ojos de Dios.

Una excelente esposa

La mujer de Proverbios 31 ha probado no sólo que es una excelente madre, sino que ahora vemos que es también una excelente esposa que disfruta de la bendita aprobación de su esposo. En nuestro poema de virtudes, el hombre que tiene el primer lugar en su corazón es el que tiene la última palabra de alabanza para ella.

El gran final comienza diciendo que "también su esposo la alaba" (Proverbio 31.28). Sus hijos han concluido sus elogios, y ahora habla el más importante de todos. Ofrece sinceras palabras de tributo, reconociendo y apreciando todo lo que ella ha hecho por él. Canta el coro de coronación de alabanza por las numerosas obras generosas que su hermosa mujer ha derramado sobre él durante todos esos años.

El bendito esposo, gran líder y hombre de influencia, ¡alaba a su esposa! Con orgullo y en público, elogia a la mujer que lo ayuda con sus cargas; ella es quien lo consuela, quien lo aconseja, es su mejor amiga, su gozo incesante, y su corona radiante. Él es el compañero de su juventud (Proverbio 2.17) y ha compartido gran parte de su vida con ella. Y aquí, mucho tiempo después de que los hijos han dejado la casa, ella continúa siendo su fiel esposa y su fuente de bien todos los días de su vida (versículo 12).

Un ejército de mujeres virtuosas

Con gran anticipación, aguardamos a que el esposo de la mujer hermosa de Dios, la persona que mejor la conoce, comience su declaración de alabanza: "Muchas mujeres han realizado proezas" (Proverbio 31.29). Este hombre sabio conoce muy bien las características de la mujer noble y reconoce que muchas lo son. En realidad, existe todo un ejército de buenas mujeres. Sentado a las puertas de la ciudad (versículo 23), él sabe quiénes son las mujeres de carácter fuerte en la ciudad. Estoy segura de que puede enumerar las que han adquirido riquezas, que se merecen el respeto de la comunidad, y que viven de manera digna. Sí, son muchas.

Y él reconoce que "muchas mujeres han realizado *proezas*" (Proverbio 31.29, énfasis añadido). ¿Recuerdan la definición de *virtuosa* en el capítulo 1? Descubrimos que la palabra virtuosa o *excelente* significa "poder de la mente y poder del cuerpo" y que describe adecuadamente a un ejército. Aquí, su esposo también escoge la imagen militar en la palabra *proezas*. Muchas han realizado cosas virtuosas, con excelencia, con valor. Muchas han probado su valía y han obtenido riquezas. Muchas han demostrado gran fuerza y poder.

¡La mejor de todas!

"Pero", continúa diciendo este esposo con orgullo y agradecimiento, "tú las superas a todas" (Proverbio 31.29). Su preciosa mujer es hermosa no sólo a los ojos de Dios, sino también a los suyos. El coro de alabanza resuena cuando declara: "¡Tú las superas a todas! ¡Las trasciendes a todas! ¡Te destacas entre todas! ¡Eres la mejor!"[141] En otras palabras, él señala que otras mujeres obran en forma encomiable, pero ella "es" encomiable. Otras mujeres "realizan" sus tareas de manera excelente, pero él alaba a su esposa por su carácter: ¡ella "es" excelente![142] Al compararla con el todo el ejército de las mujeres virtuosas de Dios, exclama con confianza que ella las supera a todas. Cautivado por sus excelencias, proclama: "¡Tú eres la mejor!"[143]

Una aclaración: el hebreo del Antiguo Testamento proclama: "Tú asciendes por encima de todas ellas".[144] El hebreo sugiere que el esposo da su bendición en verdadero aprecio a los logros y actividades reales de su esposa, y no como un acto de generosidad, obligación o amabilidad bien intencionada. ¡La mujer hermosa de Dios se merece verdaderamente su alabanza honesta porque es sin duda la mejor!

Un calidoscopio de virtudes

Mis queridas amigas, espero que no se estén cansando de esta fiel mujer que tan perfectamente ejemplifica la belleza tal cual la percibe Dios. Durante 20 versículos hemos observado sus piadosas virtudes y su magnífico carácter. Esta mujer extraordinaria no es superficial, ni su hermosa vida está construida sobre una base débil. Su belleza piadosa y virtuosa invade su vida y su ser, de modo que podemos aprender muchas cosas valiosas de ella. El Proverbio 20.5 dice: "Los pensamientos humanos son aguas profundas; el que es inteligente los capta fácilmente". Ése ha sido nuestro propósito a lo largo de todo este libro: aprender todo lo posible de esta hermosa mujer de Proverbios 31.

En mi mente, ella es como un calidoscopio. ¿Han tenido de niñas un calidoscopio, ese tubo de cartón relleno con trocitos de vidrio o plástico de colores brillantes? Cuando lo sosteníamos en contra de la luz, podíamos ver los diferentes diseños conformados por los trocitos de vidrio al pasar la luz a través de ellos. Luego, al girarlo, cambiaban de posición y creaban otro magnífico diseño de belleza.

Así es la mujer hermosa de Dios. En Proverbios 31, Dios nos permite ver los variados y ricos colores y modelos de su vida multifacética. Al pasar de un versículo a otro, de virtud en virtud, al elevar su carácter contra la luz del Espíritu Santo, Dios ha iluminado el brillo de sus virtudes. Han explotado en un modelo exquisito y luego, con un pequeño cambio de ángulo, pasamos a otro versículo y vemos otra espléndida exhibición de su admirable belleza. Proverbios 31 es el estudio de una mujer en diferentes roles. Cada versículo nos permite observar todas sus virtudes, pero desde un ángulo diferente. ¡Es verdaderamente un calidoscopio de virtudes!

- Le agrega honor al nombre y reputación de su esposo porque es "una mujer ejemplar" (versículo 10).
- Contribuye positivamente a su bienestar financiero y maneja su dinero para que no necesite de "ganancias mal habidas" (versículo 11).
- Lo tranquiliza para que él se pueda concentrar en las exigencias de su cargo de liderazgo: "Su esposo confía plenamente en ella... ella le es fuente de bien, no de mal, todos los días de su vida" (versículos 11 y 12).

- Suministra lo necesario en su hogar: "Se levanta de madrugada, da de comer a su familia" (versículo 15).
- Aumenta sus bienes y expande su propiedad: "Con sus ganancias planta un viñedo" (versículo 16).
- Lo asesora y estimula con sus palabras: "Cuando habla, lo hace con sabiduría; cuando instruye, lo hace con amor" (versículo 26).
- Lo libera de toda preocupación en la casa para que pueda servir a la comunidad. Con toda responsabilidad, ella "está atenta a la marcha de su hogar" (versículo 27).
- Cría a sus hijos y, como resultado de sus esfuerzos, "sus hijos se levantan y la felicitan" (versículo 28).

¡Con razón las alabanzas de su esposo no cesan jamás!

Una hermosa corona

Y aquí otra imagen más capta nuestra atención. ¡La mujer que fue alabada en este exuberante coro es una hermosa corona para el que la alaba! Como dice el Proverbio 12.4: "La mujer ejemplar es corona de su esposo". La mujer hermosa de Dios es la corona que luce su esposo. Es el adorno más resplandeciente, y atrae la mirada de los demás hacia él, como el que es eminentemente honrado y bendecido.[145] Una corona es una marca de dignidad, y una mujer virtuosa: una persona de fuerza y dignidad (versículo 25), aporta respeto, crédito y reputación a su marido.[146] Al adornar y embellecer *su* vida, *ella* es un honor para él. Es su corona.

Y la mujer hermosa de Dios se complace en ser la corona de su esposo. Huyendo de la fama, da con gusto su vida para que su esposo sea el honrado. Está contenta cuando él es el centro de atención, cuando él sobresale y es reconocido y asciende a la cima. Y ella está feliz de vivir a su sombra. La promoción de su esposo es su recompensa más grande. Desea que él sea muy respetado y estimado por los demás, así que ella ofrece, gustosa, su vida como el máximo sacrificio para él.

Esta imagen de la corona nos da otro mensaje más: esta hermosa corona es una corona de alegría. En la época de la mujer hermosa de Dios, el novio se vestía como un rey. Si disponía de los medios, lucía una corona de oro. Si no, una corona de flores frescas que le brindaba una apariencia principesca. El día glorioso de su boda, hasta un campesino parecía un príncipe y la gente le rendía el respeto que convocaba el alta rango simbolizado por la corona.[147]

Luego, cuando pasaba el día de la boda, cuando las festividades no eran más que un recuerdo y la vida regresaba a su normalidad, la nueva esposa se convertía en la corona de su esposo. Esta mujer que es hermosa a los ojos de Dios le proporciona a su marido la dignidad que corresponde a un rey. Se ha convertido en el símbolo del honor: una corona que adorna la vida de su marido y que hace que cada día sea una celebración. Gracias a esta mujer virtuosa, la alegría del día de la boda continúa para el resto de sus días. Esto, mis queridas, es lo que deseamos ser para nuestro marido: una hermosa corona de dignidad y alegría que pueda lucir todo los días.

¿Qué ocurre si...?

Puedo escuchar, nuevamente, sus lamentos. Se están preguntando: "¿Y si mi marido no es el proveedor, el esposo, el padre, el líder espiritual que Dios lo ha llamado a ser? ¿Para qué molestarme? Ésta es una máxima para todas: Las circunstancias de la vida nunca niegan las normas de Dios. Permítanme que les explique mediante el ejemplo de algunas mujeres hermosas de Dios que han tenido matrimonios difíciles.

Ana: Según lo visto anteriormente, Ana estaba casada con un hombre que tenía otra esposa que la perseguía y la provocaba a diario (1 Samuel 1). Sin embargo, Ana permitió que esas circunstancias difíciles la acercaran aún más a Dios. Y como resultado, ella es una de las pocas mujeres en la Biblia de la cual no se dice nada negativo. No hay duda de que su esposo no era el líder que se suponía que fuera, pero Ana no permitió que las circunstancias de su vida negaran las normas o interfirieran con los deseos de Dios de que ella fuera hermosa a sus ojos.

Abigaíl. Ya hemos visto su triste vida (1 Samuel 25). Sentenciada a vivir con un marido alcohólico, ella soportó y fue la mejor esposa, ama de casa y supervisora de los criados que le fuera posible. Al reconocerla como una mujer virtuosa, los criados le avisaron que su casa estaba en peligro. Entonces, literalmente, ella salvó la vida de todos: de su esposo y criados, además de su casa y su propia vida.

Ester. La reina Ester estaba casada con un rey impío. Propenso a ataques de furia y probablemente un alcohólico, era un hombre difícil (véase el Libro de Ester). Sin embargo ella (cuyo nombre significa "estrella") brilla como otro modelo de una mujer que es hermosa a los ojos de Dios. Se dedican diez capítulos de la Biblia a su humildad, valentía y sabiduría. Ella dedicó todas sus virtudes para alimentar la relación con su esposo y para salvar la vida de su pueblo, los judíos.

A la luz de estos ejemplos, les pido que por favor miren más allá de sus circunstancias, *mucho más* allá de las dificultades presentes, y aún de su esposo. En cambio, ¡pongan a la contraluz de la brillante esperanza y Palabra de Dios el calidoscopio de Dios de virtudes y háganlo girar! Observen la belleza que él tiene para ustedes y que está madurando en ustedes aun en medio de circunstancias difíciles. La gracia de Dios es suficiente (2 Corintios 12.9), él es fiel (1 Corintios 10.13), y él ha comenzado sus buenos propósitos en ustedes (Romanos 8.28). Uno de sus cometidos es que sean cada día más hermosas a sus ojos, ¡cada vez más parecidas a su propio Hijo Jesús (Romanos 8.29)!

Sin embargo, en sus situaciones quizás estén pensando: "¿Y si mi esposo nunca me alaba? Hago todas estas cosas que figuran en la lista de quehaceres Proverbios 31 de Dios y me esfuerzo tanto, pero nunca recibo ni siquiera un simple gracias". Pienso que ya saben la respuesta a esto: Así como nuestro rol como madres, la energía y esfuerzo como esposas no deben verse jamás motivados por la posible recompensa. Dios ha determinado nuestro rol, y la Biblia lo describe: esposas, y hemos de hacer las cosas "como para el *Señor* y *no para los hombres*" (Colosenses 3.23 RVR60, énfasis añadido); y el "no para los hombres" incluye a nuestro marido. Hemos sido llamadas a brindar todo el tiempo y el esfuerzo que sean necesarios para ser las esposas que Dios nos ha llamado a ser "sin esperar nada a cambio" (Lucas 6.35). Fuimos llamada a amar y servir y trabajar y cuidar y levantarnos y quedarnos levantadas y hacer el bien todos los días de nuestra vida (¡y... y... y...!), porque eso es lo que nuestro Dios, sabio y amoroso, nos pide. Nuestra tarea es creer en la justicia de su voluntad y obedecer su plan para la belleza, confiando en que él nos dará la bendición que él escoja darnos: aun cuando esa bendición no incluya la alabanza de nuestro marido. ¡No permitan que nadie (ni siquiera su esposo) ni nada (ni siquiera la falta de alabanza) interfiera con el plan de Dios para su gloriosa belleza!

Por último, en caso de que pregunten: "¿Y si no tengo esposo?", por favor, no se olviden de que el énfasis a través de todo este libro está en las virtudes, el carácter piadoso, la persona que ustedes *son*, y no en su estado civil o en su maternidad. Dios desea que todas sus mujeres sea bellamente virtuosas a sus ojos: ¡y eso las incluye a *ustedes*!

Una invitación a la belleza

¡Estamos cerca de la cima de la montaña de virtudes que comenzamos a escalar tantos capítulos atrás! Sin embargo, antes de dar nuestros pasos finales, susurremos una oración y repasen conmigo esta lista de belleza.

Como mujeres: ¿Ponen en funcionamiento el poder de su mente y cuerpo para trabajar a favor de su esposo, su familia y su hogar? Al mismo tiempo, ¿tienen el propósito de no sólo *hacer* lo correcto, sino también *ser* una mujer digna y ejemplar?

Como amas de casa: ¿Cubren las necesidades de su casa? ¿Están atentas a la marcha de la misma?

Como madres: ¿Están criando a sus hijos para que amen y sirvan al Señor, dándole así a su esposo paz interior y fortaleciendo su reputación en la comunidad?

Como esposas: ¿Le da su conducta honra al nombre y reputación de su marido? ¿Contribuyen de manera positiva al bienestar financiero mediante una cuidadosa administración de las finanzas domésticas? ¿Confía su esposo en ustedes y su fidelidad? ¿Lo animan y enaltecen para las exigencias de la vida? Según vuestra honesta opinión, ¿ha encontrado vuestro esposo una mujer virtuosa en ustedes, una mujer que sea hermosa a los ojos de Dios? ¡Oren que sea así, y continúen en pos de lo excelente!

-23-

Un espíritu de reverencia

SU FE

"Engañoso es el encanto y pasajera la belleza;
La mujer que teme al Señor es digna de alabanza".
Proverbio 31.30

¡Lo hemos logrado! Hemos llegado al pináculo de la virtud, el objetivo del ascenso que comenzamos juntas en el capítulo 1. ¡Y hemos avanzado mucho! Por fin, *finalmente*, en este libro sobre la belleza, llegamos a la cima y allí descubrimos un versículo que realmente contiene la palabra "belleza".

¡Pero, esperen un minuto! Lo que este versículo dice sobre la belleza no es lo que nos imaginábamos al principio. ¡Hemos trepado a la cumbre de la belleza piadosa y nos damos cuenta de que *no* es lo que se nos había dicho toda la vida!

Aquí el mensaje de Proverbios 31 se ve más claramente que nunca, y vemos la verdad de Dios una vez más: este capítulo rico y vivificante del Antiguo Testamento trata sobre lo que es hermoso a los ojos de Dios, no a los ojos de los hombres, ni del mundo, ni de los medios de comunicación, ni de un artista, sino a los de *Dios*. Como hemos reconocido desde el principio de este manual sobre la belleza, Dios declara: "Porque mis pensamientos no son los de ustedes, ni sus caminos son los míos afirma el Señor. Mis caminos y mis pensamientos son más altos que los de ustedes; ¡más altos que los cielos sobre la tierra!" (Isaías 55.8-9). Y aquí tenemos los pensamientos específicos de Dios sobre la belleza: "Engañoso es el encanto y pasajera la belleza; la mujer que teme al SEÑOR es digna de alabanza" (Proverbio 31.30).

Ha sido por cierto instructivo sentarnos para escuchar las lecciones del joven Lemuel mientras que su sabia madre le enseñaba mediante un abecedario de la verdadera belleza femenina. A este punto de la lección, el sabe la clase de mujer que debe buscar como compañera para toda la vida—y nosotras hemos aprendido cuáles son las normas de Dios para nuestra vida. Ahora, esta madre tan preocupada por el futuro de su hijo y que sabe qué es lo más importante en esta vida, habla otra vez más. Escuchemos lo que dice sobre exactamente qué es, y qué no es, hermoso en una mujer.

La vanidad gemela del encanto y la belleza

"Engañoso es el encanto" declara el Proverbio 31.30. Advirtiendo a su hijo (y a todos los que presten atención a su sabiduría), nuestra maestra exclama: "¡No desees lo que encantador! ¡No caigas en su trampa! El encanto es engañoso, inconstante, pasajero. Al final, el encanto es una de las ilusiones de la vida, una de sus vanidades". Es cierto que el encanto es atrayente y fascinante, pero no puede jamás producir felicidad ni nos resuelve la vida. Es posible que esta madre tenga en mente el Proverbio que condena "amontonar tesoros con lengua mentirosa" (Proverbio 21.6).

"Y pasajera la belleza", añade (Proverbio 31.30). Aún haciendo sonar la alarma, nuestra maestra continúa: "No te dejes engañar por la belleza. Es superficial. Es pasajera, se desvanece, no es nada más que un vapor". A pesar de que todos aprecian la belleza de las formas, la hermosura física es transitoria y pasajera. Puede ser además engañosa y hasta peligrosa. Y, como su hermana gemela el encanto, la belleza no garantiza una vida feliz. Ni tampoco puede manejar sola la realidad de la vida.

Amor por el Señor

A lo largo de este libro sobre la belleza, hemos mirado de cerca las cualidades de la mujer de Proverbios 31 y sus muchas actividades diarias. La hemos observado de la manera que observamos un reloj, mirando cómo mueve sus manos y buscando el mensaje para nosotras. Pero ahora, mis queridas amigas, se nos permite mirar el interior para ver qué es lo que la hace funcionar. ¿De dónde proviene su amor? ¿Cuál es la fuente de su generosidad... su misericordia... su inagotable energía? ¿Qué la guía, le da su propósito y define sus objetivos? ¿Qué le permite ser una roca sólida? ¿Dónde encuentra la motivación profunda para dedicarse a tales nobles esfuerzos durante toda la vida? ¿Qué la hace tan hermosa a los ojos de Dios?

La respuesta está aquí mismo en el Proverbio 31.30, nuestro último paso para comprender la belleza de Dios. La clave de todo lo que ella es y hace es *Dios mismo*. El Proverbio 31.30 es muy específico: "La mujer que teme al SEÑOR es digna de alabanza". La mujer hermosa de Dios lo ama, ella "teme al SEÑOR". Y al Señor le complace que ella lo tome en serio y obedezca con seriedad su Palabra.

¿Qué exactamente significa "temer" al Señor? Es una pregunta que escucho muy a menudo. En sencillas palabras, una mujer que teme al Señor es alguien cuya entrega espiritual a Dios es completa.

¿Cómo podemos alimentar nuestra entrega al Señor y ser así más hermosas a sus ojos? Concentrándonos más en nuestro carácter interior que en nuestra apariencia externa. En vez de preocuparnos por la ropa, el peinado, nuestro automóvil o cómo decorar la casa, debemos preocuparnos de expresar el carácter santo que Dios nos imparte, mientras que permanecemos en su presencia. Debemos buscar la alabanza de Dios y no la de los hombres. Debemos rehuir las transitorias vanidades de este mundo y perseguir en cambio la belleza eterna del Señor. Esos son los intereses propios de la mujer que teme al Señor. Ese temor es el que santifica cada parte de nuestra vida y muestra la majestad interior de Dios que se encuentra en el centro mismo de nuestra persona.

¿Qué diferencia hace todo esto? Influye en todo lo que hacemos. Así como el sol irradia su luz, la presencia del Señor irradia a través de todo lo que hacemos y de nuestra dedicación, aportando luz a todo lo que tocamos. Así como las fuentes, arroyos, y cascadas se alimentan de una fuente de agua, poder y propósitos gozosos y refrescantes emanan de nuestra entrega profunda a Dios. Cuando nuestro corazón confía en él, refrescamos a todos los que nos rodean con nuestros actos de generosidad y dedicación. Nuestro amor supremo por Dios le da energía a nuestra conducta, nuestro carácter y nuestro amor por los demás. Nuestra fe en Dios genera, anima y adorna la belleza de nuestra estatura moral y la utilidad de nuestra vida.

Cómo lograr esa belleza

La guirnalda de alabanza de Dios está reservada para la mujer que cree en Dios y que se sujeta a su voluntad. Después de todo: "El temor del Señor es el principio del conocimiento" (Proverbio 1.7), y hemos visto una y otra vez que la mujer que es hermosa a los ojos de Dios es tan sabia como hermosa en espíritu. La buena noticia es que nosotras podemos conocer su clase de belleza, la clase de belleza de Dios. ¿Cómo?

Nº 1. Amarte aún más, Jesucristo. En nuestra época, la era del Nuevo Testamento, la mujer que es hermosa a los ojos de Dios goza de una relación personal con Dios a través de su Hijo, Jesucristo. Por esa razón, a lo largo de este libro les he señalado, una y otra vez, Colosenses 3.23: "Hagan lo que hagan, trabajen de buena gana, *como para el Señor* y no como para nadie en este mundo" (énfasis añadido). Cuando Jesucristo gobierna nuestro corazón y nuestra vida, todo lo que hacemos es un acto de adoración. ¡Esta clase de amor por Cristo es lo que nos hace verdaderamente hermosas a los ojos de Dios!

Nº 2. Programen pasar tiempo con el Señor. Por lo general, las personas que no están completamente convencidas de su necesidad de buscar al Señor con regularidad, no lo hacen. Espero que, a esta altura de nuestro ascenso, se den cuenta de que, para poder realizar la tarea a la cual fueron llamadas, necesitan buscar al Señor.

Hablando de eso, acabo de mirar mi horario para la semana que viene. Incluye cosas tan apasionantes como ir al dentista y la entrega del agua potable. Si programamos cosas no esenciales de la vida como ésas, ¿por qué no habremos de programar nuestro rato con el Señor?

Miren, por favor, sus propios horarios. ¿Cuándo se reúnen con el Señor? ¿Qué rato adicional con él pueden tener? Nuestra fe se alimenta y fortalece con los dulces momentos que pasamos leyendo la Biblia y orando. En este libro han leído mucho sobre el manejo del tiempo, la organización, las metas y los horarios. Ahora utilicen esas lecciones y habilidades para asegurarse de que están pasando el tiempo que necesitan para tener más vida, transformarse y embellecerse con Dios.

Como personas que nombran a Jesús como Señor, ustedes tienen el privilegio de contemplar la belleza del Señor (Salmo 27.4) y adorarlo en la hermosura de su santidad (Salmo 29.2). Entonces, su belleza se convierte en la belleza de ustedes y vuestra vida lleva la marca de una mujer que teme al Señor.

Nº 3: Acepten el plan de Dios. Proverbios 31, como poema de alabanza de la mujer virtuosa, exhibe el plan de Dios para nuestra vida. Repasando un poco, debido a nuestro temor obediente al Señor, Dios nos llama a ser mujeres de carácter, esposas fieles (si estamos casadas), madres devotas, amas de casa dedicadas a construir el hogar, y mujeres confiadas. En vez de resistir el plan perfecto de Dios, las invito a que lo acepten, se gloríen en él, se deleiten en cada uno de sus aspectos, se destaquen en él, y experimenten su hermosura. La mujer que teme al Señor es una mujer que ha tomado a Dios, su Palabra y sus planes en serio. Cuando aceptamos el plan de Dios para nuestra vida con todo el corazón, tal como lo hace la mujer de Proverbios 31 estaremos, pase lo que pase, revestidas de fuerza y dignidad.

Nº 4. Hagan lo mejor posible. La mujer de Proverbios 31 es fuerte y está en buen estado físico. No sabemos qué aspecto tenía, pero estamos seguras de que hacía siempre lo mejor posible en todo. Sabemos que se vestía con ropa de color púrpura, pero debido a sus magníficas virtudes, sabemos también que no estaba demasiado preocupada por su apariencia física. Sin embargo, le aportaba honra al nombre de su esposo. Claramente, ella nos ofrece una buena norma: Hagan lo que sea necesario para estar sanas y en buen estado físico y para traer honra a la familia.

¿Cómo sabemos cuando nos preocupamos demasiado por nuestra belleza física? Voy a permitir que dos mujeres hermosas de Dios actuales compartan sus pensamientos al respecto.

La autora Anne Ortlund llegó a esta conclusión: "He notado que veintidós de los versículos [de Proverbios 31] describen su bondad, piedad, trabajo, relaciones afectuosas, y sólo un versículo de los veintidós [el versículo 22] describe su aspecto... Viendo esta clase de proporción en Proverbios 31... oré: 'Padre, te pido que me des 1/22 de mi tiempo para embellecerme exteriormente; y te pido que me des el resto de mi vida, 21/22 de mi vida, para ser sabia, buena, piadosa, trabajadora y todo el resto'".[148]

Cuando otra mujer que conozco oró en lo que respecta a nutrir un corazón que teme al Señor, ella decidió comprometerse a dar el diezmo de su tiempo todos los días. En otras palabras, ella aparta una décima parte de las horas que está despierta para orar y estudiar la Biblia.

Traten de descubrir ustedes mismas una fórmula que equilibre el alimentar en la presencia de Dios una belleza interior que le complazca y las exigencias de la vida diaria. ¡Siempre recuerden que el tiempo, la energía y la atención que le den a su relación con el Señor es atención que le prestan a su hermosura interior, piadosa y *verdadera*!

Una invitación a la belleza

En caso de que no estén seguras de cómo tener una relación con Jesucristo, permítanme invitarlas a establecerla hoy mismo y comenzar así a vivir una vida de belleza interior y eterna. Ahora mismo pueden comenzar a caminar sobre el sendero de la belleza piadosa, orando estas palabras:

> Jesús, sé que soy una pecadora, pero deseo arrepentirme de mis pecados y seguirte a ti. Creo que tú has muerto por mis pecados y que has resucitado victorioso sobre el poder del pecado y la muerte, y deseo aceptarte como mi Salvador personal. Señor Jesús, ven a mi vida y ayúdame a obedecerte desde hoy para siempre.

Ahora mismo estoy orando por ustedes. ¡La belleza verdadera, por cierto, toda belleza, comienza en Cristo Jesús!

-24-

La cosecha de toda una vida

SU RECOMPENSA

"Dadle del fruto de sus manos,
Y alábenla en las puertas sus hechos".
Proverbio 31.31 RVR60

Un "proverbio" moderno resume el sendero de la vida cristiana: "¡El camino para ascender desciende!" Mantengan este dicho presente, mientras examinan este versículo final de Proverbios 31, el versículo que cierra el Libro de los Proverbios. Pienso que esas cinco palabras describen la vida de nuestra hermosa dama, la mujer de Proverbios 31. Para ella, el camino para ascender era el descenso.

La mujer que es hermosa a los ojos de Dios, cuya vida y trabajo hemos estado contemplando durante 22 versículos y 24 capítulos, ha elegido vivir en las sombras y producir fruto que sólo crece en los lugares sombreados. Oculta en su casa, como mujer que teme al Señor (Proverbio 31.30), ella da todo por la gloria suprema de Dios. Claro que, al igual que nosotras, también realiza cosas fuera de la casa, pero dentro de esta última no existe tarea lo suficientemente insignificante o trabajo demasiado pequeño que no exija su mejor esfuerzo. Ahora vemos las recompensas que le aguardan a aquella que ha estado satisfecha durante mucho tiempo de servir en silencio: Un coro unánime de alabanza celebra a la mujer que escogió el camino del descenso.

El fruto de sus manos

Mientras que la madre del joven Lemuel pone fin a sus lecciones, mira a los ojos de su hijo y le da una palabra de instrucción más: "Dadle del fruto de sus manos" (Proverbio 31.31). Así como los admiradores otorgaban a los conquistadores recompensas por sus hazañas y proezas, así también nosotras le damos a la mujer hermosa de Dios sus premios. Dicho en palabras modernas, el Proverbio 31.31 podría muy bien decir: "¡Denle crédito por sus logros! ¡Denle todo lo que ella se ha ganado! ¡Denle todo aquello por lo cual ha trabajado con tanta diligencia! ¡Denle el fruto de sus manos, la cosecha de toda una vida de esfuerzo con amor! ¡Denle las ganancias que ella merece, los bienes por los que ha trabajado, la reputación que ha establecido, el matrimonio que ha alimentado, el hogar que ha construido, la vida de familia que ha cultivado, el futuro por el cual se ha esforzado! ¡Denle todo a ella!" Y, mis queridas y hermosas amigas, esas palabras finales nos llaman a dar a la mujer que es hermosa a los ojos de Dios su recompensa, una cosecha de alabanza.

Y éste es, sin duda alguna, un grave llamado a la alabanza. Demasiadas mujeres están celosas de la mujer hermosa de Dios. La desprecian y se burlan de ella. He escuchado que la llaman: "apocada", "patito feo", "una simple ama de casa", mujer de la época de las cavernas, una esclava. Algunas se apresuran a decir: "¡Miren todo su talento! ¡Qué lástima que lo desperdicie en su casa! ¡Piensen a lo que podría llegar en el mundo empresarial con esas habilidades! ¡Pobrecita! ¡Qué desperdicio!"

Esa clase de pensamiento no podría estar más lejos del mensaje que Dios nos ofrece. Como deduce un erudito: "Este versículo forma una conclusión apropiada a aquello que es la exposición más extraordinaria en el Antiguo Testamento de la posición de las mujeres, exaltando... sus funciones en el hogar como esposa, madre y señora, y mostrando cómo la satisfacción y la felicidad en el círculo doméstico dependen de la supervisión y planeamiento de esta reina del hogar".[149]

Lejos de conmiserarse de ella, Dios nos llama a alabarla, admirarla y seguirla: ¡a ser como ella! Porque vean, como una mujer que teme al Señor, ¡*ella* será alabada (Proverbio 31.29)!

Alabanza en las puertas

El Proverbio 31.31 se regocija: "Alábenla en las puertas sus hechos". Estas palabras son un giro interesante a lo que apareció anteriormente en Proverbios 31. ¿Recuerdan observar al marido de la mujer hermosa de Dios y ver su posición prominente en las puertas de la ciudad como abogado y líder (versículo 23)? Bueno, ahora vemos la posición de honor de su esposa en las puertas también. La gente habla de ella en los lugares públicos. La alaban por sus obras, las que a su vez la alaban a ella también. ¡Qué hermoso y estimulante es ver que allí donde se congregan los hombres, donde los líderes del pueblo se reúnen en solemne asamblea, su alabanza es entonada y se le otorga el honor más alto!

Hemos visto su generosidad, su trabajo entre bambalinas, y sus esfuerzos que parecen pasar desapercibidos, pero aquí nos enteramos de que sus obras son públicamente reconocidas y aclamadas. Como su esposo, ella goza de buena reputación y posición en la comunidad. A pesar de que muchas de sus actividades están confinadas al hogar, en las puertas se ofrece el reconocimiento público de su contribución vital a la comunidad. Como se maravilla un santo: "Gran parte de lo que... hacen las mujeres es parte de su rol de apoyo, pero ¡imagínense lo que le podría ocurrir a un edificio si se quitaran los pilares de apoyo!"[150] Sí, ¡las contribuciones que la mujer de Proverbios 31 ofrece a su esposo, sus hijos, su casa y su comunidad son necesarias y dignas de alabanza!

Sin embargo, la madre del joven Lemuel dice: "Permitan que sus propias *obras* la alaben" (énfasis añadido). Aun cuando todas las voces estuvieran en silencio, y no se pronunciaran palabras de alabanza, la mujer que es hermosa a los ojos de Dios recibiría el honor que merece: Sus propias obras son un monumento a su nombre. ¡Las obras de sus manos y el fruto de su trabajo encuentran una voz y proclaman su alabanza! Como declaró anteriormente nuestro poema: "La mujer que teme al Señor es digna de alabanza" (Proverbio 31.30 [no 29]), ¡pase lo que pase!

Una invitación a la belleza

¡Qué alegría! ¡Qué gloria! ¡Qué maravillosa cosecha de alabanza! ¡Toda voz posible está alabando a nuestra mujer que es tan hermosa a los ojos de Dios! Las voces de sus hijos entonan su alabanza (versículo 28). La voz de su esposo emite alabanzas (versículos 28, 29, 31: él es una de las voces en las puertas). La voz de Dios la alaba (versículo 30: el temor al Señor resulta en *su* alabanza[151]). La voz de los demás la alaba (versículo 31: todos los que se encuentran a las puertas de la ciudad). Incluso la voz de sus obras la alaba (versículo 31). Yo, Elizabeth George, alabo a nuestra amiga de Proverbios 31 también. ¡Lo he hecho durante 24 capítulos! La única voz que no se escucha es la voz de ella misma. Sabiamente, ella expresa en su vida otro proverbio: "No te jactes de ti mismo; que sean otros los que te alaben" (Proverbio 27.2).

Sin embargo, existe una voz más que deseo escuchar alabando a la mujer hermosa de Dios: la de ustedes. Lo deseo porque nuestra cultura no aprecia a la mujer de Proverbios 31. Nuestro enemigo Satanás y el mundo caído en el que vivimos han descrito su hermosura como algo no deseado, sin importancia, hasta casi inservible. ¡Qué equivocados están! Esta mujer de Proverbios 31, mis queridas amigas y seguidoras de Dios, es la verdadera hermosura: Ella expresa en su vida todo lo que es hermoso a los ojos de Dios.

De manera que las llamo a alabarla. Ello indicará que han comprendido el esplendor de todo lo que es hermoso a los ojos de Dios. Y la clase de alabanza más rica que puedan ofrecer es seguir sus pasos. ¡Entonces mi corazón se regocijará sabiendo que ustedes, mis compañeras de tanto tiempo, están camino a convertirse en mujeres hermosas a los ojos de Dios!

¿Desearían ahora inclinar la cabeza y ofrecer también una voz de alabanza a Dios por su hermosa mujer? Ella es sin duda uno de sus hermosos obsequios. Está aquí, en Proverbios 31, para inspirar, instruir y animarnos cuando fracasamos, cuando comienza a apagarse nuestra visión, o cuando sentimos que están cambiando nuestras prioridades. ¡Una nueva visita a esta mujer hermosa de

Dios renovará nuestra visión, restaurará nuestras fuerzas, y encenderá nuevamente nuestro amor por Dios y nuestro compromiso con su plan para lograr que nosotras y nuestra vida sean hermosas a sus ojos!

Guía de estudio

Capítulo 1: Un raro tesoro: Su carácter

- Lea el Proverbio 31.10-31, el retrato de Dios de la clase de mujer que es hermosa a sus ojos. Anote los rasgos de carácter que vea en ella. ¿Por qué piensa que este retrato está en la Biblia?

- La palabra "virtuosa" (digna, excelente, noble, capaz) se usa sólo cuatro veces en la Biblia para describir a una mujer. Lea Rut 3.11, Proverbio 12.4, Proverbio 31.10 y Proverbio 31.29 y fíjese por qué cada mujer se merece esta descripción.

- Piense por un momento en su propia vida. ¿Cuándo necesita poder de la mente para soportar? ¿Poder del cuerpo? ¿Qué puede hacer para fortalecerse en estas dos áreas? ¿Qué puede hacer hoy? Ore sobre ello ahora mismo, ¡y tome el primer paso para lograrlo!

Capítulo 2: Una joya resplandeciente: Su valor

- Piense en una gema o joya especial que le pertenezca o que conozca. ¿Por qué le llama la atención? ¿Qué le da valor?

- Ahora piense que usted es la hermosa joya de Dios. ¿Cómo piensa que conocimientos prácticos tales como las tareas de la casa, el manejo del tiempo y el manejo del dinero aumentan su valor ante las personas de su casa, iglesia o trabajo?

- Anote todas las referencias a las tareas domésticas, administración del tiempo y talento para manejar el dinero que encuentre en el Proverbio 31.10-31.

- ¿Por qué su estabilidad emocional aumenta su valor frente a su esposo, hijos, padres, amigos y compañeros de trabajo? Mire el Proverbio 14.30, Proverbio 19.2b, Proverbio 19.11 y Proverbio 25.28 y enumere las cualidades de carácter que cada uno estimula. ¿Qué puede hacer usted para lograr que estas cualidades sean parte de su vida diaria? Sea específica.

Capítulo 3: Una roca sólida: Su lealtad

- El primer rasgo que se menciona en el Proverbio 31.10-31 es la confiabilidad. Considere cuán fiable es usted en estas áreas. ¿En cuáles lo es? ¿Dónde está mejorando? ¿Qué áreas necesita mejorar?

Dinero	Emociones
Hijos	Felicidad
Hogar	Sabiduría
Reputación	Conducta
Fidelidad	Amor

- Lea Génesis 3.1-6, el relato de cómo Eva no fue ni confiable ni leal. ¿Cómo le falló a su esposo? (Véase también Génesis 2.17.) ¿Cómo le falló a Dios?

- Mire en 2 Corintios 11.3 y 1 Timoteo 2.14 los otros comentarios de Dios sobre la caída de Eva.

- ¿Qué conclusiones puede realizar con respecto a la importancia de la confianza?

- Escriba una oración pidiéndole a Dios que la ayude a ser más confiable.

Capítulo 4: Un premio infalible: Su contribución

- Al considerar la poderosa contribución que puede realizar a sus finanzas: personales y/o familiares, mire las instrucciones que ofrecen estos versículos.

Proverbio 10.2	Proverbio 21.6
Proverbio 10.4	Proverbio 21.17
Proverbio 13.11	Proverbio 27.23-24
Proverbio 14.23	Proverbio 28.19

- Tómese unos pocos minutos para leer detalladamente y en oración el Proverbio 31.10-31. Anote brevemente cómo se relaciona la virtud de la mayordomía financiera con cada versículo.

- De acuerdo con el Proverbio 22.4, ¿en qué riquezas máximas debería poner su corazón?

Capítulo 5: Una fuente de bondad: Su misión

- Como cristianas estamos llamadas a seguir los pasos de Jesús y hacer al bien a todos (vea el Proverbio 3.27 y Gálatas 6.10). ¿Qué perspectiva ofrece Colosenses 3.23 a este desafiante mandato a hacer el bien? ¿Cómo puede esta misma verdad ayudarla a hacer el bien ahora mismo en una relación difícil?

- ¿Cuánto tiempo debe expresar la mujer de Proverbios 31 el Proverbio 31.12? ¿Qué cambios podría hacer esta perspectiva en su matrimonio? ¿Qué hará hoy para comenzar a hacer el bien "todos los días de su vida"? Sea específica.

- Revise nuevamente la lista de mujeres en la Biblia que no lograron ser una fuente de bien para su esposo, comenzando con Eva. ¿Qué advertencias le ofrecen estas mujeres?

- Trate de completar el abecedario de bondad o, mejor aún, escriba su propio abecedario de bondad, ¡y luego póngalo en práctica!

Capítulo 6: Una fuente de gozo: Su corazón

- ¿Qué actitud clave hacia el trabajo enfatiza el Proverbio 31.13? Lea Eclesiastés 9.10 también. ¿Por qué piensa que su actitud es importante para usted? ¿Para su casa y su trabajo? ¿Para sus tareas domésticas? ¿Para la atmósfera del hogar? ¿Qué mensaje tiene Dios para usted en el Proverbio 15.15 y en el Proverbio 18.14?

- Planifique específicamente cómo poner por obra estos consejos de "Cómo lograr esa belleza" en su vida diaria.

  Ore a diario

  Recite pasajes bíblicos que la estimulen a estar contenta en su trabajo

  Haga sus tareas como para el Señor

  Emprenda sus labores con energía, creatividad y alegría

  Busque los beneficios de todo lo que esté haciendo y experimentando

  Haga una pausa y descanse

  Preste atención a lo que come

  Valore cada día

Capítulo 7: Un espíritu emprendedor: Su provisión

- Tome un minuto para leer el Proverbio 9.1-6. Cuando apriete sus manos y su rostro contra la ventana de la Palabra de Dios, describa la escena en la casa de la mujer sabia: su comida, su mesa, su hogar, su trabajo, sus objetivos y los resultados. ¿Qué rasgos son vitales para sus tareas domésticas?

- Ahora observe el Proverbio 9.13-18. ¿Qué alcanza a ver por la ventana de la casa de esta mujer: su comida, su mesa, su hogar, su trabajo, sus objetivos y los resultados? ¿Por qué son sus quehaceres tan diferentes de la escena descrita en el Proverbio 9.1-6?

- Describa lo que otras personas (en especial los miembros de su familia) ven cuando miran a través de la ventana de su provisión. ¿Cómo se evidencia su amor en las cosas básicas como la comida que prepara y sirve? ¿La forma en que pone la mesa? ¿La manera en que amuebló el hogar? ¿Los pequeños detalles personales de belleza que añadió al decorado?

- ¿Qué le impresiona sobre la provisión descrita en 1 Reyes 10.1-10?

- ¿Qué hará para expresar su amor cuando usted, creativamente y con toques de belleza, proporciona las cosas básicas para su familia? Sea específica y tome uno de los pasos que enumere hoy mismo.

Capítulo 8: Un modelo para su casa: Su disciplina

El Proverbio 31.15 enumera tres disciplinas esenciales que garantizan un hogar bien manejado.

- *Madrugar*: Mire Génesis 19.27, Marcos 1.35, Proverbio 20.13 y Proverbio 16.3. Enumere algunos de los beneficios de levantarse temprano. ¿Cuál sería una hora temprana ideal pero razonable para su vida? ¿Qué pasos tomará para desarrollar esta disciplina difícil pero inapreciable? Escriba su plan.

- *Preparación de las comidas:* Enumere algunos beneficios de la preparación de las comidas. ¿Qué advertencias da el

Proverbio 15.17 y el Proverbio 17.1 sobre la hora de las comidas? Si no lo está haciendo todavía, planifique su menú para toda la semana. asegúrese de tener todos los ingredientes y luego "dé de comer a su familia". ¡Ellos se levantarán y la bendecirán (Proverbio 31.28)!

- *Planes diarios:* Enumere algunos de los beneficios de planificar su día por adelantado. Luego haga un plan para el resto del día. Mañana al mañana (espero que temprano) planifiquen la semana entrante. ¡No se olviden de dar una porción de su trabajo a sus hijos!

- ¿Qué dice Dios sobre la disciplina de planificar en el Proverbio 21.5?

Capítulo 9: El campo de sus sueños: Su visión

- Mire de cerca los tres pasos para lograr que uno de sus sueños se haga realidad.

Primer paso: Consideración

— ¿Qué instrucciones ofrece el Proverbio 19.14?

— De acuerdo con el Proverbio 15.22 y el Proverbio 12.15, ¿cuál debería ser su actitud hacia los consejos?

— Enumere las personas en su vida a quienes les puede pedir consejo.

— De acuerdo al Proverbio 19.21, ¿por qué debería orar?

— ¿Qué rol desempeña la espera en la toma de decisiones? Véase el Proverbio 21.5 y el Proverbio 19.2.

Segundo paso: Adquisición

— ¿Qué mensaje práctico relacionado a la mayordomía de su propiedad encuentra en los Proverbios 14.1 y 31.27?

Tercer paso: Renovación

— Lea rápidamente la historia de la hija de Caleb, Acsa en Josué 15.13-19? ¿Qué hizo para renovar su propiedad? ¿Por qué pudo hacerlo? ¿Por qué piensa que ella pidió lo que pidió?

- En una breve oración o dos, escriba cualquier sueño que tenga y ore por ellos, pidiéndole a Dios que le muestre qué es lo que él desea que usted persiga.

Capítulo 10: Una actitud afanosa: Su trabajo

- Escriba nuestra definición de trabajo de "virtuosa". (Vea el capítulo 1.)

- ¿Qué dicen los Proverbios 14.23a y 14.23b sobre su trabajo?

- ¿Por qué la motiva el Proverbio 14.1 a trabajar con más denuedo?

- ¿Qué le enseñan los Proverbios 19.15 y 24 sobre la disciplina de trabajo?

- ¿Cómo puede la verdad del Salmo 118.24 ayudarle a desarrollar una hermosa actitud hacia su trabajo?

- Hable con alguien que usted sepa que sobresale en el manejo de su tiempo y adquiera algunos consejos. También, durante esta semana, pida prestado, compre o busque en la biblioteca algún libro sobre el manejo del tiempo.

Capítulo 11: El sabor del éxito: Su confianza

- Lea el Proverbio 31.18 y el Salmo 34.8. De todas las cosas que usted hace, ¿qué dicen los demás que usted hace "bien"?

- Lea Tito 2.4 y luego enumere que relaciones deberían ser las más importantes para una mujer casada. ¿Qué puede hacer usted para cuidar a esas personas antes de lanzarse a otro proyecto creativo?

- ¿Qué razón para tener confianza encuentra en Filipenses 3.13-14? ¿Y en Eclesiastés 9.10?

- Escriba una oración basándose en el Proverbio 16.3.

- Pase un rato orando por su familia. Pida a Dios que le dé nuevas ideas sobre cómo amarlos y servirlos. También pídale que le dé energía y que alimente sus deseos y esfuerzos creativos.

Capítulo 12: Una pequeña labor nocturna: Su esfuerzo

- Lea los Proverbios 31.18 y 19. ¿Qué hace la mujer hermosa de Dios a la noche? ¿Qué hace por lo general usted?

- Evalúe sus noches a la luz de lo que está aprendiendo en el Proverbio 31.10-31 sobre la diligencia y el esfuerzo.

- Planifique sus noches. Haga una lista de proyectos que pueda realizar a la noche. ¿Qué motivación para proyectos nocturnos encuentra en el Proverbio 10.4?

- Prepárese para la noche. ¿En qué proyecto va a trabajar? ¿Qué puede ya preparar de antemano?

- Use sus noches. Vuelva a mirar al Proverbio 14.23. ¿Qué estímulo para poner sus planes en acción y luego proseguir haciéndolos encuentra en esas palabras de sabiduría?

- Utilice su mente. Evalúe cómo pasa su tiempo libre (cuando maneja, se baña, parada en una fila, etc.) ¿Cuán importante es el uso correcto de la mente? Vea el Proverbio 23.7 y Filipenses 4.8.

- Sólo por una semana, haga un verdadero esfuerzo por usas sus noches en forma constructiva. Cuando vea los beneficios para usted y su familia, repita el proceso para otra semana más, y continúe por el resto de su vida.

Capítulo 13: Una mano de ayuda: Su misericordia

- Mire nuevamente el Proverbio 31.20. ¿En qué actividades está involucrada la mujer hermosa de Dios aquí?

- Lea el Proverbio 3.27 y haga luego una lista de todas las buenas obras que usted podría hacer: obras que puede hacer, pero que podría también optar por no hacer.

- Revise los siguientes versículos sobre el corazón misericordioso:

—Deuteronomio 15.7-8 —Proverbio 19.17
—Miqueas 6.8 —Proverbio 22.9
—Proverbio 11.25

¿Qué conclusiones puede sacar sobre un espíritu generoso?

- Elija una de las siguientes mujeres y describa brevemente sus actos de misericordia.

  —Abigaíl (1 Samuel 25)
  —La viuda de Sarepta
  —La mujer sunamita (2 Reyes 4)
  —Dorcas (Hechos 9)

- Evalúe cómo expresa usted el amor. Luego pase un rato en oración, pidiéndole a Dios que acreciente su amor y que le muestre más formas de expresarlo.

Capítulo 14: Una bendición doble: Su preparación

- Mire nuevamente el Proverbio 31.21. ¿Qué se dice de la mujer de Proverbios 31? ¿Qué se dice de su casa?

- Repase la historia de la reina de Sabá (1 Reyes 10.1-8). ¿Qué le impresionó a ella de la casa del rey Salomón? ¿Y a usted?

- Lea el Proverbio 21.5. ¿Qué evidencia percibe de que el rey Salomón vivía de acuerdo con esta sabiduría?

- En Éxodo 35.25, 26 y 29, Dios da instrucciones sobre cómo construir el santuario. ¿Qué le sugieren estos versículos sobre la importancia que tiene la belleza creativa para Dios?

- ¿Qué necesita específicamente realizar para incorporar las preparaciones previas y la atención a la belleza en sus esfuerzos domésticos?

Capítulo 15: Un tapiz de hermosura: Sus artesanías

- Lea el Proverbio 31.22 para ver qué otra cosa hace la mujer hermosa de Dios en su hogar. ¿Qué preparaciones y toques de belleza se describen aquí?

- Mire nuevamente Éxodo 35.25-29. ¿Qué detalles añaden belleza al escenario? Luego describa a continuación las sábanas en el Proverbio 7.16.

- A veces, nuestra situación financiera exige que aguardemos antes de comenzar a realizar mejoras en nuestro hogar. ¿Qué estímulo le ofrece el Proverbio 19.2b para esperar?

- ¿Qué revelan los siguientes pasajes sobre las normas de belleza de Dios?

  —1 Timoteo 2.9, 10 —1 Pedro 3.3, 4
  —Tito 2.5

- De acuerdo con el Salmo 19.1, ¿qué evidencia percibe de la mano de obra de Dios? Incline la cabeza y dé gracias a Dios por haber sido creada a su imagen (Génesis 1.27) y por poseer una medida de su creatividad.

Capítulo 16: Un hombre influyente: Su esposo

- Después de repasar el Proverbio 31.23, lea los pasajes enumerados más abajo para recordar el diseño de Dios para el matrimonio. A medida que avance, escriba sus propias notas personales al respecto.

  —Génesis 2.18 —Colosenses 3.18
  —Génesis 3.16 —Tito 2.3-5
  —Efesios 5.22-24, 33 —1 Pedro 3.1-6

- ¿Qué exhortaciones para mejorar su ministerio a su esposo (o a cualquier otra persona) encuentra en estos versículos?

  —Proverbio 3.27 —Proverbio 12.25

- ¿Qué puede realizar en cada una de las siguientes áreas para ministrar y apoyar a su esposo aún más?

  —Proverbio 31.12: la práctica del bien
  —Proverbio 31.15: la preparación de la comida
  —Proverbio 31.15: la administración ordenada de la casa
  —Proverbio 31.21: el suministro de ropa
  —Proverbio 31.26: los consejos sabios y las palabras amables
  —Proverbio 31.27: el cuidado de la gente y el lugar en el hogar

- Concéntrese hoy en pronunciar palabras de alabanza y estímulo a su esposo. ¡Ése es el primer paso importante para que se convierta en una costumbre!

Capítulo 17: Una profesional creativa: Su laboriosidad

- Vuelva a leer el Proverbio 31.24. ¿Qué está haciendo la mujer hermosa de Dios aquí?

- Repase el Proverbio 31.10-31 y note la cantidad de alusiones al tejido.

- Ahora contemple su vida. ¿Qué le gusta hacer? ¿Qué "cosa personal" tiene el potencial de convertirse en "algo profesional"?

- ¿Qué puede aportar cada uno de los siguientes elementos de creatividad al desarrollo de sus habilidades?

  —Atención —Iniciativa
  —Planeamiento —Trabajo arduo

- ¿Qué tres pasos prácticos puede tomar esta semana para avanzar en "algo personal"?

Capítulo 18: Un vestuario de virtudes: Su ropa

- Lea el Proverbio 31.25. ¿Qué es lo que más le llama la atención de este versículo?

- Busque las palabras "fuerza" y "dignidad" en un diccionario. Luego escriba la definición de cada una de ellas en sus propias palabras.

- ¿Por qué piensa que la mujer hermosa de Dios se regocija en el futuro? ¿Qué piensa que posibilita esa alegría?

- Haga un plan a largo plazo para fortalecer cada uno de estos aspectos de su vida:

  —Su vida espiritual —Su vida mental
  —Su vida familiar —Su vida social
  —Su vida financiera —Su vida profesional
  —Su salud física

- ¿Qué puede realizar hoy mismo para mejorar cada una de estas áreas de su vida? ¡Hágalo!

Capítulo 19: La ley de la bondad: Sus palabras

- Note en el Proverbio 31.26 los dos elementos que conforman una manera hermosa de hablar.

- Lea Santiago 3.1-12 y luego describa el daño posible que pueden ocasionar las palabras.

- Elija a Ana o a Abigaíl como modelo y explique lo que ella enseña sobre el uso correcto de las "palabras dulces".

  —Ana (1 Samuel 1.1-7)
  —Abigaíl (1 Samuel 25)

- ¿Qué otras mujeres en la Biblia obedecieron las normas de Dios para hablar con sabiduría y con amor? Si puede, dé un ejemplo o dos.

- Por un instante, piense en la calidad de sus palabras. En los ejemplos a continuación, ¿cuáles hace bien? ¿Cuáles desea mejorar?

—Palabras sabias y cariñosas
—Pensar antes de hablar
—Esperar antes de hablar
—Palabras dulces
—Palabras convincentes
—No hablar demasiado a menudo

- La manera en que hablamos se convierte en una costumbre, y es posible cambiar las costumbres. ¿Qué puede hacer hoy para mejorar las áreas débiles? ¡No se olvide de pedirle a Dios que la ayude!

Capítulo 20: Una mirada atenta: Su administración

- Memorice el Proverbio 31.27. Escríbalo aquí.

- ¿Qué aspectos de sus tareas domésticas y, aún más importante, quiénes en su casa necesitan su atención amorosa?

- ¿En qué manera se beneficiaría su casa si usted estuviera atenta a su marcha? ¿Qué problemas potenciales podría evitar? (Una hojeada rápida a las últimas semanas le puede ayudar a responder la segunda pregunta.)

- ¿Qué enseñan estos proverbios sobre comer el pan del ocio y sus resultados?

  —Proverbio 6.9-11 —Proverbio 19.15
  —Proverbio 10.4-5 —Proverbio 20.4
  —Proverbio 12.24 —Proverbio 26.14

- El Proverbio 31.27 es una descripción que consta de dos partes, una expresada en forma positiva y la otra negativa. Planifique algunos pasos que pueda tomar para fortalecer lo positivo (estar atenta a la marcha de su hogar) y eliminar lo negativo (comer el pan del ocio). Encomiende su plan al Señor y permita que él lo establezca (Proverbio 16.3).

Capítulo 21: Una copa de bendición: Su familia

- Mire nuevamente el Proverbio 31.28. ¿Qué escena se describe aquí? ¿Quién se encuentra presente?

- ¿Qué instrucciones les dan los siguientes versículos a las madres?

  —Tito 2.4 —Proverbio 29.17
  —Proverbio 1.8 —Proverbio 31.27
  —Proverbio 22.6

- Describa la madre que está enseñando a su hijo la sabiduría del Proverbio 31.

- Describa las actividades de la madre que está descrita en Proverbios 31.

- Si usted es madre, ¿qué cosas puede hacer hoy para cuidar a sus hijos? ¿Y mañana?

- Dé a sus hijos todo su corazón, ¡y hágalo con gusto (Proverbio 31.13)!

Capítulo 22: Un canto de coronación: Su alabanza

- Lea nuevamente el Proverbio 31.28 y 29.

- "Muchas mujeres han realizado proezas", dice el esposo de la mujer hermosa de Dios. Enumere algunas de las mujeres en la Biblia que hayan realizado proezas. ¿Exactamente, qué fue lo que hicieron? ¿Qué cosas específicas hará para seguir sus pasos?

- Repase brevemente el Proverbio 31.10-31 nuevamente, notando la virtud dominante en cada versículo y cómo se beneficia el esposo de la mujer de Proverbios 31 de cada una de ellas.

- Pida a Dios q.ue fortalezca sus virtudes

  —Como mujer —Como madre
  —Como ama de casa —Como esposa

Capítulo 23: Un espíritu de reverencia: Su fe

- Lea el Proverbio 31.30 de nuevo. Apunte la advertencia y la exhortación.

- Busque las palabras "encanto" y "belleza" en un diccionario. Luego escriba en sus propias palabras una definición de cada una de ellas.

- ¿Qué mal uso del encanto se describe en los versículos siguientes?

  —Proverbio 21.6 —Proverbio 7.21
  —Proverbio 5.3

- ¿Cómo le explicaría "el temor al Señor" a una persona?

- ¿Qué ideas le dan estos Proverbios sobre el "temor al Señor"?

—Proverbio 1.7 —Proverbio 15.33
—Proverbio 8.13 —Proverbio 22.4
—Proverbio 9.10 —Proverbio 31.30

- ¿Por qué pasar tiempo con el Señor mejora nuestra hermosura? ¿Qué piensa hacer para pasar más tiempo con él, deleitándose en la hermosura de su santidad (Salmo 27.4)?

- Ahora mismo lea la oración en la última sección de este capítulo. ¿Puede decir con toda confianza que Jesucristo es su Salvador personal?

Capítulo 24: La cosecha de toda una vida: Su recompensa

- Lea la palabra final de Dios sobre la belleza en el Proverbio 31.31 y note los dos mandamientos.

- Piense en todo lo que la mujer hermosa de Dios ha logrado. ¿Qué es lo que más le llama la atención de cada una de esas cosas?

- ¿Qué mensaje le ofrecen estos Proverbios a su corazón—y a sus manos—sobre la hermosura y el valor del trabajo arduo?

—Proverbio 14.23
—Proverbio 27.18
—Proverbio 28.19
—Proverbio 31.13
—Proverbio 31.31

- ¿Qué le ha mostrado su estudio de la mujer que es hermosa a los ojos de Dios sobre la voluntad de Dios para su vida? Tome unos minutos para expresar sus pensamientos y convicciones por escrito y luego ofrezca una oración sincera de alabanza y entrega a Dios y sus caminos.

Notas

Capítulo 1

[1] C. F. Keil & F. Delitzsch: *Commentary on the Old Testament, Vol. 6* (Grand Rapids, MI: William B. Eerdmans Publishing Company, 1975), pág. 327.

[2] James Strong: *Exhaustive Concordance of the Bible* (Nashville: Abingdon Press, 1973), pág. 39.

[3] Edith Schaeffer: *Common Sense Christian Living* (Nashville: Thomas Nelson Publishers, 1983), pág. 108.

Capítulo 2

[4] Curtis Vaughan, ed., *The Old Testament Books of Poetry from 26 Translations* — The Bible in Basic English (Grand Rapids, MI: Zondervan Bible Publishers, 1973), pág. 629.

[5] Curtis Vaughan, ed., *The Old Testament Books of Poetry from 26 Translations* — The American Standard Version, pág. 629.

[6] *The Encyclopedia Americana, Volume 23* (New York: Americana Corporation, 1958), pág. 750.

[7] Curtis Vaughan, ed., *The Old Testament Books of Poetry from 26 Translations* — New American Bible, pág. 630.

[8] *The Encyclopedia Americana, Volume 21*, págs. 454-456.

[9] Curtis Vaughan, ed., *The Old Testament Books of Poetry from 26 Translations* — Rotherham, pág. 629.

[10] *The Encyclopedia Americana, Volume 7*, págs. 676-677.

[11] *Our Daily Bread,* Radio Bible Class Ministries, Grand Rapids, MI, mayo de 1982.

Capítulo 3

[12] Cheryl Julia Dunn: *A Study of Proverbs*, tesis del máster (Biola University, 1993), pág. 27.

[13] Cheryl Julia Dunn: *A Study of Proverbs 31:10-31,* pág. 27.

[14] Cheryl Julia Dunn: *A Study of Proverbs 31:10-31,* pág. 25-26.

[15] Curtis Vaughan, ed., *The Old Testament Books of Poetry from 26 Translations* — The Bible in Basic English (Grand Rapids, MI: Zondervan Bible Publishers, 1973), págs. 629-30.

Capítulo 4

[16] "Building Your Nest Egg", por Deborah Adamson, *Los Angeles Daily News,* 20 de abril de 1997.

[17] Cheryl Julia Dunn: *A Study of Proverbs*, tesis del máster (Biola University, 1993), pág. 25.

[18] Barbara Gilder Quint: *Family Circle,* 29 de mayo de 1984. (Condensado en *Reader's Digest.*)

Capítulo 5

[19] Merrill F. Unger: *Unger's Bible Dictionary* (Chicago: Moody Press, 1972), pág. 313.

[20] Cheryl Julia Dunn: *A Study of Proverbs*, tesis del máster (Biola University, 1993), pág. 31.

[21] Robert L. Alden: *Proverbs, A Commentary on an Ancient Book of Timeless Advice* (Grand Rapids, MI: Baker Book House, 1990), pág. 220.

[22] Mrs. Charles E. Cowman: *Streams in the Desert, Volumes 1 and 2* (Grand Rapids, MI: Zondervan Publishing House, fecha de publicación original 1925, reimpresa en 1965 y 1966 respectivamente).

[23] Ray Beeson y Ranelda Mack Hunsicker: *The Hidden Price of Greatness* (Wheaton, IL: Tyndale House Publishers, Inc., 1991), págs. 97-107.

[24] Ann Ortlund: Building a Great Marriage (Old Tappan, NJ: Fleming H. Revell Company, 1984), página desconocida. (Oración escrita por Temple Gairdner, misionero y erudito escocés del siglo diecinueve.)

Capítulo 6

[25] James M. Freeman: *Manners and Customs of the Bible* (Plainfield, NJ: Logos International, 1972), pág. 198.

[26] W. O. E. Oesterley: *The Book of Proverbs* (London: Methuen and Company, Ltd., 1929), pág. 284.

[27] C. F. Keil & F. Delitzsch: *Commentary on the Old Testament, Vol. 6* (Grand Rapids, MI: William B. Eerdmans Publishing Company, 1975), pág. 329.

[28] Fred H. Wight, *Manners and customs of Bible Lands* (Chicago: Moody Press, 1978), pág. 83.

[29] G. M. Mackie: *Bible Manners and Customs* (Old Tappan, NJ: Fleming H. Revell Company, no hay fecha), pág. 59.

[30] Cheryl Julia Dunn: *A Study of Proverbs*, tesis del máster (Biola University, 1993), pág. 38.

[31] G. M. Mackie: *Bible Manners and Customs,* pág. 667.

[32] Ibídem.

[33] Thomas Kinkade: *Simpler Times* (Eugene, OR: Harvest House Publishers, 1996), pág. 69.

[34] Edith Schaeffer: *Common Sense Christian Living* (Nashville: Thomas Nelson Publishers, 1983), págs. 88-89.

Capítulo 7

[35] Curtis Vaughan, ed., *The Old Testament Books of Poetry from 26 Translations*—Lamsa (Grand Rapids, MI: Zondervan Bible Publishers, 1973), pág. 630.

[36] Gene Getz: *The Measure of a Woman* (Glendale, CA: Regal Books, 1977), pág. 125.

[37] Elizabeth George: *Loving God with All Your Mind* (Eugene, OR: Harvest House Publishers, 1994).

Capítulo 8

[38] Curtis Vaughan, ed., *The Old Testament Books of Poetry from 26 Translations* —Lamsa (Grand Rapids, MI: Zondervan Bible Publishers, 1973), pág. 630.

[39] James M. Freeman: *Manners and Customs of the Bible* (Plainfield, NJ: Logos International, 1972), pág. 50.

[40] G. M. Mackie: *Bible Manners and Customs* (Old Tappan, NJ: Fleming H. Revell Company, no hay fecha), pág. 99.

[41] Cheryl Julia Dunn: *A Study of Proverbs*, tesis del máster (Biola University, 1993), págs. 52-53.

[42] Cheryl Julia Dunn: *A Study of Proverbs 31:10-31,* págs. 51-53.

[43] Cheryl Julia Dunn: *A Study of Proverbs 31:10-31,* pág. 51.

[44] Ibídem.

[45] Cheryl Julia Dunn: *A Study of Proverbs 31:10-31,* págs. 51-52.

[46] Lucinda Secrest McDowell: "This I Carry with Me Always", *Christian Parenting Today*, mayo/junio de 1993, págs. 22-23.

[47] Alan Lakein: *How to Get Control of Your Time and Your Life* (New York: Signet Books, 1974), pág. 46.

[48] Edwin C. Bliss: *Getting Things Done* (New York: Charles Scribner's Sons, 1976), págs. 148-49.

Capítulo 9

[49] *Webster's New Collegiate Dictionary* (Springfield, MA: G. & C. Merriam Co., Publishers, 1961), pág. 954.

[50] Robert L. Alden: *Proverbs, A Commentary on an Ancient Book of Timeless Advice* (Grand Rapids, MI: Baker Book House, 1990), pág. 220.

[51] C. F. Keil & F. Delitzsch: *Commentary on the Old Testament, Vol. VI* (Grand Rapids, MI: William B. Eerdmans Publishing Company, 1975), pág. 330.

[52] Crawford H. Toy: *A Critical and Exegetical Commentary on the Book of Proverbs* (Edinburgh: T. & T. Clark, 1899), pág. 544.

[53] Cheryl Julia Dunn: *A Study of Proverbs*, tesis del máster (Biola University, 1993), págs. 58-59.

[54] *The Living Bible: Paraphrased,* por Kenneth Taylor (Wheaton, IL: Tyndale House Publishers, 1971).

[55] Edith Schaeffer: *Hidden Art* (Wheaton, IL: Tyndale House Publishers, 1971).

Capítulo 10

[56] Crawford H. Toy: *A Critical and Exegetical Commentary on the Book of Proverbs* (Edinburgh: T. & T. Clark, 1899), pág. 544.

[57] William McKane: *Proverbs, A New Approach* (Philadelphia: The Westminster Press, 1970), pág. 668.

[58] Cheryl Julia Dunn: *A Study of Proverbs*, tesis del máster (Biola University, 1993), pág. 64.

[59] Ibídem.

[60] Cheryl Julia Dunn: *A Study of Proverbs 31:10-31,* págs. 63-65.

[61] Curtis Vaughan, ed., *The Old Testament Books of Poetry from 26 Translations* —Knox (Grand Rapids, MI: Zondervan Bible Publishers, 1973), pág. 630.

[62] Sir Alexander Paterson: *United Evangelical Action,* Otoño, 1975, pág. 27.

Capítulo 11

[63] William McKane: *Proverbs, A New Approach* (Philadelphia: The Westminster Press, 1970), pág. 668.

[64] Ted W. Engstrom: *The Pursuit of Excellence* (Grand Rapids, MI: Zondervan Publishing House, 1982), pág. 36.

Capítulo 12

[65] C. F. Keil & F. Delitzsch: *Commentary on the Old Testament, Vol. 6* (Grand Rapids, MI: William B. Eerdmans Publishing Company, 1975), pág. 332.

[66] Sybil Stanton: *The 25 Hour Woman* (Old Tappan, NJ: Fleming H. Revell Company, 1986), pág. 169.

[67] Anne Ortlund: *The Disciplines of the Beautiful Woman* (Waco, TX: Word Incorporated, 1977), págs. 66-67.

[68] Ted W. Engstrom: *The Pursuit of Excellence* (Grand Rapids, MI: Zondervan Publishing House, 1982), pág. 33.

[69] Ruth Wagner Miller: "The Time Minder" (*Christian Herald, 1980*), págs. 76-77.

[70] "A Woman's Love" por Douglas Malloch.

Capítulo 13

[71] Cheryl Julia Dunn: *A Study of Proverbs*, tesis del máster (Biola University, 1993), pág. 36.

[72] Barbara Keener Shenk: *The God of Sarah,* Rebekah and Rachel (Scottsdale, PA: Herald Press, 1985), pág. 127.

[73] Cheryl Julia Dunn: *A Study of Proverbs 31:10-31,* pág. 85.

[74] David Thomas: *Book of Proverbs Expository and Homiletical Commentary* (Grand Rapids, MI: Kregel Publications, 1982), pág. 793.

[75] Ibídem.

[76] Edith Schaeffer: *Hidden Art* (Wheaton, IL: Tyndale House Publishers, 1971), págs. 128-132.

[77] Stanley High: *Billy Graham* (New York: McGraw Hill, 1956), pág. 127.

CAPÍTULO 14

[78] C. F. Keil & F. Delitzsch: *Commentary on the Old Testament, Vol. 6* (Grand Rapids, MI: William B. Eerdmans Publishing Company, 1975), pág. 334.

[79] William McKane: *Proverbs, A New Approach* (Philadelphia: The Westminster Press, 1970), pág. 669.

[80] C. F. Keil & F. Delitzsch: *Commentary on the Old Testament, Vol. 6* (Grand Rapids, MI: William B. Eerdmans Publishing Company, 1975), pág. 335.

[81] Crawford H. Toy: *The Book of Proverbs* (Edinburgh: T. & T. Clark, 1899), pág. 545.

[82] W. O. E. Oesterley: *The Book of Proverbs* (London: Methuen & Co., Ltd., 1929), pág. 285.

CAPÍTULO 15

[83] Curtis Vaughan, ed., *The Old Testament Books of Poetry from 26 Translations* (Grand Rapids, MI: Zondervan Bible Publishers, 1973), pág. 631.

[84] Curtis Vaughan, ed., *The Old Testament Books of Poetry from 26 Translations* —The Jerusalem Bible, pág. 631.

[85] Cheryl Julia Dunn: *A Study of Proverbs*, tesis del máster (Biola University, 1993), pág. 101.

[86] Cheryl Julia Dunn: *A Study of Proverbs 31:10-31,* pág. 102.

[87] Robert L. Alden: *Proverbs, A Commentary on an Ancient Book of Timeless Advice* (Grand Rapids, MI: Baker Book House, 1990), pág. 221.

[88] Linda Dillow: *Creative Counterpart* (Nashville: Thomas Nelson Inc., Publishers, 1977), pág. 23.

[89] Denis Waitley: *Seeds of Greatness* (Old Tappan, NJ: Fleming H. Revell Company, 1983), pág. 77.

Capítulo 16

[90] John MacArthur: "God's High Calling for Women", Parte 4 (Panorama City, CA: Word of Grace, # GC-54-17, 1986).

[91] George Lawson: *Proverbs* (Grand Rapids, MI: Kregel Publications, 1980), pág. 883.

[92] Donald Hunt: *Pondering the Proverbs* (Joplin, MO: College Press, 1974), pág. 432.

[93] William J. Peterson: *Martin Luther Had a Wife* (Wheaton, IL: Tyndale House Publishers, Inc., 1983), pág. 34.

[94] *The Amplified Bible* (Grand Rapids, MI: Zondervan Publishing House, 1970), pág. 302.

[95] Verna Birkey: *Seminar Workshops for Women* (P.O. Box 3039, Kent WA 98031), 1979, pág. 131.

Capítulo 17

[96] "Martha Stewart, Inc.", *Los Angeles Times Magazine,* 2 de agosto de 1992.

[97] "Lucrative Marriage of Class, Mass", *Los Angeles Times,* 15 de abril de 1997.

[98] "Martha Stewart, Inc."

[99] Cheryl Julia Dunn: *A Study of Proverbs*, tesis del máster (Biola University, 1993), pág. 125.

[100] Elizabeth George: *Loving God with All Your Mind, God's Garden of Grace, A Woman After God's Own Heart* (Eugene, OR: Harvest House Publishers, 1994,1996, 1997 respectivamente).

[101] Edward H. Griggs

Capítulo 18

[102] Curtis Vaughan, ed., *The Old Testament Books of Poetry from 26 Translations* —The American Standard Version, pág. 632.

[103] Cheryl Julia Dunn: *A Study of Proverbs*, tesis del máster (Biola University, 1993), pág. 126.

[104] Charles Caldwell Ryrie: *The Ryrie Study Bible,* (Chicago: Moody Press, 1978), pág. 984.

[105] Curtis Vaughan, ed., *The Old Testament Books of Poetry from 26 Translations* —The American Standard Version, pág. 632.

[106] Ray y Anne Ortlund: *The Best Half of Life* (Glendale, CA: Regal Books, 1976), pág. 88.

[107] Stephen Douglass: *Managing Yourself* (San Bernardino, CA: Here's Life Publishers, Inc., 1978).

[108] *Great Hymns of the Faith,* "Great is Thy Faithfulness", por William M. Runyan, 1923.

[109] Elizabeth George: *Loving God with All Your Mind* (Eugene, OR: Harvest House Publishers, 1994).

[110] Abigail Van Buren: "Dear Abby", *Los Ángeles Times*, 1 de enero de 1995.

Capítulo 19

[111] Curtis Vaughan, ed., *The Old Testament Books of Poetry from 26 Translations* —The American Standard Version, (Grand Rapids, MI: Zondervan Bible Publishers, 1973), pág. 632.

[112] Charles Caldwell Ryrie: *The Ryrie Study Bible,* (Chicago: Moody Press, 1978), pág. 938.

[113] Cheryl Julia Dunn: *A Study of Proverbs*, tesis del máster (Biola University, 1993), pág. 139.

[114] H. D. M. Spence y Joseph S. Exell, editores, *The Pulpit Commentary* —Vol. 9 (Grand Rapids, MI: William B. Eerdmans Publishing Company, 1978), pág. 601.

[115] Cheryl Julia Dunn: *A Study of Proverbs 31:10-31,* pág. 139.

[116] *Life Application Bible*, (Wheaton, IL: Tyndale House Publishers, 1988), pág. 449.

[117] Elizabeth George: *A Woman After God's Own Heart* (Eugene, OR: Harvest House Publishers, 1997), págs. 38-39.

[118] William MacDonald: *Enjoying the Proverbs*, pág. 99.

[119] Curtis Vaughan, ed., *The Old Testament Books of Poetry from 26 Translations* —The American Standard Version, pág. 632.

Capítulo 20

[120] Merrill C. Tenney, ed.: *The Zondervan Pictorial Encyclopedia of the Bible, Vol. 5* (Grand Rapids, MI: Zondervan Publishing House, 1975), págs. 901-02.

[121] Cheryl Julia Dunn: *A Study of Proverbs*, tesis del máster (Biola University, 1993), pág. 144.

[122] William McKane: *Proverbs, A New Approach* (Philadelphia: The Westminster Press, 1970), pág. 670.

[123] Derek Kidner: *The Proverbs* (Downers Grove, IL: Inter-Varsity Press, 1973), pág. 71.

[124] Cheryl Julia Dunn: *A Study of Proverbs 31:10-31*, pág. 144.

[125] Curtis Vaughan, ed., *The Old Testament Books of Poetry from 26 Translations* —Knox, (Grand Rapids, MI: Zondervan Bible Publishers, 1973), pág. 632.

[126] Curtis Vaughan, ed., *The Old Testament Books of Poetry from 26 Translations* —Taylor, pág. 632.

[127] Edith Schaeffer: *¿What is a Family?* (Old Tappan, NJ: Fleming H. Revell Company, 1975), pág. 77.

[128] Sra. Isabella Beeton: *Beeton's Book of Household Management* (London: Chancellor Press, 1861).

[129] Autor desconocido.

Capítulo 21

[130] Abraham Cohen: *Proverbs: Hebrew Text and English Translations with an Introduction and Commentary,* (Hindhead, Surrey: The Soncino Press, 1945), pág. 214.

[131] Ibídem.

[132] C. F. Keil & F. Delitzsch: *Commentary on the Old Testament, Vol. 6* (Grand Rapids, MI: William B. Eerdmans Publishing Company, 1975), pág. 340.

[133] W. O. E. Oesterley: *The Book of Proverbs* (London: Methuen and Company, Ltd., 1929), pág. 286.

[134] Elisabeth Elliot: *The Shaping of a Christian Family* (Nashville: Thomas Nelson Publishers, 1992), pág. 201.

[135] Edith Schaeffer: *What is a Family?* (Old Tappan, NJ: Fleming H. Revell Company, 1975), pág. 121.

[136] E. Schuyler English: *Ordained of the Lord* (Neptune, NJ: Loiseaux Brothers, 1976), pág. 35.

[137] Elizabeth George: *A Woman After God's Own Heart* (Eugene, OR: Harvest House Publishers, 1997).

[138] Edith Schaeffer: *What is a Family?*, pág. 92

[139] Vonette Zachary Bright, ed., *The Greatest Lesson I've Ever Learned* (San Bernardino, CA: Here's Life Publishers, Inc., 1991), pág. 182.

Capítulo 22

[140] Robert Gilmour LeTourneau: *Mover of Men and Mountains* (Englewood Cliffs, NJ: Prentice-Hall, 1960), página desconocida.

[141] Curtis Vaughan, ed., *The Old Testament Books of Poetry from 26 Translations*, (Grand Rapids, MI: Zondervan Bible Publishers, 1973), págs. 632-33.

[142] Cheryl Julia Dunn: *A Study of Proverbs*, tesis del máster (Biola University, 1993), pág. 163.

[143] Kenneth Taylor: *The Living Bible* (Wheaton, IL: Tyndale House Publishers, 1971).

[144] Ibídem.

[145] Charles Bridges, rev. por George F. Santa: *A Modern Study in the Book of Proverbs* (Milford, MI: Mott Media, 1978), pág. 161.

[146] Ralph Wardlaw: *Lectures on the Book of Proverbs—Vol. 3* (Minneapolis, MN: Klock & Klock Christian Publishers, Inc., 1982 reprint), págs. 310-311.

[147] Fred H. Wight: *Manners and Customs of Bible Lands* (Chicago: Moody Press, 1953), pág. 130.

Capítulo 23

[148] Anne Ortlund: *The Disciplines of the Beautiful Woman* (Waco, TX: Word Incorporated, 1977), pág. 46.

Capítulo 24

[149] W. O. E. Oesterley: *The Book of Proverbs* (London: Methuen and Company, Ltd., 1929), pág. 283.

[150] Judy Hubbell: *Messenger,* noviembre de 1975, pág. 31.

[151] Cheryl Julia Dunn: *A Study of Proverbs*, tesis del máster (Biola University, 1993), pág. 171.